文学批評への招待

丹治　愛・山田広昭

文学批評への招待（'18）
©2018　丹治　愛・山田広昭

装丁・ブックデザイン：畑中　猛
s-41

まえがき

　小説であれ、演劇であれ、詩であれ、映画であれ、テレビ・ドラマであれ、文学作品を楽しんだことのない人はいないでしょう。また、文学作品を楽しみながら、さまざまな感情や感動に襲われたことのない人もいないでしょう。しかし、その感情や感動が作品のどの部分にたいする反応として出てきたのか、そしてその感情や感動のなかで、自分がその作品を暗黙のうちにどのように解釈しているのかを考えたことのある人、さらにその解釈を言葉にしてみたことのある人はどのくらいいるでしょうか。

　小説を読んだあと、あるいは映画やテレビ・ドラマを見たあと、頭のなかの感情や感動の混沌を整理し、そこから自分なりの作品解釈を切り出しながら、他人にも理解できる論理的な言葉でそれを表現することは容易なことではありません。しかし文学作品を読みっぱなし、見っぱなしにすることなく、個々の作品にかんする自分なりの作品解釈を把握し、それを論理的な文章で書き留める習慣を重ねていくことは、文学作品の読み方や楽しみ方を豊かにするだけでなく、言葉によって自分の心情を正確に理解したり、言葉によってそれを論理的に他人に伝達する言語能力、言語能力と連動して発達する論理的思考力を鍛えることにもなるでしょう。

　本講義のタイトルにふくまれている「文学批評」は文学作品を批評することであり、批評するとは、文学作品を解釈してそこから自分にとっての意味をつくりだす行為です。それは作品を評価するという行為もふくむことがありますが、本講義では原則として評価ではなく解釈をあつ

かうことになります。そして、文学作品を解釈するという行為が、たとえばみなさんが小学生のときに書かされた読書感想文とどのようなプロセスを共有し、また、それにはないどのようなプロセスをふくんでいるのかを考えるところから、「文学批評」についての講義をはじめようと思います。

　そして、読書感想文を文学批評へとつなげていくプロセスをあきらかにしたうえで、そのプロセスにおいて「批判的読解（critical reading）」と「批評理論（critical theory）」が「文学批評（literary criticism）」において果たすきわめて重要な役割を確認します。第2章から第5章までは、それぞれ2章ずつ、エリス俊子先生には詩を題材として、そして野崎歓先生には小説と映画という二つの物語ジャンルを題材として、詩と小説と映画というジャンルの特質に注目しながら、「批判的読解」にもとづく作品の解釈を具体的に実践していただきます。批判的読解にもとづく読みの深さを味わってください。

　そのあと第6章以降はいくつかの「批評理論」をとりあげながら、それにそった「批判的読解」を実践していきます。第6章から第9章までは、山田広昭先生がナラトロジー（物語論）と精神分析批評をあつかい、その後、第10章以降はわたしと木村茂雄先生が、代表的な政治的批評であるマルクス主義批評、フェミニズム批評、ポストコロニアル批評を順にとりあげます。それぞれの批評理論が、どのような批評的観点から、どのような概念群とキーワード群を用いて文学作品にアプローチしていくか――それぞれの批評理論の理論的概要ばかりでなく、実際に特定の作品を解釈していくうえで批評理論が発揮する力を体感してほしいと思います。

　講義をはじめる前に、二つお願いしておきたいことがあります。ひと

つめは、講義であつかわれる作品は、全部日本語で読むことができますので、実際に（できれば授業を受ける前に）読んでいただきたいということです。以下に、小説のリストをあげておきます（複数の出版社から出版されている作品の場合、どの版で読んでも構いません）。

　フランツ・カフカ『変身』
　井伏鱒二『山椒魚』
　セルバンテス『ドン・キホーテ』
　モーパッサン「野あそび」
　森鷗外『山椒大夫』
　アラン・ロブ゠グリエ『嫉妬』
　ミシェル・ビュトール『心変わり』
　シェイクスピア『ハムレット』
　トマス・ハーディ『テス』
　シャーロット・ブロンテ『ジェイン・エア』
　シャーロット・パーキンズ・ギルマン「黄色い壁紙」
　ヴァージニア・ウルフ『ダロウェイ夫人』
　ジーン・リース『サルガッソーの広い海』
　キラン・デサイ『喪失の遺産』
　　（日本語訳のタイトルは『喪失の響き』）
　コナン・ドイル『シャーロック・ホームズの冒険』

　みなさんへの二つめのお願いは、それぞれの章末にある「学習課題」については、その全部でなくても、少なくともひとつは自主的にとりくんでみていただきたいということです。なかには書くことまでを求めている課題もあります。自分の考えを整理してそれを論理的に書くという

訓練は、読解力と鑑賞力、そして論理的思考力を養成することになりますので、ぜひともチャレンジしてみてください。

　最後になりましたが、分担協力講師をお引き受けくださった３人の方々をはじめ、朗読を引き受けてくださった濱中博久さん（日本語）、タニア・コークさん（英語、フランス語）、そして草川康之プロデューサーと高比良一道ディレクターに、心からお礼を申しあげます。また、印刷教材については、濱本惠子さんにお世話になりました。ありがとうございました。

2017年8月
丹治　愛

目次

まえがき　　　丹治　愛　3

1　文学批評とはどのような行為か
　　——本科目のねらい　　　｜丹治　愛　13

1. 文学批評とは何か？　13
2. 文学作品の多義性と読者の役割　16
3. 感想文から文学批評へ——自分なりの解釈の重要性　18
4. 解釈を論証することと批判的読解　19
5. リサーチ(1)——先行研究とジャンル　25
6. リサーチ(2)——批評理論　29

2　詩の分析(1)
　　——詩的言語について　　　｜エリス俊子　34

1. 詩とは何か　34
2. 詩的言語のはたらき　37
3. 「馬」を読む　40
4. 「春」を読む　43

3　詩の分析(2)
　　——近代詩を読む　　　｜エリス俊子　50

1. 時代への応答　51
2. イメージの照応　56
3. 言語と言語の間　62

4 | 小説の分析
　　——物語から小説へ　　　　　　　　　｜ 野崎　歓　70

　　1. 小説はどこから来たのか　70
　　2. 小説あるいは解釈のダイナミズム　72
　　3. 小説あるいは対話のメカニズム　76
　　4. 小説あるいは動物的生成　78
　　5. 小説すなわち小説の批評　81

5 | 映画の分析
　　——テクストとしての映画　　　　　　　｜ 野崎　歓　87

　　1. ミメーシスの欲求　87
　　2. 物語映画の成立　89
　　3. 翻訳から創造へ　91
　　4. 空間と運動　94
　　5. 可視と不可視　97

6 | ナラトロジー(1)
　　——物語のディスクール　　　　　　　　｜ 山田広昭　102

　　1. 物語の構造分析　102
　　2. 語りへの注目　104
　　3. 夏目漱石とナラトロジー　113

7 ナラトロジー(2)
—— 焦点化と語りの人称　　　　　　　　　｜ 山田広昭　120

1. 内的固定焦点化：『嫉妬』問題　120
2. 主人公としての「あなた」：二人称問題　127
3. 語り手としての「私たち」　132

8 精神分析批評(1)
—— テクストの無意識　　　　　　　　　　｜ 山田広昭　137

1. 精神分析と文学　137
2. 応用精神分析からテクストの無意識へ　140
3. 徴候的読解　145

9 精神分析批評(2)
—— 『ハムレット』の場合　　　　　　　　　｜ 山田広昭　153

1. ハムレットの謎　155
2. 謎のいくつもの解き方　158
3. 亡霊はなぜ現れるのか　162
4. 悲劇：歴史的現在の劇空間への侵入　165

10 マルクス主義批評
—— 階級とイデオロギー　　　　　　　　　｜ 丹治　愛　171

1. 『テス』のあらすじ　171
2. ケトルの『テス』論　174
3. マルクス主義批評　179
4. イデオロギー論　182

11 フェミニズム批評(1)
──家父長制的イデオロギーの暴露　　|　丹治　愛　188

1. フェミニズムの歴史　188
2. フェミニズム批評
　──文学のなかの女性表象を批判　190
3. ヴィクトリア朝の女性表象　194
4. 家父長制的イデオロギーのあぶり出し　198

12 フェミニズム批評(2)
──ガイノクリティシズム　　|　丹治　愛　208

1. ガイノクリティシズム　208
2. C. P. ギルマン「黄色い壁紙」における
　「屋根裏部屋」　210
3. 安静療法　213
4. シャーロット・ブロンテ『ジェイン・エア』における
　「屋根裏部屋」　215
5. ヴァージニア・ウルフ『ダロウェイ夫人』における
　「屋根裏部屋」　216
6. その後のフェミニズム批評の展開　223

13 ポストコロニアル批評(1)
──「ペンによる帝国の逆襲」　　|　木村茂雄　227

1. ポストコロニアル批評の「起源」　227
2. 「ペンによる帝国の逆襲」──批評と文学　233
3. ジーン・リースの『サルガッソーの広い海』　235

14 | ポストコロニアル批評（2）
―― グローバリゼーション時代における批評と文学

| 木村茂雄　243

 1. ポストコロニアル性とグローバル性　243
 2. グローバリゼーションと向き合う　246
 3. キラン・デサイの『喪失の遺産』　252

15 | まとめ
―― 読むことをめぐって　　　　　　　　| 丹治　愛　261

 1. 歴史を読む――新歴史主義と文化研究　261
 2. 犯罪を読む――コナン・ドイル「ボスコム谷の惨劇」　265
 3. 推理の科学――記号論と仮説形式　270
 4. 読解の科学　274

索引　282

編集協力

・アカシャ・エディション
・日本文藝家協会

1 | 文学批評とはどのような行為か
―本科目のねらい

丹治　愛

《**目標＆ポイント**》　文学批評とはどのような行為か、そのなかで批判的読解、批評理論がどのような役割を担っているのか、といったことを説明する。特定の文学作品について、自分なりの観点から自分なりの解釈を創出することの重要性、そして自分なりの解釈が主観的であっても、誤読ではないことを証拠をあげて論理的に証明することの重要性、批判的読解を身につけることの重要性などが強調される。

《**キーワード**》　文学批評、解釈、テクスト、コンテクスト、批判的読解（クリティカル・リーディング）、批評理論（クリティカル・セオリー）、ジャンル論

1．文学批評とは何か？

　文学批評とは、小説、詩、劇、映画やテレビ・ドラマ、（本講義ではあつかわないが）随筆といった文学作品を批評する行為である。批評するとは、第一義的には作品から意味を引き出す解釈行為を意味する。もちろん、作品の優劣を評価する行為も、それが明示的になされているかどうかはともかく（解釈の対象として選ぶこと自体が作品の優秀性を認めることになる場合もある）、文学批評にふくまれるが、本講義は原則として解釈をあつかうことになる。

　文学作品は、基本的に言語的なテクスト（text）である——劇や映画の作品は、言語的テクストのみならず身体的・映像的テクストもふくむが、しかし身体的・映像的テクストも、言語的テクストに準（なぞら）えて記号

として解釈される（映像の文法という言葉が示すように、映像的テクストも言語と同じようにある種の文法にしたがって解釈される）。テクストとは、原義的には「織物（textile）」という意味であるので、言語的テクストとは、言葉によって織られた織物ということである。

　言語的テクストである文学作品は言葉の性質によって条件づけられることになる。ここで言葉がどのような性質をもっているかを英文解釈を例にして少し考えてみよう。

(1) How many letters does this word consist of?
(2) These six letters were sent to us about a week ago.

　この二つの文章を解釈するためには「文法」の知識が必要であるが、しかしそれだけで十分であるわけではない。自然言語においてはひとつの単語は、通常、（英和辞書に羅列されているように）複数の潜在的な意味をもっている。たとえば「letter」の項を見れば、「1. 手紙・書簡、2. 字・文字、3. 活字、4. 字義・字づらだけの意味、5. 文学・学問・学識」となっている。したがって、その潜在的な意味のうちのいずれが顕在化しているかを判断しなければならない。そのとき判断基準となるのが「文脈（context）」である。「テクスト」をとり囲む「コンテクスト」が潜在的意味のうちの（通常は）ひとつの意味を顕在化させるのである[注1]。

　例文(1)の場合は、「word / consist of / letter」という文脈のなかでwordとletterをそれぞれ「単語」と「文字」と解釈するのが妥当だろう。例文(2)の場合は、「letter / be sent」というフレーズとの文脈的関連から「手紙」と解釈するのが普通だろう。しかし、もしもこの文章が推理小説の文脈のなかに置かれているとしたら、（一通の手紙で）「六個

の文字」が（暗号として）「送られてきた」ということでもいいのかもしれない。コンテクストしだいで顕在化する意味は変わってくる。

　このようなことは日常的にいくらでも起こっている——しかも単語レベルだけではなく文レベルにおいても。以下はテリー・イーグルトンが『文学とは何か』のなかで提示していた例である。

　　(3) Dogs must be carried on (the) escalator.

　これはロンドンの地下鉄の駅で見かける標識の文章ということである。そのコンテクストのなかに置けば、「犬を連れてエスカレーターに乗る場合には、犬を抱えあげなければならない」という（標識の絵が示しているような）意味になる。しかし、原理的にいえば、「エスカレーターに乗る場合は、かならず犬を抱えていなければならない」という意味も排除できない（実際、エスカレーターに乗ろうとしている人に、この文章を示して「犬を見つけてきてください」と呼びかけているいたずら動画もある）。

　要するに、自然言語を用いて書かれたテクストは、（交差点の信号機のような一義的な人工的記号とは異なり）自然言語の性質から必然的に多義的になる傾向をもつということである。そしてコンテクストを意識することによってその多義性を一義的な意味へと限定するのが、わたしたちが日常的に解釈と名づけている行為なのである。実際、わたしたちはこのような解釈を無意識のうちに行っている。結局、作品レベルで解釈を創造する文学批評も、その延長線上にあるにすぎない。その意味では文学批評はけっして特別なものではない。

（Sings To You／ユニフォトプレス）

2. 文学作品の多義性と読者の役割

　文学作品も、自然言語で構成されている以上、単語のレベル、文のレベル、作品全体のレベルにおいて多義性を免れない。というより、文学作品はその自然言語のもつ多義性——日常的コミュニケーションにおいてはコミュニケーションの障害として価値づけられるもの——を積極的に肯定することを前提としたコミュニケーションと定義できるかもしれない。文学的コミュニケーションも日常的コミュニケーションも、用いている媒体はまったく同じ——自然言語——であり、それによって区別することはできない。ただ、自然言語が内包している多義性にたいする姿勢によって区別できるだけだろう。

　文学作品が多義的であり、文学批評はその多義性を肯定するということは、読者の数だけ文学作品の解釈があるということを肯定することである。古典古代のギリシア演劇やルネサンス期のシェイクスピア演劇が、その後の長い歴史をつうじて読まれつづけ演じられつづけているのも、時代が変わってもその新しいコンテクストのなかで、新たな解釈とともに読まれつづけ演じられつづけていくことを可能とする多くの潜在的意味（多義性）をもっているからである。そしてそれこそが「古典」の定義にほかならない。

　しかし文学批評は、作品の多義性を肯定するとはいっても、通常は、多義性を一義的な解釈へと限定するものである。作品の多義性を一義性に還元できない、論理的に決定不可能な矛盾として証明することを目的とするディコンストラクションと呼ばれる批評理論的立場もあるが、本講義ではあつかわない[注2]。作品の多義性を認めつつも、その多義的なテクストに、ある特定のコンテクストをあたえることによって一定の意味を創出していくというのが本講義が原則的にとる批評理論的立場であ

る(ただし、第2章でエリスは、「決定的な、最終的な意味に到達することを拒みつづけるものこそが詩なのだ」[p.47] という定義に立って、詩の解釈は詩のテクストから多様な意味を引き出し、その多義性を示すことにあるとしている)。

多義性を肯定するということは、別言すれば、作者の「意図(intention)」こそが作品の「意味(meaning)」であるという立場を否定することである(「新批評」は「作者の意図＝作品の意味」という立場を「意図にかんする誤謬」[注3]と名づけた)。いったん作品が生み出されると、その作品はそれを書いた作者の創作意図を離れて、読者がその作品から自由に意味を引き出すことができるものとなる。作品を、その核に埋めこまれている作者の意図を発掘するものとしてではなく、そこから自由に読者にとっての意味を引き出せるものとして定義するということである。その意味では、読者こそが作品の意味をつくりあげる存在となる。

解釈の主体が作者から読者に移行することによって、読者は、作者の意図から自由となることで多義的になった言葉の織物(ロラン・バルトはこれを、「作品」と対照的なものとして「テクスト」と呼んでいる)から、作者にかわって自由に意味を創出することができるようになったのである。バルトはこれを「作者の死」と名づける。

　　［テクストの］多元性が収斂する場がある。その場とは、これまで述べてきたように、作者ではなく、読者である。［中略］あるテクストの統一性は、テクストの起源ではなく、テクストの宛て先にある。［中略］読者の誕生は、「作者」の死によってあがなわれなければならないのだ。(バルト、1979、pp.88-89)

文学的コミュニケーションにおいては読者は、作者の意図にかかわらず、テクストを解釈するためのコンテクストを自由に選ぶことができる、ということである。日常的コミュニケーションにおいては、読者（受信者）はコンテクストを自由に選ぶことは許されないだろう。地下鉄駅の標識は、われわれが日常的に体験する地下鉄駅のコンテクストのなかで解釈されないかぎり誤読と評価される。発信者の意図どおりに解釈されないかぎり誤読と評価される。しかし、文学的なコミュニケーションにおいては、「エスカレーターに乗る場合は、かならず犬を抱えていなければならない」という解釈を許容するコンテクストを設定することも、その解釈を作品の全体的なコンテクストと矛盾なく連結させることができるかぎり可能となるのである。

3. 感想文から文学批評へ——自分なりの解釈の重要性

　以上の議論を踏まえて、わたしたちは読者として何をなすべきかを考えていこう。わたしたちにとって文学批評への第一歩は小学校時代の読書感想文にあるだろう。感想文を文学批評に変えていくためには何が必要なのだろう。

　齋藤孝は『誰も教えてくれない　人を動かす文章術』のなかで、読書感想文を書くときの心構えとして、「本のあらすじを紹介しなければならないという、非常にマズイ誤解」を捨てること、また、「『とても面白いと思いました』『ここがすごいと思いました』という『ひれ伏し姿勢』」を捨てること、そして「著者が一度書き上げた作品は、読み手がどのように読んでもいい」「多義的な解釈を許す」ものであり、だから「本にひれ伏さず、自分の視点を大事にして文章を書く」ことを勧めている（齋藤、2010、4章）。ハウツー的な一般書であるものの、ここには感想文を文学批評に変えていくための示唆がふくまれているだろう。

たしかに、少なからぬ人にとって、読書感想文とは、「本のあらすじ」を示したうえで、「こういったところがとても感動的だと思いました」といったような、齋藤孝が言っている「ひれ伏し姿勢」の読後感を加えたものだったのではないだろうか。作品を読んで（あるいは映画を見て）どこにどのように感動したかということは、たしかに文学批評にとって大切なことである。しかし文学批評とはそこから出発して、自分なりの意味を創出しようとする解釈行為である。作品の読後感は、その解釈行為の方向を定めるためにとても大切な出発点ではあるが、目標点ではない。文学批評の目標点は自分がどう感動したかではなく、テクストからどういう解釈を、どういう意味をつくりだしたかを述べることにある。

　文学批評が文学批評になるためには、読後の感情や感動を感想として提示するのではなく、その感情や感動を踏まえながら、「多義的な解釈を許す」作品から自分なりの解釈を創造していく必要がある。作品にかんする感想ではなく、あくまで作品から意味を切り出し、自分なりの解釈を創出するプロセスが必要なのである。小説や詩を読んだあと、映画を見たあと、「これをどのような観点から、どのようなコンテクストのなかで、どのような主題をもつものとして解釈すれば、この作品が自分にとって意味のある作品、おもしろい作品として立ちあらわれてくるか」をじっくり考えてみる——これこそが文学批評の基礎となる大事な作業なのである。

4. 解釈を論証することと批判的読解

　多義的な作品(テクスト)を自分なりに解釈するための自分なりの観点・コンテクスト・主題を決定したあとで、文学批評がつぎにしなければならないのは、自分なりの解釈を精緻化しながらそれに十全な表現をあたえること、そしてそれと同時に、その解釈が主観的なものでありながら、しか

し誤読ではなく、相当の妥当性をもっていることを、作品(テクスト)のディテールの批判的読解をとおして論理的に証明することである。作品中のいくつかのディテールをとりあげ、それらが自分の解釈の妥当性を支えていることを論証することである。

具体的にいえば、文学作品の三大要素——物語(ストーリー)（を構成する一連の出来事）、登場人物(キャラクター)（たちの言動）、（それらを提示する語り手の）語り(ナレーション)——、さらには物語のなかで反復されるイメージ・シンボル群、映画の場合には映像や音楽の効果といったさまざまな要素のなかから自分の解釈にとってとくに重要なディテールを選択し、かつ、そのディテールを引用しつつそれに批判的読解を加え、自分の作品解釈の生まれてきた論理的根拠なり過程を説得力をもって提示するということである。

論証のために必要なのは、自分が論証しようとする解釈を支えてくれるディテールを適切に選択し、そのディテールがいかにその解釈を支えるものであるかを説得力をもって論理的に示すことであるが、一方、自分の解釈と矛盾すると一般に考えられているディテールが、それを批判的に読み直すことによって、その解釈と矛盾しないことを示すことでもある。そしてその作業、とくに後者の作業にとって重要なのが、ディテールについての批判的読解（クリティカル・リーディング）にほかならない。

批判的読解とは何か。それは表面的な読みや常識的な読みを疑いながら、「木目に逆らって」読むということである。日常的コミュニケーションにおいてもわたしたちはときにこのような読解をしている。「あなたってエライのね」と言われて、それを文字どおりにうけとるか、反対の意味をこめたアイロニーとしてうけとるか、迷うような場合である。にもかかわらず、批判的読解は文学批評のなかでもっとも訓練を要する

過程と言っていい。例をあげて説明しよう。以下は、トマス・ハーディの代表作『テス』(1891 年刊) からの引用である (この作品のあらすじについては本書の第 10 章 [pp.172-174] を参照)。

Tess Durbeyfield did not divine, as she innocently looked down at the roses in her bosom, that there behind the blue narcotic haze was potentially the "tragic mischief" of her drama (. . .) Thus the thing began. Had she perceived this meeting's import she might have asked why she was doomed to be seen and coveted that day by the wrong man, and not by some other man, the right and desired one in all respects――as nearly as humanity can supply the right and desired; yet to him who amongst her acquaintance might have approximated to this kind, she was but a transient impression half-forgotten. (. . .) Nature does not often say "See!" to her poor creature at a time when seeing can lead to happy doing; or reply "Here" to a body's cry of "Where?" (. . .) (Hardy, 2008, pp.47-48)

テス・ダービフィールドが無心に胸のバラを見おろしたとき、その眠むけを催させる [アレクの] 紫煙の陰に、彼女の演ずる劇の『悲劇的原因』[中略] が潜んでいようと、気のつくわけもなかった。[中略] このようにして事件は始まったのだ。もし彼女にこの出会いのもつ意味が分かっていたら、あらゆる点で自分にふさわしく望ましい人 [エンジェル] [中略] ではなくて、なぜ、この日、望ましくない人 [アレク] に会い、恋慕の情を寄せられる運命にあったのかと、尋ねたことであろう。しかも、彼女の知っている人の中でほぼ理想に近いと思われる男性 [エンジェル] にとっては、彼女の印象は束の間のものに

すぎず、半ば忘れられていたのだった。［中略］目を開けば幸福になれると定まっている時に、造化の神（Nature）は「さあ、ご覧！」と、その哀れな人間にむかって言ってくれることはあまりないし、また、「どこに？」という人間の叫びに対しても、「ここだ！」と答えてくれることもめったにな［い］（ハーディ、1960、5章）

But, might some say, where was Tess's guardian angel? where was the Providence of her simple faith? Perhaps (...), he was talking, or he was pursuing, or he was in a journey, or he was sleeping and not to be awaked.

Why it was that upon this beautiful feminine tissue, (...) there should have been traced such a coarse pattern as it was doomed to receive; (...) many thousand years of analytical philosophy have failed to explain to our sense of order. (...)

As Tess's own people down in those retreats are never tired of saying among each other in their fatalistic way: "It was to be."
(Hardy, 2008, pp.82-83)

訊く人もあるであろう。テスの守護神［守護天使（guardian angel）］はどこにいたのか？　彼女の素朴な信仰の神はどこにいたのか？と。［中略］その神は話しこんでいたか、何かに熱中していたか、旅に出ていたか、それとも、眠っていて目をさまさなかったのかもしれない。

　［中略］この美しい女性という織物に、どうして、それが受ける運命にあったような卑しい模様が描かれることになったのだろうか？［中略］何千年ものあいだ哲学はその理由を分析してきたが、今もっ

てわれわれを首肯させるように説明することはできないのだ。［中略］
　あの片田舎に住むテスの村の人たちが、宿命論的にお互いのあいだで飽きもせず言っているように、「そうなるようになっていた」のだ。（ハーディ、1960、11章）

　以上は『テス』の語り手の「哲学」的なコメントである。前者は、南イングランドの農村に住む貧しいが美しい16歳の少女テス・ダービフィールドが、両親の願いで遠い親戚かもしれない金持ちのダーバヴィル家の屋敷に送られ、そこで放蕩息子のアレクに出会う場面に挿入されたコメントであり、後者は、そこで働きはじめたテスが、数か月後に、アレクによって処女性を奪われる場面に挿入されたコメントである。彼女の人生の「悲劇的原因」となる「望ましくない人」アレクとの出会いのあと、テスは、いったん「望ましい人」エンジェルと結婚するものの、最終的には「宿命」に導かれるかのように、アレクを殺害し処刑されることになるのである。
　『テス』の語り手は、主人公テスの死で終わる悲劇の物語を語りながら、同時に、その悲劇の原因——それはテスの性格にあったのか、テスが置かれている社会状況にあったのか、超自然的な存在によって定められた宿命にあったのか——を探ろうとしつづける（「何千年ものあいだ哲学は［悲劇］の理由を分析してきた」）。そして、以上の引用をふくむいくつかの箇所で彼女の悲劇を「宿命論的」に解釈してみせる（「そうなるようになっていた」）。少なくともテクストの表面はそのように述べているように見える。
　ハーディは文学史的にはしばしば、ギリシア悲劇を想起させる、哲学的・ショーペンハウアー的な宿命論によって特徴づけられる作家ということになっており、以上に引用したテクスト群はかならずといっていい

ほどその例として選ばれてきたと言えるだろう。しかしこの『テス』の世界に、その世界を超越したところからテスの悲劇的宿命を定めている、ギリシア悲劇的な超越神──「エスキラス［アイスキュロス］のことばを借りていえば、『神々の司』」（同59章）──はほんとうに存在しているのだろうか。

　というのは、少なくともここであげられている「造化の神」も「守護天使」も「素朴な信仰の神」も、積極的に悲劇的な宿命をつくりだすのではなく、主人公が「悲劇的破局」に陥るのを防ぐための行動を怠っているだけである。はじめてテスと出会ったエンジェルに「さあ、ご覧！」と言うこともなく、アレクと出会ったテスにその「出会いのもつ意味」を教えることもなく、アレクによる処女性喪失の危機から彼女を救い出すこともしない──それだけである。

　「その神は話しこんでいたか、何かに熱中していたか、旅に出ていたか、それとも、眠っていて目をさまさなかったのか」──いずれにしろ、超自然的存在は、その行動によってではなく行動を怠ることによって、その存在によってではなくその不在によって、テスの悲劇をつくりあげている。だとしたら、これらの箇所はほんとうに宿命論を肯定しているのだろうか。それともそれは、宿命を定める超越神の存在を否定しているのだろうか。語り手はほんとうに（「片田舎に住む」「村の人たち」のような）宿命論者なのだろうか、むしろ知的教養を誇るエンジェルと同様、超自然的な存在を前提として世界を説明することを拒否する「不可知論」者なのではないだろうか（同2章）。

　『テス』にかんして少し先走った説明になったかもしれないが、ここで理解しておいてほしいのは、作品のディテールにかんする批判的読解の重要性ということである。ディテールはあくまでも批判的に精読されなければならない。語り手の語りさえ、それが表面的に語っていること

を裏切っている（語りが騙りとなっている）可能性もある。だから読者は、少なくとも自分が引用しようという箇所については、「木目に逆らって」読むほどの懐疑的な批判的読解をこころみなければならない。重要なディテールについてさまざまな意味の可能性を考慮しながら読むそのような批判的読解を積み重ねながら、自分なりの解釈の妥当性を論理的に証明することが、感想文を説得力のある文学批評へと進展させる重要な要素だからである。

5. リサーチ（1）——先行研究とジャンル

　以上のような読解の結果、テスの人生の「悲劇的原因」について語り手がどのような「哲学」的結論に達したのかに興味をおぼえたとしよう。その場合、それが自分にとっての観点・主題ということになる。そしてそのようにして自分の批評的主題が発見されたとすれば、その場合、作品のコンテクストはどこに発見できるだろう。いくつかの可能性があるが、もっとも容易に発見できるのは「悲劇」というコンテクストだろう。他の「悲劇」的作品との関連において、それらとの同一性と差異性によって『テス』の「悲劇」の特徴を定義していくという方向性である。

　となると、悲劇についてリサーチしなければならなくなる。リサーチするというそのプロセスこそが、文学批評が文学批評となるために必要なさらにもうひとつの要素にほかならない。リサーチとは、自分が論じている作品以外のさまざまなテクスト——その作品にかんする先行研究、その著者である作家にかんする伝記的研究、その作家の他の作品（日記や書簡などもふくむ）、自分が選択した主題についての先行研究、なんらかの時代的・主題的・形式的関連性をもつ別の作家の作品など——を読んで、その結果によって自分が論証しようとする解釈の妥当性を補強することである。

もっとも直接的に役に立つリサーチとして誰もがとりあげるのは、自分が論じる作品についての先行研究だろう。その作品についての「作品論」的研究は、自分が気づくことのなかった作品の主題や重要なディテールに気づかせてくれたり、自分が注目しているディテールについての新しい別の解釈を示唆してくれたりするが、それだけではなく、他人の解釈を自分の解釈と比較することによって、自分の解釈全体の輪郭をより明確化させることを可能にしてくれるだろう。文学研究においても比較は重要な方法論である。

　しかし、悲劇についてリサーチをする場合、そのようなリサーチだけで済むかどうかは微妙だろう。たしかに『テス』にかんする先行研究には、ハーディがショーペンハウアーの『意志と表象としての世界』（1819年刊）における悲劇的世界観からうけた影響をとりあげているものもあるし、ショーペンハウアーの「盲目的意志」という概念と類似性をもつ、「内在意志（the Immanent Will）」——宇宙に内在する意志——という概念を主題にした『覇王たち』（1904-1908年刊）というハーディの詩劇作品に言及しているものもあるだろう。しかし悲劇全般について体系的な知識を探ろうとすれば、もっと範囲の大きいリサーチをしなければならないだろう。

　文学作品はそれぞれが孤立して存在しているのではなく、全体として大きな文学的宇宙を形成しており、その文学的宇宙のコンテクストのなかで個々の文学テクストは存在を支えられ意味をあたえられている。そして、その文学的宇宙はいくつかの（ジャンルと呼ばれる）グループに分かれている。相互に関連性の高い作品どうしが文学的宇宙のなかでひとつのジャンルをつくっており、その小宇宙がそこに属する個々の作品にとってより密接なコンテクストとして存在しているのである。

ジャンル論はそのジャンルについての理論である。作家も時代も異にするさまざまな作品をなんらかの類似性によってひとつにまとめ、ジャンル名をあたえ、その共通の特徴を定義するとともに、そのジャンルをさらに細分化したり、時代による変遷をたどったりする。たとえば古代ギリシアの哲学者アリストテレース（紀元前 4 世紀に活躍）の『詩学』は、文学を劇と詩に分け（小説はまだなかったので）、劇を喜劇と悲劇に分け、詩を叙事詩と抒情詩にジャンル分けしている。

　彼にとって、悲劇とはアイスキュロスとソポクレスとエウリピデスの作品だったが、彼はその共通の特徴を、「おそれとあわれみを引き起こす出来事の再現」（アリストテレース、1997、13 章）と、そのことによる「そのような感情の浄化（カタルシス）」（同 6 章）にあるとした。わたしたちは「不幸に値しないにもかかわらず不幸におちいる人にたいして」あわれみを感じ、「わたしたちに似た人が不幸になるときに」おそれを感じる（同 13 章）。したがって悲劇の主人公はわたしたちと同等の「中間にある」人物か「よりすぐれた」人物ということになり、「卑劣さと邪悪さ」のゆえにわたしたちより劣る人物であってはならない。そして筋は「幸福から不幸へと転じる」ものでなければならない、「しかもその原因は、邪悪さにあるのではなく、大きなあやまち（hamartia）にあるのでなければならない」（同 13 章）。以上の特徴はどのくらい『テス』にあてはまるだろうか。

　その後、悲劇はローマ時代のセネカ（紀元 1 世紀に活躍）によって、殺人・亡霊・復讐などをモチーフにする復讐悲劇というサブジャンルを生み出し、それが 15 世紀後半から 16 世紀前半のイギリスにも影響をおよぼす。シェイクスピアの『ハムレット』はまさにその典型例であるが、じつは『テス』にも復讐悲劇を想起させる不吉なエピソード（「ダーバヴィル家の馬車の伝説」）がある（ハーディ、1960、26 章、33 章、50 章、

51章、57章)。

　18世紀以降になると、悲劇の主人公は王や貴族といった高位の人間から市民へ(「ブルジョア悲劇」というジャンル)、さらには労働者階級へと変わっていく。また、劇の衰退に反比例するかのように生まれてきた小説の勃興とともに、悲劇という言葉が小説にも適用されることになっていく。さらに、『テス』という悲劇が生まれた19世紀末には、イプセンの『人形の家』を典型例とする、「社会劇」という社会的問題をあつかう悲劇のジャンルが生まれ、イギリスの演劇界にも影響をあたえる。

　以上のようなジャンルの展開に加えて、悲劇はその「悲劇的原因」によって——悲劇を発動させる主人公の「あやまち」(ハマルティア)が、宿命によって定められていたのか、本人の性格によって引き起こされたものなのか、社会制度の必然的結果だったのかによって——、ギリシア悲劇的な運命悲劇 (tragedy of fate) と、シェイクスピア的な性格悲劇 (tragedy of character) と、近代劇的な状況悲劇 (tragedy of situation) などに細分化される。

　オイディプスの父親殺しを、彼が避けようとしても避けることができなかった神託の実現の結果だったと考えれば、ソポクレスの『オイディプス王』は運命悲劇と解釈されることになる。ハムレットの死を、彼が「思考によって行為の力を浸食された」(ハズリット)そのロマン派的な性格の結果だったと考えれば、『ハムレット』は性格悲劇と解釈されることになる。ノラの離婚を、家父長制的な結婚制度を原因とする「現代の悲劇」(イプセン)だったととらえれば、『人形の家』は状況悲劇として解釈されることになる。

　主人公の死で終わる『テス』は悲劇であることは間違いないが、それはどのような種類の悲劇なのか、そしてどのようなかたちでそれまでの

悲劇から逸脱する特異性をもっているのか——『テス』という悲劇作品を、他の悲劇作品との〈類似性のなかの差異〉を探ることによって、その特質を定義していくのがジャンル論的な解釈（の一例）ということになる。そのような意味でジャンル論は作品を解釈するために必要なコンテクストを提供するものなのである。

6. リサーチ(2)——批評理論

　ところで、ジャンル論というのは批評理論のひとつである。ここで20世紀なかば以降に（日本でも）流行を見た主要な批評理論をあげたうえで、批評理論を研究（リサーチ）することの意味について考えてみることにしよう。

　　1）ロシア・フォルマリズム（Russian Formalism）
　　2）新批評（New Criticism）
　　3）精神分析批評（Psychoanalytical Criticism）（第8章、第9章）
　　4）マルクス主義批評（Marxist Criticism）（第10章）
　　5）原型批評（Archetypal Criticism）／神話批評（Myth Criticism）
　　6）構造主義批評（Structuralist Criticism）
　　7）ジャンル論（Genre Studies）（第1章）
　　8）物語論［ナラトロジー］（Narratology）（第6章、第7章）
　　9）フェミニズム批評（Feminist Criticism）、ジェンダー研究（Gender Studies）（第11章、第12章）
　　10）受容美学（Reception Aesthetics）／読者反応批評（Reader-Response Criticism）
　　11）脱構築（Deconstruction）
　　12）新歴史主義（New Historicism） ⎫
　　13）文化研究（Cultural Studies）　⎭（第15章）

14) ポストコロニアル批評（Postcolonial Criticism）（第13章、第14章）
15) クイア理論（Queer Theory）、ゲイ／レズビアン研究（Gay/Lesbian Studies）

　（ロシア・フォルマリズムをはじめとする）文学作品の形式性や方法／技法にかかわるフォルマリズム的批評から、（マルクス主義批評をはじめとする）文学作品の政治性／イデオロギー性にかかわる政治的・イデオロギー的批評まで、さまざまな批評的立場が認められるが、以上の批評理論は、全体として、言葉とはどのようなものか、解釈行為とは何か、言葉と世界はどのような関係にあるか、作品とは何か、物語とは何か、作品解釈において作者と読者の役割とはどのようなものか、作者が生きた時代や社会は作品とどのような関係にあるか——といった文学批評の基本的枠組みについての理論的基盤を定義してくれる。これが批評理論の第一の効用である。
　批評理論のもうひとつの効用は、それが作品解釈の前提となるコンテクストにかんする体系的な情報をあたえてくれるということである。それはジャンル論だけに限られる効用ではない。たとえば「清純な女性（A Pure Woman）」というサブタイトルをもつ『テス』を、ヴィクトリア朝の女性表象という観点から解釈する場合、フェミニズム批評は、フェミニズム的な観点から重要と評価される文学作品のみならず、思想や歴史をふくむさまざまなジャンルの著作リストをも提供しながら、フェミニズム的解釈に必要なコンテクストにかんする整理された情報をあたえてくれることだろう。
　しかし批評理論の最大の効用は、それぞれの批評理論が作品にたいするそれぞれ独自の批評的観点をもち、また、その観点から作品を解釈す

るのを助けるいくつかの概念群とそれをあらわすキーワード群を提供してくれることにある。たとえば、階級的観点から文学作品を解釈しようとするマルクス主義批評においては、「階級」「階級社会」「搾取」「疎外」「物象化」「階級闘争」「資本主義」「共産主義」「革命」「上部構造と土台（下部構造）」「イデオロギー」などなど——それらの概念群やキーワード群があたえてくれる新しい視野は、わたしたちの世界の見方を劇的に変えてくれるものであるとともに、文学作品の解釈のための洞察的な観点をあたえてくれるだろう。

　ひとつの批評理論的立場を身につけることで、わたしたちは小説のテクストのなかに、その批評理論が提供する概念やキーワードと関連するディテールを見つけるたびに立ち止まることになる。それまではまったくひっかかることなく読み飛ばしていたディテールが、その概念やキーワードをとおして見えてくるようになるからである。そのようにして見えてきたいくつものディテールを拾い上げ、それに批判的読解を加えながら、それらを論理的につなげることによって、わたしたちはその作品の全体的意味を創造していくことになるだろう。

　その意味でそれぞれの批評理論が擁する概念群やキーワード群は、作品から自分なりの解釈を切り出しそれを言語化していくうえで、ひじょうに強力な道具となってくれるだろう。ただし、その一方で気をつけなければいけないのは、批評理論は便利な道具ではあるものの、ところてん式に解釈を自動的に押し出してくれるものとしてそれを用いることはできないということである。作品を精神分析学やマルクス主義の教条的理論へと機械的にはめこむかのような作品解釈は、作品を作者の意図へと還元するのと同じように、還元主義的解釈として批判されなければならない。反還元主義はあらゆる批評理論に共通する立場である。

　批評理論を還元主義的解釈の道具ではなく、独創的な意味を創造的に

切り出すための生産的な解釈のための道具として用いるためには、それが提供してくれる概念群・キーワード群だけではなく、その批評理論を生み出してきた理論的思想的基盤や歴史的背景にまで遡って理解するとともに、その批評理論にもとづいて文学作品を批判的に読解している多数のすぐれた実践例を読んでいく必要があるだろう。そのことを怠ってはならない。

》注

注1) "Heart of Darkness"(ジョウゼフ・コンラッドの中編小説『闇の奥』[1902] のタイトル)という語句が「暗黒の心」と「暗黒大陸[アフリカ大陸]の奥地」という複数の意味で解釈されうるように、あるいは日常的コミュニケーションにおける駄洒落のように、ひとつの言葉で複数の意味が意図されるケースもある。

注2) J・ヒリス・ミラー(1991)『小説と反復 七つのイギリス小説』玉井暲ほか訳(英宝社)は、『テス』をふくむ7つのイギリス小説にディコンストラクション的解釈をこころみたもの。ただし、かなりの高難度である。

注3) W. K. Wimsatt, Jr., and Monroe C. Beardsley (1954), *The Verbal Icon: Studies in the Meaning of Poetry* (University Press of Kentucky), pp.3-20. この著作は「意図にかんする誤謬(The Intentional Fallacy)」を論じている一方で、「感情にかんする誤謬(The Affective Fallacy)」をも論じ、作品が読者にあたえる「感情」的影響が作品の意味であるという読者論的解釈観に反対している。そのうえで新批評は、言語的構築物としての作品の形式的分析に集中する。新批評がフォルマリズム的批評と言われるゆえんである。

引用参考文献

- Hardy, Thomas (2008), *Tess of the d'Urbervilles*, eds. Juliet Grindle and Simon Gatrell (Oxford UP)
- アリストテレース(1997)『詩学』/ホラーティウス『詩論』松本仁助・岡道男訳、岩波文庫

- イーグルトン, テリー（2014）『文学とは何か——現代批評理論への招待』上・下、大橋洋一訳、岩波文庫
- 齋藤孝（2010）『誰も教えてくれない　人を動かす文章術』講談社現代新書
- ハーディ, トマス（1960）『テス』上・下、井上宗次・石田英二訳、岩波文庫
- バルト, ロラン（1979）『物語の構造分析』花輪光訳、みすず書房［「作者の死」「作品からテクストへ」を収める］

学習課題

1　好きな小説・映画をひとつ選び、それについて自分がおもしろいと思う観点・主題を考えてみよう。
2　好きな小説の一節、映画の一場面を選び、それを批判的に読解してみよう。
3　1と2を踏まえて好きな小説・映画について1000字程度のレポートを書いてみよう。
4　文学のジャンルについて、具体的にどのようなものがあるか、考えてみよう。

2 | 詩の分析（1）──詩的言語について

エリス俊子

《**目標&ポイント**》 詩的言語とは何かという問いについて、多角的に考える。「詩」という文学ジャンルが形式によって規定されるものではないことを確認した上で、ことばが「詩」になるとはどういうことか、日本語の短詩二篇を例にとって考察する。詩を読む行為とは、ことばと能動的にかかわる創造的なプロセスであることを実践的に理解することを目的とする。
《**キーワード**》 詩的言語、ことばの多義性、テクスト、シニフィアンとシニフィエ、批評の実践

1. 詩とは何か

「ことば」が「詩」になるとき、について考えてみよう。小説や戯曲など、一定の長さが期待されるジャンルとは異なり、「詩」には、それを暗黙のうちに規定している長さやかたちについての形式上の合意事項がない。たった1行、10文字前後であっても、密度の濃い、完成度の高い詩が立ち上げられることがある。俳句や和歌なども広義の詩のうちに入るし、近代においても、例えば以下のような詩はよく知られている。

　　「馬」
　軍港を内臓している。

　　「春」
　てふてふが一匹韃靼海峡を渡つて行つた。

上は北川冬彦、下は安西冬衛の、いずれも1920年代につくられた詩である。この二作の読みについてはのちに触れるが、このような短詩がある一方で、延々とつづく叙事詩という詩の形式もある。古代メソポタミアの『ギルガメシュ叙事詩』、古代ギリシャのホメーロスによる『イーリアス』『オデュッセイア』にはじまり、日本にはいわゆる英雄譚的な叙事詩に相当するものはないものの、平安時代以降、短歌が隆盛をみる前に古代歌謡の伝統を継ぐ五・七音を基調とした長歌と呼ばれる詩のジャンルがあり、その後の歌物語もこれに隣接するジャンルとみなしてよいだろう。その後、日本語では短い詩形が主流となり、圧倒的な威力をもつ短歌に加えて江戸期には俳句が広がり、近代以降も長編叙事詩に類するものが書かれることは少なかった。詩形として定着することはなかったものの、例えば小熊秀雄という詩人が、上の「馬」や「春」の短詩が書かれた少しあとの時期、1930年代後半に、アイヌの人々や朝鮮の老女たちをうたった何百行にも及ぶ長詩を残していることは特記しておきたいと思う。

　「詩」には長さの規定がないだけではない。そのかたちの可能性についても、これを「詩」と規定する基準などどこにも存在しないといってよい。大きく言えば、韻文詩と散文詩があり、韻文の中でも、明確な韻律と頭韻や脚韻の規則による一定のかたちを骨格とするものもあれば、特定のかたちをもたない、明示的にはその姿を見せない、いわば内面化された韻律を蔵しているものもある。散文詩となると、それを「詩」と定義する基準はさらに曖昧になる。行分けもなければ、はじまりと終わりを指し示すマーカーもない。では、今朝の新聞の一節や日記の1ページを切り抜いて別の紙に貼り付けたとき、それは散文詩になるのだろうか。否、ただそれだけで、そこに記されていることばの羅列が散文詩とみなされることがないのは自明だろう。ところが、それと極似したこと

ばの羅列が、ある特定のコンテクストの中に置かれたとき、それが突如として「詩」となって立ち現れることもある。そのときに、何がその散文を「詩」たらしめたのか、のちに具体的な事例をみて考えてみたいと思う（第3章）。

　「ことば」は、いつ、どのようなかたちで「詩」になるのだろうか。上に見たように、「詩」というジャンルを外的な形式を通して定義することはできない。それが無限のかたちの可能性をもつものであればこそ、詩は詩として存立する。とりわけ近代以降の詩においては、詩作とは、そのような無限の可能性の中から、一つの独自のかたちを編み出すことに主要な関心を置いてきたと言ってよいだろう。「詩」という文学形式が外的な規制をことごとく拒むものであるとすれば、一体、それが「詩」であると、どうして私たちは知るのだろうか。そして私たちはそこに紡がれていることばの連なりと、どうやって向き合えばよいのだろうか。

　まず確認しておきたいことがある。それは、詩のテクストを織りなしているのが、私たちが日常的に使用していることばであるということである。むろん、不思議な変形を加えられることもあるだろうし、擬音語や擬態語、感嘆詞などが飛び交うこともある。しかし、もとの素材はことば以上のものでもなければ、ことば以下のものでもない。どこにでも転がっていることば、私たちがふだんの生活の中で使いまわし、あちこちで聞いたことのあることばが使われている。視覚詩といわれるものがあり、視覚的な効果に主眼を置いた詩もあるが、絵画的な表象効果が前面に出されているとはいえ、やはりその構成要素を成すのはことばである。

　つまり、数多あることばの海の中から、特定のことばが拾い出され、紡がれて、詩のテクストができる。その文字列の連なり方、それら相互

の関係、一つ一つのことばと作品全体の関係、その一まとまりのことばが提示する独自のかたちのあり方などを通して、私たちはそれを「詩」とみなすことになる。むろん、小説や戯曲もことばを素材とすることに変わりはない。詩における際立った特徴は、それを前にした読者が、ことばの向こう側を見る前に、目の前に並ぶ文字列、すなわちことばそのものを見てしまうということ、言い換えるならば、ことばが指し示すところの意味ないしメッセージを読み取ろうとする前に、文字列の現れ方そのものに注意を向けてしまうということである。これは、詩に限ったことではなく、文学言語全般について多かれ少なかれ言えることだが、文学言語を文学言語たらしめているこのようなことばの様態が、もっとも鮮やかなかたちで提示されているのが「詩」という形式であると、まず言っておいて差し支えないだろう。

2. 詩的言語のはたらき

それでは、どうやって文字列への注目がいくのか、少し具体的に考えてみたい。何かを読もうとしたときに、すんなりと読み切れず、なんらかの引っかかりが残るという経験は誰にでもあるだろう。ただ、漢字が難しい、語彙が難解だということもあるし、やたら長くて文の構造がつかみきれなかったり、妙に短く切れていて違和感が残る文であったり、あるいは文法的には正しいはずなのに、イメージが一つにまとまらない、なんだか座りのわるいイメージが残像となって消えない、といった経験である。また逆に、ことばの意味するところはさておき、一定の文字列の繰り返しやそれが成すかたちの全体が、内容よりも前に際立った印象として残ることもある。

20世紀はじめ、ロシア・フォルマリズムと呼ばれた文学運動の主導者の一人であったヴィクトル・シクロフスキー（1893-1984）は、この

ような違和感をもたらす文学テクストの効果を、広く「異化作用」という用語で説明している。日常言語の使用においては自動的に処理され、メッセージの伝授の機能を果たすと思われていることばが、なんらかのかたちでメッセージの理解に引っかかりを生じさせるとき、そして認識に遅延が生じる場合である。そのとき、私たちの注意は、意識的にであれ無意識的にであれ、そこに表現されている文字列そのものに向けられることになる。その束の間の戸惑い、揺らぎ、ことばをめぐる不確定な感覚、そして何か異物にぶつかってしまったという経験こそが、詩的言語と向き合う経験の根幹にある。

　さらに言えば、このような揺らぎをもたらす感覚は、一定の時間をかけての熟考の末に消え去るものでもない。それが一つの意味ないしある用途に向けられたメッセージに解消されることなく、どこまでも残存しつづけるとき、そして、それを前にする私たちが言語化することのできないもの——他者性と呼んでおこう——と出会うことを余儀なくされるとき、私たちは広い意味で詩を読むという体験をしていると言える。シクロフスキーより一足早く、スイスの言語学者フェルディナン・ド・ソシュール（1857-1913）が打ち出したシニフィアン・シニフィエという用語を使うならば、詩的言語として立ち上げられるテクストは、シニフィエの無限後退を促していると説明することもできる。ソシュールによれば、言語とはシーニュ（signe：記号）の体系であり、それはシニフィアン（signifiant：表すもの）とシニフィエ（signifié：表されるもの）の表裏一体の関係から成るとされるが、「表すもの」すなわちそこに書かれていることばが、どこまでも「表されるもの」すなわちその意味するところのものにたどり着けないとき、そのことばと向き合っている私たちは、いつまでも理解の宙吊り状態に置かれることになる。目の前に並ぶ文字列に躓いてしまうこと。それは、一定の理解を通して対

象をわがものにすることができない戸惑いや不安をもたらし、自身の存立それ自体の不安定感を掻き立てる経験に至る可能性をもつ。それと同時に、このような他者性との出会いは、それがいかに頼りなく、微かで、曖昧なものであったとしても、自分の見知らぬ世界を垣間見る瞬間、あるいは多方向から押し寄せてくる声に包まれながら自身が開かれていくことを知る瞬間に結びつく経験となることもある。

　第1章で、文学を読む行為とは自然言語のもつ多義性を積極的に引き受けることであるという説明があった通り、詩のテクストが要請しているのは、ほかならぬ多義性への誘いである。どこまでも一義的な読解が完了しないプロセスに身をさらしつつ、ことばと向き合い、格闘し、その狭間に潜む多様な声に耳を傾けながら、己を宙吊り状態においてテクストと向き合いつづけること。詩を読む行為とは、美しい歌を聞いて心地よさにひたる行為と類似しているように思われるかもしれない。あるいは、歯切れよい、リズミカルな韻律に合わせてシュプレヒコールを繰り返し、唱和を通して連帯感を確認する政治運動に近似する体験に通じるようにも見える。しかし、ここに横たわる決定的な違いは、その行為が「意味」に到達しないこと、「意味」に近づいたと思った瞬間にそれがすり抜けていってしまうという体験を繰り返すことを強いられる行為であるという点である。そして一定の「意味」に安住することができないからこそ、それゆえにこそ、詩を読む行為は、どこまでも開かれた、豊かな経験をもたらす可能性として、私たちをことばの世界に引き込んでいくのである。

　ひとことに詩といっても、さまざまなかたちの、さまざまな効果をもつものがあることは前に述べた通りだが、まずはじめに、冒頭に引用した短詩二篇について考えてみることにしたい。

3.「馬」を読む

　　「馬」
　軍港を内臓している。

これは、北川冬彦（1900-1990）による 1929 年刊行の詩集『戦争』（厚生閣書店）に収められている短詩である（初出は『青空』第 3 巻第 2 号、1927 年 2 月）。なんとも唐突で、とっかかりがつかめないようなこの一行詩にどう向き合えばよいのだろうか。

　タイトルは「馬」、本文の「軍港を内臓している」には主語がない。とりあえずつなげて読んでみると、「馬」が「軍港を内臓している」という主語＋述語の一文になるわけで、「A が B を内蔵する」という表現自体は、例えば「HDD 内蔵のパソコン」といった表現があるように、それなりに理解できそうな気がする。ところが、「馬」と「軍港」では「A が B を内蔵する」関係が成り立たない。「軍港」の中に「馬」が飼われているのであればイメージのしようもあるが、「馬」の中に「軍港」は入れない。といったことを考えつつ、さらに気づくのは、ここで述語化されているのが「内蔵」ではなく「内臓」であるということ、つまり肉月がついたことで、「ナイゾウ」という音をもつこの二文字は、「内部におさめ持っている」という意味を示唆すると同時に、ぐにゃぐにゃとした小腸を思わせるような名詞の機能も果たしており、そうすると「馬」は「内臓」を「内蔵」していて、さらにその「内臓」のかたちと「軍港」のかたちが重なり合って、もしや、馬の中に収められているのは入り組んだ埠頭の列の間に軍事施設が折り込まれている秘密の軍基地の地図ではないかなどといった途方もない発想も出てくるのである。馬の中に軍が隠れているとなると、トロイアの木馬に想像が及んでも不思議はな

い。

　このように、たった1行の、主語さえをももたない短文より成るこの一篇の詩は、読み手をして果てしない不確定性の中に迷いこむことを強いることになる。タイトルの「馬」が前景化されるとき、このテクストは、とてつもなく大きな馬の腹の中に「軍」なるものが潜んでいるイメージとして立ち現れてくるだろう。それと同時に、「馬」「軍港」「内蔵／内臓」のそれぞれの語彙が自在な想像力を掻き立てて、凛とした軍馬の姿、どこかの広大な軍港の風景、何かが隠し込まれている感覚、それが気味の悪い、おぞましいものであるという予感、といったことが、時間性を剥奪されて、論理的な整合性を拒んだまま、したがって「意味」へと収斂されることのないままに、読者に突きつけられる。いや、正確には、テクストがそれを読者に突きつけているのではなく、読者自身がテクストを開き、その多義性の中に身を置き、その多義性と格闘しながらテクストを顕在化させているというべきだろう。

　「一体これは何の詩ですか」と聞かれても解はない。シニフィアンとシニフィエの関係で言えば、このテクストは、精緻、重厚に重なり合いつつ矛盾、反発を演じるシニフィアンがシニフィエを後退させつづける現象そのものであって、「意味」は永遠に保留されたまま、一方でテクストとしては厳然と、ある揺がしがたい存在感をもって、そこにありつづける。

　「〜している。」という文型は、動きをとどめる効果を果たしている。時間性を感じさせる要素はなく、このテクストは空間的に構築されている。ぶれることのない時間の中で、じっと佇んでいる何ものかがあり、それはこのミニマルな表現において、多くを隠しもったまま、ある不気味さ、あえて言うならば災いの予感のようなものを充満させている。誰も、何も語らないままに、その予感だけが膨らんでいく。

この詩が書かれたのが1927年、満洲事変に先立つこと4年。日露戦争後、1905年のポーツマス条約によりロシアが清国より獲得した大連、旅順及びその周辺地域の租借権と旅順―ハルビン間の鉄道権益等が日本に譲渡され、日本帝国のアジア大陸進出の準備が進められていった時期にあたる。南満洲鉄道（満鉄）の技師を父にもつ北川冬彦は、幼少期、大連を拠点としつつ、鉄道敷設工事の行われていた中国東北部（旧満洲）各地を転々とし、中学入学後は日露戦争の激戦地であり、日本の大陸進出の軍事拠点となった旅順で中等教育を受けた。実際、「馬」の発想の背景には旅順軍港の風景があったという。二つの岬に挟まれた湾の地形が肋骨の形を連想させ、また北川自身が、この詩の創作の経緯について次のように述べている。「白玉山という丘の上から」「旅順港を見下ろしていると、向こうから馬が登つてきた。その胴つ腹が軍港を覆い、馬は軍港を孕んでいると見えた」。そして十数年後、「牛の胴つ腹の中に百姓が横たわつているマルク・シャガールの「村」という絵が思い合わされ」て、この詩ができたという[注1]。

　実際のところ、北川が何を見てこの詩を書いたかは、二次的な問題に過ぎない。一旦テクストと向き合ったあとで、このような解説を聞いたところで、この詩の「意味」が深まったとは思えない。第1章でロラン・バルトのいう「作者の死」について触れられていたことを思い起こしてほしい。このテクストがもはや作者には帰せられないところで成立していること、それを引き受け、このテクストの創出を担うのが読者であることは、上に試みたような読みのプロセスを通じて確認できたかと思う。

　しかし、このことは、一篇の詩のテクストをそれが産出されたコンテクストから切り離し、それを一つの閉ざされた言語構築物として解析すればよいということを必ずしも意味するものではない。いかなる文学作

品も歴史の真空の中で生み出されることはなく、テクストとそれが生み出されたコンテクストとの間にはさまざまな力が働いている。「馬」もまた然りである。「馬」というテクストがその寡黙さのうちに張り詰めた空気を漂わせ、どうしようもないおぞましさを喚起させるのは、この詩が1920年代後半、日本が帝国主義的欲望の高まりを見せていた時期に、それとかかわりの深い地に育った詩人の手によって紡がれたことと無縁ではない。詩人の個人的な体験談はさておくとして、「馬」というテクストは、未だ露わな姿を見せていない日本の大陸進出の暴力を、詩のことばが予め感じ取ってしまっている、ということなのではないだろうか。

　「馬」が収められている『戦争』(1929年)には、ほかにも「壊滅の鉄道」など、日本の大陸進出の暴力と密接なかかわりをもつ詩篇がある。「軍国はやがてこの一本の傷痕を擦りへらしながら腕を延ばすのである。／没落へ。」と括られるこの詩は、満洲事変を発端として1945年の帝国壊滅に至る十五年戦争の軌跡の終わりを、事変の勃発に先立って、さもさりげなく、未然に予知しているのである。

4.「春」を読む

　冒頭にあげたもう一篇の安西冬衛の「春」については、ここで一語一語をとり上げて詳しく分析することは控えるが、この一行詩についても同様の読みができること、そして「馬」と同じく、ここでも作者の意図や作品制作の事情などを超えたところで、読者がテクストの声を聴きとることを促され、その読みの過程において新たなテクストが立ち上げられていくこと、さらにそれがより大きなコンテクストをも引き込んで強度を増していくことを、確認しておきたいと思う[注2]。

「春」
　てふてふが一匹韃靼海峡を渡つて行つた。

　『戦争』と同年の1929年に刊行された『軍艦茉莉』（厚生閣書店）所収の詩である。初出の『亞』第19号（1926年5月）では、「韃靼海峡」が「間宮海峡」となっていて最後の句点がなく、「軍艦北門ノ砲塔ニテ」という説明書きが付されているなど、異同がある。現代詩の出発点を画する一作とも言われるこの詩については多くの評者がさまざまな解釈を施してきた[注3]。いかにも頼りなげなひらがなの「てふてふ」と、荒々しく猛々しい異民族の海を思わせる漢字の「韃靼」（ダッタンと読む：タタールのこと）との対照性、微視的な蝶々のイメージと巨視的な荒海のイメージが緊張をはらみつつ見事に釣り合っているさま、tefu-tefuの音を想起させる「てふてふ」が、蝶のはばたきのリズムを思わせ、ぎこちなく、懸命に荒海の上を飛ぶ蝶々の姿を彷彿とさせること、それがいつのまにか「てふてふ」という文字のかたちにも重なって見えてくる等々、この詩は豊かな解釈を引き出す要素に満ちている。この詩の作者である安西冬衞もまた大連の詩人であり、この一篇は大連湾を見下ろす高台に登ったところで忽然として眼下に開けた海の光景に出会った瞬間の感慨が、開放感と孤絶感を伴うものとして文字化されたものだと言われている。

　「馬」が侵略の予兆を体現するテクストとして立ち上げられていったように、一見かわいらしい絵画的な詩篇のように見える「春」もまた、同時代の地理的・歴史的なコンテクストの重みに応答するテクストとして顕現していることを、詩人の想像力と身体性という観点から考えてみたい。荒海を見下ろす空の果てしない広がりを舞う蝶の想像力はどこから来たのだろうか。ここには、未だ侵略者と名指されないものの、他人

の地に足を踏み入れて五感を抑圧してきた詩人が、ふとその身体の開放されるのを知る一瞬が書き留められているのではないだろうか。持続する開放感ではない。それは、己の立つ場所の危うさと、「内地」から海で隔てられた地に一人置かれていることの孤絶感の襲来と同時に起こっている。

　初出が『亞』に掲載された5か月後（24号、1926年10月）には、この一篇と想を同じくする俳句が安西自身のエッセイの中で引用されている。

　　韃靼のわだつみ渡る蝶かな

「春」と同時期につくった俳句だという。五七五のリズムに合わせて、「わだつみ」といった和語が用いられ、終助詞「かな」によって縁取りされたこの俳句では、「韃靼」という異物はきれいに毒抜きされ、ここには果てしない空の広がりもなければ不安をかきたてる海もなく、空に舞う蝶の危うい羽ばたきもない。「てふてふ」ならぬ「蝶」は「胡蝶」と同じく俳句にあって違和感のない語彙である。

　短詩「春」は、古典詩歌の心地よさをおのずから引き裂いて、収まりのよい型にはまったことばを解き放ち、その破壊的な振る舞いによって「詩」のテクストとして立ち現れたのだ。そのとき、「胡蝶」ならぬ「てふてふ」は鮮やかな可憐さを獲得し、「韃靼」の2文字は突如として重く、まがまがしく響きはじめることになる。そして、詩人の身体は空に向けて開放され、その同じ瞬間、己の舞うところの危うさ、空恐ろしさを刻印してしまう。後半の、"dattan kaikyō o watatte itta" で繰り返される「ッタ」の促音は、ひらひらと舞うかに見えた蝶が、こと切れんばかりの頼りなさで、バタッ、バタッと小さな音を立てながら羽の重みに喘いでいるようにも聞こえてくるではないか。俳句の「蝶」のように

「わだつみ渡る」とは行かず、五七五の破れた枠を突き破って飛び出したまま、「行つた」のあとの句点「。」によってプツンと切れてしまうのである。

　ここで詩人の身体性を問題にするのは、1920年代後半の大連に住む詩人の多くにとって、身体のあり方が、彼らの生のあり方そのものと密接にかかわっていたからである。「租借」「併合」「譲渡」といった表現でもって「日本」がその境界を押し広げながら隣国を占領していった時期、新興植民都市大連に住む入植者は、「内地」と切断されつつもあからさまな侵略者とはならないまま、あたかも日本の「延長」であるかのように語られるその土地に住み、日本語の地名の付いた街並みを歩きながら、それがもと清国の地であり、都市づくりの建設途中で撤退を余儀なくされたロシアが開拓した街であり、その当時もなお膨大な数の中国人労働者が日々街づくりの労働に従事していることを知っていた。そこにはあまりにも多くの隠された風景があり、語られず、認知されない搾取と暴力が遂行される日常があった。安西が編集の中心となって刊行された、日本モダニズム詩の先駆的な詩誌と言われる『亞』（1924年11月-1927年12月、計35冊）には、このような現実にあって、それを直視する視点を獲得することができないままに、抑圧された身体を抱えて生きる人たちの「抑えられた声」が響いている。述語を与えられないままに並べられる断片的な体言止めの連なり、名指せないものを指し示す「あれ」「あそこ」といった指示語の多用、外界との切断がもたらす距離感を表象することば、あるいは語れないものを示唆するがごとく紙面そのものに残される巨大な「空白」など[注4)]、それはさまざまな表現のかたちとなって現れる。

　外部との有機的な関係がつくれず、身体の麻痺を表す表現の多い中にあって、「春」のテクストがひときわ目を引くのは、それが身体を解き

放つ欲望、あるいはそうなることの一瞬の夢想として、『亞』のテクスト群の中に差し挟まれているからである。そうした夢想が束の間のものであることは、この詩が掲げられている見開きの反対側のページで早くも示される。同じく1ページに1行だけの、タイトルも同名の「春」と題された次のような短詩である。

　　鰊が地下鐵道をくぐつて食卓に運ばれてくる。

「てふてふ」は飛んで行ったが、「鰊」は「運ばれてくる」。それは死体となって沿岸市場から速やかに運ばれて、いきなり詩人の前に差し出される。食卓を前にする詩人は、輸送の末端にあって、与えられた魚を食することしかできない。「てふてふ」の詩は、飛翔の解放と結びついて、開かれた"ta"の音で終わっていたが、「鰊」の詩は"kuru"と"u"の音が二度つづく。口がすぼまり、動きは止まってしまう。

　「馬」と「春」、いずれもたった1行の短詩だが、「ことば」が「詩」になるとき、当たり前の日常語がさまざまな次元でその存在を新たにし、互いにぶつかり、響き合い、相互的に作用しつつ新しい意味を生み出し、さらには同時代の歴史、文化状況を引き込んで強度を増し、多義性を獲得していくさまが確認できたかと思う。文字のかたちや音、その連なり方、一つ一つの語彙の位置とその相互的な関係、それが多方向に意味を放ちつつ響き合うさま、行全体のかたち、それが記された紙面との関係、さらにはそのことばの連なりを生み出した同時代状況との共振など、テクストを織りなす要素は何層にも及ぶ。一篇の詩のテクストは、読み手のかかわり方しだいで幾様にもその姿を変え、新たな声を響かせ、さらなる読みへと読者を誘う。逆に言えば、そのようにして決定的な、最終的な意味に到達することを拒みつづけるものこそが詩なのだと言ってもよいのかもしれない。詩の読みに関与することは、シニフィア

ンの生成を促し、それに伴ってシニフィエはまたその先へと遠のいてゆく。それは快楽とともに苦痛を伴う作業であるかもしれないけれど、詩のテクストに粘り強く付き合い、そのことばの襞に隠されていたものが少しずつ開示されるのを認めるとき、私たちは間違いなく、新しいテクストに出会い、それが自分自身の生と響き合うのを知る。新しいテクストとは、過去や未来をも含む私たちの生のあり方の現れにほかならないからである。

注

注1) 西原大輔『日本名詩選2 昭和戦前篇』笠間書院、2015年、p.45。
注2) 「春」については拙稿「畳まれる風景と滞る眼差し―『亞』を支える空白の力学について」(『言語文化研究』巻4号、立命館大学、2011年3月、pp.119-129)(http://www.ritsumei.ac.jp/acd/re/k-rsc/lcs/kiyou/pdf_22-4/RitsIILCS_22.4pp.119-130Ellis.pdf)、「表象としての「亜細亜」―安西冬衛と北川冬彦の詩と植民地空間のモダニズム」(『越境する想像力』、モダニズム研究会、2002年)があるので、興味のある方は参照されたい。
注3) 亀井俊介「安西冬衛「春」―エスプリ・ヌーヴォーと日本の伝統―」(『文章の解釈―本文分析の方法』東京大学出版会、1977年)、中川成美『モダニティの想像力―文学と視覚性』「二十世紀の言語論的展開と身体の知覚―安西冬衛「春」論」(新曜社、2009年)など。
注4) 「春」をはじめ、『亞』には、1ページに1行だけ配されている詩が複数ある。

引用参考文献

・イーグルトン，テリー (2011)『詩をどう読むか』川本皓嗣訳、岩波書店
・柄谷行人 (2005)『近代文学の終り』インスクリプト
・丸山圭三郎 (1981)『ソシュールの思想』岩波書店
・モダニズム研究会編 (2002)『越境する想像力』人文書院

学習課題

1 一篇の詩を読むことと、一枚の絵画をみることでは、どのような体験の質の違いがあると思うか。800字程度で論じなさい。
2 詩の批評を通して、それまで見えなかった風景が見えてくることがある。詩のことばを経ることで、世界への新たな眼差しが獲得される可能性について、自身の経験にもとづいて、800字程度で述べなさい。
3 次に引くのは、ステファヌ・マラルメ（1842-1898）という詩人の『詩の危機』（1896）からの一節である。これが何を言おうとしているのか、自分なりの解釈を、800字程度でまとめなさい。

> たとえば私が、花！ と言う。すると、私のその声がいかなる輪郭をもそこへ追放する忘却状態とは別のところで、〔声を聴く各自によって〕認知されるしかじかの花々とは別の何ものかとして、〔現実の〕あらゆる花束の中には存在しない花、気持のよい、観念そのものである花が、音楽的に立ち昇るのである。（『マラルメ全集Ⅱ』筑摩書房、1989、松室三郎訳）

3 | 詩の分析(2) ──近代詩を読む

エリス俊子

《**目標&ポイント**》 詩のテクストをとり上げ、批評的な読解を行う。はじめに、日本の戦時体制下の言論弾圧の狭間で声をあげようとした詩人たちの作品に触れ、抑圧の中で綴られたことばの軌跡をたどる。次に詩的イメージの重層性・多義性に焦点を当て、萩原朔太郎の一篇の詩を分析する。最後に、翻訳という行為を通して、一篇の詩が言語と言語の間で響き合い、新たな意味を生み出していくことを、ヴェルレーヌの詩を例にとって考察する。詩的言語のさまざまな可能性について考えてほしい。

《**キーワード**》 テクスト分析、日本語、近代詩、時代への応答、イメージ、翻訳

　前章に次いで、詩のことばについて考えてみたい。今回は具体的な詩に触れて、詩のことばの多様な現れの様態を確認したいと思う。はじめに、前回とり上げた「馬」や「春」の短詩が書かれた少しあとの1930年代以降、戦争が現実化してきた時代に生成された日本語の詩作を三篇紹介し、言語の抑圧と思想統制が強まった時代における詩のことばの振る舞いについて考える。一篇一篇を丁寧に分析することはせず、「時代への応答」としての側面に焦点を当てる。次いで、「イメージの照応」という観点から、一篇の詩をとり上げ、詩的言語の織りなす世界の豊かさについて、それが海を超えて響き合うさまを見てみたい。最後に「言語と言語の間」をテーマに、詩的言語と翻訳の問題にも触れつつ、言語や文化の複数性を超えて詩のことばがつながっていく現象を追ってみたいと思う。

1. 時代への応答

　「馬」や「春」が書かれたのが1920年代、その後満洲事変が勃発し、日本は戦時体制に突入する。「東亜新秩序」「大東亜共栄圏」といった標語が打ち立てられていく過程において、一元的なイデオロギーのもとで言論統制が敷かれ、抑圧は弾圧へと変わり、個人の声はことごとくつぶされていくかに見えた。そんな時代の中にあって、検閲の間隙を縫って文字を綴っていた詩人たちがいる。
　次に引くのは金子光晴（1895-1975）の「泡」（『鮫』1937年『金子光晴全集』Ⅱ、中央公論社、1975年）の一節である。

　辛子のやうに痛い、ぶつぶつたぎった戦争にむかって、やつらは、むやみに曳金をひいた。
　いきるためにうまれてきたやつらにとって、すべてはいきるためのことであった。
　それだのに、やつらはをかしいほどころころと死んでいった。
　　　　［中略］
　そのからだどもはやっぱり、寒がったり、あつがったりするからだだったのに。
　いまはどれも、蓮根のやうに孔があいて、肉がちぎれて百ひろがでて、かほがくっしゃりとつぶされて。
　あんまりななりゆきに、やつらは、こくびをかしげ、うではひぢに、ひぢはとなりのひぢに、あわてふためいてたづねる。
　――なぜ、おいらは、こんな死骸なんかになったのかしら。

　だが、いくらかんがへてみても駄目だ。やつらの頭盧には、むなしい

ひびきをたててひとすぢに、濁水がそゝぎこむ。
　　氾濫する水は、――「忘れろ」といふ。

「馬」や「春」の寡黙と対照を成す饒舌な語りである。全 64 行の詩の一部だが、詩篇全面にわたっておしゃべりはつづく。理不尽な戦争に駆り出されてばらばらになって漂流する死体の断片たちがことばを交わす中、すかすかの頭蓋骨の空洞に無情な水がどおっと流れ込み、「忘れろ」とひとこと告げる。
　ことばは自在に流れ、漢字となって凝固する手前で、ひらがなのままに紙面を覆う。あたかもかたちを崩してぺらぺらになってしまった死体のように、ひらがなが散らばっている。ここでは身体性は解放され、この光景を目にしている語り手もまた破片化した死体たちとともに水にぷかぷかと浮いている。この死体たちがどこの国の兵士の死体であるかなど、もはや関係がない。この詩が収められている詩集が刊行されたのは日中戦争勃発の年である。
　次に、同じく饒舌で知られる小熊秀雄（1901-1940）の詩、「現実の砥石」（『小熊秀雄詩集』1935 年）の一節を引く。

　　現実は砥石さ、
　　反逆心は研がれるばかりさ、
　　かゝる社会の
　　かゝる状態に於ける
　　かゝる階級は
　　総じて長生きをしたがるものだ、
　　始末にをへない存在は
　　自由の意志だ、

手を切られたら足で書かうさ
　　足を切られたら口で書かうさ
　　口をふさがれたら
　　尻の穴で歌はうよ。

　26 行詩の最後の 12 行である。語りの声は一様で、メッセージ性が明らかだという点で、一見、多声的なテクストに見えないが、独自のリズムにのせて巧みに日常語がずらされて、思わぬところで詩が開く。小樽市に生まれ、幾種もの労働に従事しながらかろうじて糊口を凌いで育った小熊秀雄は、プロレタリア文学活動が実質的に終息を強いられた時期に、その末端にあって、声をあげることに執心していた。ほかに「なぜ歌ひださないのか」「しゃべり捲くれ」といった詩篇もある。詩をイデオロギー闘争の媒体とするのではなく、言論統制のもとで誰もが黙りはじめた時代にノイズをたてること。それは均質化の度合いを強める同時代の日本語を攪乱する試みであったと言える。饒舌はことばの自動運動を引き起こし、詩人の意志を離れて語りはじめることがある。「手」から「足」へ、「足」から「口」へ、そして「尻の穴」へと至るこの詩の末尾の展開に、読み手の想像力は一瞬つまることだろう。言論弾圧への抗議文のようであり、自虐的なユーモアに見せながら、ここには、手足を縛られ、口をふさがれ、悶え苦しむ身体がある。さらに見れば、これは手も足も「切られた」肉塊の呻きである。「尻の穴」の声には言語化を拒む痛みが宿りはじめる[注1)]。

　　第 2 章で読んだ寡黙な二篇とは異なり、上の二篇ではことばが自律的な動きを見せて、自らテクストを編んでいく様相を見せる。あからさまな暴力が横行し、一方でことばがどんどんと封じ込められていく時代にあって、それに反発するかのように、いかにも軽やかで、ユーモラスな

口調の饒舌の詩が生み出されたのは偶然ではないだろう。

次に引くのは、さらに時代が下って 1942 年、真珠湾攻撃のあとに書かれた、尾形亀之助（1900-1942）という詩人による「大キナ戦」の冒頭部である。死の年に書かれ、詩集に収められることはなかった（『歴程』19 号、1942 年 9 月）。

　　五月に入つて雨や風の寒むい日が続き、日曜日は一日寝床の中で過した。顔も洗らはず、古新聞を読みかへし昨日のお茶を土瓶の口から飲み、やがて日がかげつて電燈のつく頃となれば、襟も膝もうそ寒く何か影のうすいものを感じ、又小便をもよふすのであつたが、立ちあがることのものぐさか何時までも床の上に坐つてゐた。便所の蠅（大きな戦争がぼつ発してゐることは便所の蠅のやうなものでも知つてゐる）にとがめられるわけもないが、一日寝てゐたことの面はゆく、私は庭へ出て用を達した。

とりたてて特徴的な文体でもなく、怠惰な生活の一面が切り取られているだけの、日記の 1 ページにも見える。これを散文詩とする要素はどこにあるのだろう。尾形は生前に詩集を三冊刊行しただけで、第三詩集『障子のある家』（1930 年）は散文詩のみを収める[注2]。太平洋戦争が勃発し、「戦争詩」「愛国詩」「国民詩」が量産され、個人の声を響かせる場がことごとく奪われていた時代である。時局の要請に応じて声をあげるか、さもなければ黙るか、という選択肢の狭間にあって、尾形が、メッセージ性をことごとく剝ぎ取られた散文を書いていたことの意味を考えてみよう。あえて「うたう」ことをせず、「詩」ならぬ「詩」を書くことは、詩のことばに残された、限りある抵抗のかたちの一つであったのではないだろうか。「便所の蠅でも知つてゐる」ということは、当然な

がら語り手も知っているわけである。「便所の蠅」に「とがめられるわけもない」と言う語り手は、「便所の蠅」を自分と対等の位置に置いているということになる。「大きな戦争がぼつ発してゐる」のに行動する術がないことへの鋭い自己意識がここにはある。自分と「便所の蠅」とを比べながら、「便所」で用を足すのがはばかられて、仕方なく外に出たと語ることは、声をあげて詩をうたうことができず、したがって行動をとることができず、すなわち「便所の蠅」と同格になった自分が、もはや自身の身体の置き場さえもてなくなったことを、あえて稚拙に、そして雄弁に語っているように思われる。尾形は、ことばを奪われた詩人として「うたわないこと」に徹し、動けなくなった自分がうたえないことを、あるいはうたえなくなった自分が動けないことを、黙々と、文字に書き留めつづけていた。日記の1ページの切り取りのように見えながら、ここに並ぶことばには、詩人の生との格闘の跡が刻み込まれている。

　加えて言えば、この詩人がしばしば「寒むい」「洗らはず」のように送り仮名を「間違える」のも、ただの間違いとして読むことはできないと思う[注3]。ことばが壊れかけているのだ。ことばの一つ一つの輪郭が崩れていくとき、詩人の生のかたちも危ういものとなる。尾形の詩の場合、テクストの語り手と詩人自身とが限りなく重なっているため、詩人の生そのものとテクストを切り離して考えることができない。実際に尾形は行動することを拒み、この詩を書いた年のうちに衰弱死している。

　第2章につづけて、詩のことばがそれを生み出した時代のコンテクストと密接にかかわりながら多様な振る舞いを見せていたことを、1930年代後半から40年代初頭に至る日本語の詩を例にとりながらみてきた。それが、たんに時代状況を「反映」するものではなく、同時代の言説状況を引き受け、それに応答しながら、そのことばを生み出した言説そのものに亀裂を入れるような試みであったことが見て取れたかと思う。こ

こでいう同時代言説とは、時代のことばを織りなす生地（texture）のようなものである。己の素材である生地に対して異化されたことばがテクスト（text）として効力を発するとき、その小さな揺さぶりはtexture全体に及び、textをとりまく文脈（context）が再編成される。textの振る舞いがいかに多様で、多義的なものであるかはみてきた通りである。それは既成のことばの使い方をさまざまなかたちで「ずらす」実践であり、ずらされたことばは元来の習慣的な意味を影として保ちつつ、新たな意味の方向性を示唆しながら不確定なままにtextureに攪乱をもたらす。文学史に書き留められることの少ない、詩のことばの実践の軌跡をたどろうとするとき、私たちは、無数の埋もれた声に出会うことになるだろう。詩を読む行為とは、それらの声をすくい取りながら、それらが大きな時代のcontextの中で多声的に響いてくるのを受けとめるということでもある。

2. イメージの照応

　ここで一旦、歴史的な文脈から離れて、詩的空間の多層性、多声性について、テクストのイメージに焦点を当ててみる。日本語の口語自由詩の成熟を象徴する萩原朔太郎（1886-1942）による1924年の作、「猫の死骸」を引く。

　　海綿のやうな景色のなかで
　　しつとりと水氣にふくらんでゐる。
　　どこにも人畜のすがたは見えず
　　へんにかなしげなる水車が泣いてゐるやうす。
　　さうして朦朧とした柳のかげから
　　やさしい待びとのすがたが見えるよ。

うすい肩かけにからだをつつみ
びれいな瓦斯體の衣裳をひきずり
しづかに心靈のやうにさまよつてゐる。
ああ浦　さびしい女！
「あなた　いつも遅いのね」
ぼくらは過去もない未來もない
さうして現實のものから消えてしまつた。……
浦！
このへんてこに見える景色のなかへ
泥猫の死骸を埋めておやりよ。

　紙幅の関係でこの詩を丁寧に読むことはできないので、ごく簡略に、各行の構成を確認する[注4]。第一行でいきなり「海綿のやうな景色」とは何だろう。無数の小孔をもつ水棲の多細胞生物のやわらかい感覚が想起されたあと、次行で「しつとりと水氣にふくらんで」とつづくので、これは未だかたちを成さない、ある景色の感触であることがわかる。つづいて、それが哀しげな水車の回る音のするうら寂れた場所であることが示されたところで、突然「朦朧とした柳のかげから」は「やさしい待びとのすがた」が見える。「見えるよ」と言われて、それまで語り手の視点に重ねてこの景色の様子を窺っていた読み手は、語り手が指し示すままに「柳のかげ」に「待びとのすがた」を認めるが、そもそも全体は「朦朧と」しているし、つづく行で明らかになるように「待びと」とは「心靈」のようにさまよう女であるわけだから、水辺・柳・女のとり合わせから幽霊の連想が働いて、「柳のかげ」にいるのが自分なのか、あるいはその女が「柳のかげから」出てくるのか、「から」の方向性に混乱が生じ、距離の感覚は融解する。「うすい肩かけ」の「瓦斯體の衣裳」を

まとっている女は、その身体も「瓦斯體」のごとく半透明で、「あなた　いつも遅いのね」と語りかけてくる。「ぼくら」は「過去もない未來もない」、すなわち現在を特定することのできない滞った時間の中で、「現實のものから消えて」しまい、語り手は「このへんてこに見える景色のなかへ／泥猫の死骸を埋めておやりよ」と結ぶ。

　語彙がこれほどに平易で、文の構成にもなんら歪(いび)つさがないにもかかわらず、この謎めいた一篇は、未決定で不確定な要素に満ちている。場所の輪郭がつかめず、時間が消され、二人の間の距離が測れず、最後に突然出てくる「泥猫」の正体もわからない。それでいて、このテクストを前にした読者は、ここにたしかな「あるもの」を感じ取るのではないだろうか。多義性を放つことばが鮮やかなまでの曖昧性を確固たるものとして、「現實のもの」との照応を拒む詩的空間をうち立てている。それは読者に向けて開かれており、読者もまた語り手とともに、この「しつとりとした」風景の中に呼び込まれる。「瓦斯體」の微粒子が流れ出るようにさまよう女の姿はいかにもあでやかで、「いつも遅いのね」と語る声には親密さがある。果たして、この風景には「もの」らしい「もの」が何ひとつなく、「水車」も「泣いてゐる」だけで、そのかたちは定かでない。「現實のものから消えて」いる「ぼくら」にも、もはや物質性はないのだろう。この空間にあるのは、水分をたっぷりと含んだやわらかい感触であり、それは視界を無力にする半透明の世界であり、そこでは時間も無効化されてどんよりと溜まっている。語り手の声は心内言語のようであり、静かに水の流れる音と、女の声だけが響く。

　「もの」にならないことばの連なりから立ち昇ってくるのは、言語化を阻む、艶かしさの感覚ではないだろうか。いざない、包み込み、あらゆる分節化を融解させて、己を身体の枷から解き放つ。水のイメージと連動する、ゆったりとしたリズムの揺らぎからは、子宮内環境を想起す

ることもできる。それは、暴力的に身分けされる以前の、静謐で、親密で、均質な空間であり、それと同時に、おそろしい孤独をも湛えている。初源的な生命を擁しつつ、生命にならぬものの無数の死を胚胎させる、もの凄まじさの空間でもある。

　このようにして「猫の死骸」は、死とエロティシズムの抱き合う詩的空間に読み手を誘う。タイトルで予告され、最終行で突然登場する「泥猫の死骸」についてもさまざまな解釈の可能性があるが、泥にまみれた猫の死体からは、溺死して腐乱し、頼りなくふくらんでいる死体のイメージが想起されるのではないだろうか。それが冒頭の「しつとりと水氣にふくらんで」いる「海綿」のイメージと重なれば、そのイメージは、ここに立ち現れる風景そのものと相重なって、詩篇全体に、艶かしさとおぞましさを同時に響かせることになる。あるいは、この「泥猫」は、「心靈」となってさまよっている女の死体の比喩的な現れなのかもしれない。

　猫は、とりわけ西洋文学の伝統の中で好まれたモチーフであり、シャルル・ボードレール（Charles Baudelaire, 1821-1867）やエドガー・アラン・ポー（Edgar Allan Poe, 1809-1849）を愛読していた萩原朔太郎自身も数多くの猫の詩をつくり、短編やエッセイを書き、自分の詩集に『青猫』（1923年）という題をつけている。「散文詩風小説」の「猫町」はよく知られているが、明らかにポーの「黒猫」を下敷きにしていると思われる「ウォーソン夫人の黒猫」という短編もある。

　「猫の死骸」のイメージの展開においてとくに重要なのは、「心靈」のようにさまよう女が「浦」と呼ばれていることである。この背景には、愛する女の亡霊とともにその墓を訪うポーの"Ulalume"という詩があることはたしかで、実際に「猫の死骸」が1936年に『定本青猫』に収められた際には、詩人によって「ulaと呼ばれる女に」という献辞が加

えられている。なお"ula"の音をもつ漢字として選ばれた「浦」は、陸地が湾曲して湖水や海水が溜まっている地形を指し、ここでもまた子宮に向けられた想像力が動員される。

　墓場をさまよう女のモチーフは、「艶かしい墓場」「灰色の道」「沼澤地方」など、萩原朔太郎自身の詩の中に周期的に現れ、変奏される。また同時代絵画とのつながりに目をやれば、それはモーリス・ドニ（Maurice Denis, 1870-1943）やポール・デルヴォー（Paul Delvaux, 1897-1994）が繰り返し描いた、夢に現れる無表情の女たちとも共鳴し、遠くは世紀末象徴主義の宿命の女（femme fatale）のモチーフをも響かせている。

　「猫の死骸」のテクストを織りなすことばをたどりながら、それが一篇の詩の枠を超えて、次々と新たなイメージを引き寄せ、それらが重なり合いながらさらに遠くの夢想を呼び、幾重にも重ねられ、ずらされて、イメージが相互に共振し、テクストがそのかたちを崩しながら開かれていくさまの一端が見てとれたかと思う。表象の根幹にあるテーマを掘り下げながらそれを解体させ、テクストに内在していたイメージを解き放ち、それが言語や文化やジャンルを超えて連結していく過程に身を寄せることは、一般にテーマ批評といわれるアプローチに通じる。それはたんにテクストの表層のイメージをなぞることではない。ことばの襞をまさぐりながら、その奥に響くものを探り出し、自らテクストを編んでいく作業でもある。これを精神分析批評として展開していくことも可能だろうし、あるいはフェミニズム批評と連動させることもできる。ここでも大切なのは、詩のことばそのものと向き合うこと、外から分析の道具を持ち込んで詩を切るのではなく、読み手がテクストと対峙し、テクストの声に応じつつ、自身の想像力を鍛えることである。

モーリス・ドニ「4月」(1892)（ユニフォトプレス）

ポール・デルヴォー「夜明け」
(©Foundation Paul Delvaux, Sint-Idesbald-SABAM Belgium/JASPAR 2017 E2596)

3. 言語と言語の間

　本章を締めくくるにあたり、詩のことばが言語の境界を超えて、自在にかたちを変えながら新たなテクストを生みつづけ、再生を繰り返していくことを、翻訳の問題と関連づけて少し見ておきたい。よく知られるフランス象徴派の詩人ポール・ヴェルレーヌ（Paul Verlaine, 1844-1896）の「秋の歌」（『サチュルニアン詩集』 *Poèmes saturniens*, 1866）である[注5]。フランス語の隣に、詩人イーライ・シエゲル（Eli Siegel, 1902-1978）の英訳を掲げる。

'CHANSON D'AUTOMNE'　　'Autumn Song'

　　　　　　　　　　　　　(Translation by Eli Siegel)[注6]*

Les sanglots longs　　　　The long sighs
Des violons　　　　　　　Of the violins
　De l'automne　　　　　　Of autumn
Blessent mon cœur　　　　Hurt my heart
D'une langueur　　　　　 With a languor
　Monotone.　　　　　　　Of sameness.

Tout suffocant　　　　　　All stifling
Et blême, quand　　　　　 And pale, when
　Sonne l'heure,　　　　　　The hour sounds,
Je me souviens　　　　　　I remember
Des jours anciens　　　　　Days of once
　Et je pleure ;　　　　　　And I weep.

＊ Eli Siegel. "Autumn Song, By Paul Verlaine." Hail, American Development, New York: Definition Press, 1968, p.106.

Et je m'en vais	And I let myself go
Au vent mauvais	With the evil wind
Qui m'emporte	Which carries me
Deçà, delà,	Here, beyond,
Pareil à la	Like the leaf
Feuille morte.	Which has died.

一目して明らかな通り、シエゲルの英訳は、一語一語がフランス語に対応しており、シンタックスも崩れておらず、詩のかたちはほぼ保たれている。しかし、このことはフランス語の詩が英語として再現されていることとは全く別の話であるということを、ここで強調しておきたい。ヴェルレーヌは「詩法」という作品で、「何よりもまず音楽のように」('de la musique avant toute chose', "Art poétique")と唱えたことで知られるが、その解釈はさておき、この詩を音読してみると、第1聯では、"d"音の繰り返しによる頭韻（alliteration）をはじめ、たたみかけるように繰り返される鼻母音の響き合い（Les sa<u>n</u>glots lo<u>n</u>gs / Des violo<u>n</u>s / De l'automne / Blesse<u>n</u>t mo<u>n</u> cœur / D'une la<u>n</u>gueur / Monoto<u>n</u>e）と、"r"で閉じられる長母音の反復（cœur, langueur）との組み合せなどが、ヴァイオリンの奏でる悲しげな音を喚起させ、次いで第2聯冒頭の"suffocant"は、"f"音、"c"音のつっかかる感じが、嗚咽し、啜り上げて息詰まる身振りと重なり、さらに、後半ではリズミカルにつづく脚韻（souviens / anciens, en vais / mauvais, heure / pleure, emporte / morte）が基調音となって、末尾の"Deçà, delà"に至り、あたかも落葉がひらりひらりと、当てもなく風に舞うように、失意の中、風に吹かれるに任せてあちらこちらと流れ歩く詩人の姿を彷彿とさせる。"Pareil à"は「〜のように」となるので、詩人自身が枯葉と重ねられ、"Feuille morte"、つまり直訳すれば「死んだ葉っぱ」の「死んだ」(morte)の音が低音で静かに響いて、詩は閉じられる[注7]。シエゲルの英訳からは、このような「音楽」は聞こえてこず、名訳と言われるアーサー・シモンズ (Arthur Symons, 1865-1945) の英訳も、シエゲルのものに比べて自由度の高い翻訳をしているものの、ことばの音楽性よりは、きめ細やかな情感の表現に工夫が凝らされている。

さて、ここで日本語の翻訳を見てみよう。

「落葉(らくえふ)」
上田敏訳(『海潮音』1905)

「秋の歌」
堀口大學訳(『月下の一群』1925年刊／2013)

秋(あき)の日(ひ)の
ギオロンの
ためいきの
身(み)にしみて
ひたぶるに
うら悲(かな)し。

秋の
ヴイオロンの
節(ふし)ながき 啜泣(すすりなき)
もの憂(う)き 哀(かな)しみに
わが魂(たましひ)を
痛(いた)ましむ。

鐘(かね)のおとに
胸(むね)ふたぎ
色(いろ)かへて
涙(なみだ)ぐむ
過(す)ぎし日(ひ)の
おもひでや。

時の鐘
鳴りも出づれば
せつなくも胸せまり
思ひ出(い)づる
わが来し方に
涙は湧く。

げにわれは
うらぶれて
こゝかしこ
さだめなく
とび散(ち)らふ
落葉(おちば)かな。

落葉ならね
身をば遣(や)る
われも、
かなたこなた
吹きまくれ
逆風(さかかぜ)よ。

　「秋の唄」
　金子光晴訳（飯島耕一編『フランドル遊記　ヴェルレーヌ詩集』1994）

秋のヴィオロンが
いつまでも
　すすりあげてる
身のおきどころのない
さびしい僕には、
　ひしひしこたえるよ。

鐘が鳴っている
息も止まる程はっとして、
顔蒼ざめて、
　僕は、おもいだす
むかしの日のこと。
　すると、止途(とめど)もない涙だ。

つらい風が
僕をさらって、

落葉を追っかけるように、
あっちへ、
こっちへ、
　翻弄するがままなのだ。

　このほかに、より最近のものではフランス文学者窪田般彌の訳もあり、ヴァルター・ベンヤミン（Walter Benjamin, 1892-1940）の「翻訳者の使命」の表現を借りれば、ヴェルレーヌのこの詩は、時代と場所を超えて、「死後の生」を生き続けることになる。

　ここで翻訳の問題に立ち入ることはしないが、一篇の詩が言語を超えて次々と新たな生を受けていくさまを見てみたいと思う。上田敏の訳が載せられている『海潮音』（1905）は、森鷗外の『於母影』（1889）、永井荷風の『珊瑚集』（1913）とともに、西洋の近代詩を紹介し、明治後半期に、日本の詩人たちに多大な影響力をもった文学的営為として知られるが、なかでも「落葉」は数多くの日本語読者の心を揺さぶり、遠かった「西洋」を身近に感じさせ、詩作へのインスピレーションを与えたものである。

　上田敏の訳は、五七調になじむ日本語のリズムを生かし、「鐘のおとに」の字余り一行を除いて各行五音で整然と統一されており、たおやかな文語調で、余韻ある間をとりながら、秋の日の悲哀寂寥をうたう。古典和歌でたび重ねて詠じられてきた秋の感覚が呼び込まれ、例えば次の和歌などが、自ずと浮かんでくることだろう。

　夕されば野辺の秋風身にしみて鶉鳴くなり深草の里
　　　　　　　　　　　　　　　　（藤原俊成『千載集』）[注8]

伝統的な秋の哀しみに接続すべく、上田敏が巧みにも、訳詩に「身にしみて」を織り込んでいることに気づく。上田敏の手に成る秋のうたを経て、冷たくて切ない、身に沁む秋風の音は「ギオロン」の響きに連ねられ、新たな音楽を奏ではじめる。「こゝかしこ／さだめなく／とび散らふ／落葉かな。」と、いかにもしっくりと結ばれて、題名も「秋のうた」ではなく「落葉」と改められる。

　堀口大學は古典詩歌の情感におさまりきらない感覚を流暢な日本語で表し、「落葉ならね／身をば遣る／われも、／かなたこなた／吹きまくれ／逆風よ。」と、勢いよく結ぶ。一方、金子光晴は、どこまでも自分の声でうたう。「さびしい僕には、／ひしひしこたえるよ。」と言う金子の「ヴィオロン」は、また別の音を奏でているようだ。「つらい風が／僕をさらって、／落葉を追っかけるように、／あっちへ、／こっちへ、／翻弄するがままなのだ。」と軽妙にうたう金子の詩には、ヴェルレーヌの "Deçà, delà" のように、しっとりとして繊細な音楽もなければ、上田敏のような「しらべ」もない。風に弄ばれる自分の生きざまを楽しんでいる風にさえ聞こえる。金子自身、「どちらかと言えば、流暢を避け、ひっかかり多く、ぎごちなく訳した」と言っている[注9]。それでもなお、金子もまた上田敏の「ギオロン」から逃れることはなかった。ヴェルレーヌの "violon" は、1970年の窪田般彌の訳で初めて「ヴァイオリン」となる。

　こうして、ヴェルレーヌの一篇の詩は、いくつもの日本語の詩を生み出し、それぞれのテクストが、それ以前に書かれたテクストと共振しながら新たな音をつくり、それらが互いに響き合って、ときに唱和し、ときに不協和音を奏でながら、その断片のすべてが 'Chanson d'Automne' の詩的空間に放たれて、見えないテクストを織りなしていく。むろん、日本語以外のテクストも紡がれていくし、それぞれのテクストは同時代

の他のテクストともつながって、時代の texture に揺さぶりの痕跡を残していくことだろう。詩を読む行為に身を託す私たちもまた、詩のことばと向き合い、それを自分のことばで紡ぎ直すことを通して、新たなテクストの創出にかかわっていることを忘れないでいたいと思う。

》注

注1）　第2章でも触れた通り、小熊秀雄は日本語で長編叙事詩を書いた数少ない詩人の一人である。ここでは触れないが、「現実の砥石」を収めた『小熊秀雄詩集』が刊行された同じ年に、アイヌの人々とその歴史を語る733行に及ぶ「飛ぶ橇」を出版。ほかにも「長長秋夜」、「プラムバゴ中隊」などがある。

注2）　第一詩集は前衛詩風のものをも含むが、第二詩集は行分け詩のかたちをとるものの、散文に限りなく近いつぶやきのような作品が多い。

注3）　通常、尾形のテクストのこのような送り仮名違いは単純な間違いとして「ママ」と記されている。

注4）　本詩篇の詳細な分析については、拙稿「「猫の死骸」の風景―非在の時間の豊かさの中で」(『比較文學研究』98号、東大比較文學會、2013年10月) を参照。

注5）　この詩は、第二次世界大戦中、BBCがフランスのレジスタンスに向けてDデイの開始を知らせる暗号として使用されたことでも知られる。最初の3行がBBCで放映されれば2週間以内にオーバーロード作戦が開始される、次の3行が読まれると48時間以内に行動に移るというものだった。

注6）　Aesthetic Realism Online Library Poetry
　　　http://www.aestheticrealism.net/poetry/Autumn-Verlaine.htm

注7）　ちなみに、この詩を発表したとき、ヴェルレーヌは22歳だった…

注8）　日本詩歌において秋が悲哀寂寥の季節として定着していく過程については、川本皓嗣『日本詩歌の伝統―七と五の詩学』（岩波書店、1991）を参照。

注9）　金子光晴『フランドル遊記・ヴェルレーヌ詩集』（平凡社、1994、飯島耕一編集）。なお、訳稿は生前未発表だったものが上記の形で出版された。

引用参考文献

- 大岡信（1965）『超現実と抒情―昭和10年代の詩精神』晶文社
- 川本皓嗣（1991）『日本詩歌の伝統―七と五の詩学』岩波書店
- 佐藤＝ロスベアグ・ナナ編（2011）『トランスレーション・スタディーズ』みすず書房
- 澤正宏・和田博文編（1996）『都市モダニズムの奔流―「詩と詩論」のレスプリ・ヌーボー』翰林書房
- 鈴木貞美編（1991）『都市の詩集』モダン都市文学X、平凡社
- 瀬尾育生（2006）『戦争詩論1910-1945』平凡社
- 坪井秀人（1986）『萩原朔太郎―《詩》を開く』和泉書院
- 堀口大學（2013）『訳詩集月下の一群』岩波書店

学習課題

1　詩と戦争のかかわりについて、具体例をあげて1000字程度でまとめなさい。日本の詩に限る必要はない。
2　萩原朔太郎の詩篇を一つ選び、それが「詩」として成立している根拠を示しながら、1000字程度で丁寧に分析しなさい。
3　日本語の俳句、短歌、近現代詩を一つ選び、自分の得意な言語に翻訳し、翻訳のプロセスにおいて何が起こっているかを記述しなさい。

4 | 小説の分析——物語から小説へ

野崎　歓

《**目標＆ポイント**》　小説というジャンルに備わった豊かな生命力の根幹を、20世紀を代表する批評家たちの小説論を参照しながら考える。とりわけ、小説自体が自らのうちに批評的な力を秘めており、それゆえに多様な解釈を生み出しつつ新たな姿を示し続けることを、カフカの『変身』、井伏鱒二の『山椒魚』、そしてセルバンテスの『ドン・キホーテ』を例として具体的に分析する。
《**キーワード**》　小説、物語、批評、近代文学、世界文学、カフカ、井伏鱒二、セルバンテス

1. 小説はどこから来たのか

　ヨーロッパではかつて、詩や悲劇こそが文学を代表する高貴なジャンルだと考えられ、小説は長らく蔑視に晒されてきた。またわが国では、平安朝において物語文学が確立されたのちに、漢詩文、あるいは和漢混交文による随筆文学や軍記といったジャンルが重要な地位を占めた。しかし現代の読者にとって、「文学」といえば何よりもまず「小説」であるというイメージが揺るぎなく確立されているように思える。これは今日、欧米や日本、アジアといった地域の違いを超えて共通することがらである。
　その背景にはいったいどのような時代の変化があるのか。そしてまた、小説はいかなる固有の性質によって、文学の主流をなすジャンルとなったのか。20世紀の文学批評において特筆すべき成果を生み出した

批評家たちは、その点を正面から考察している。本章では小説を考えるうえで重要な批評作品に触れながら、現代の読者にとって小説がとりわけ豊かな意味をもつジャンルだと思えるのはなぜなのかを考えてみよう。

まず参照したいのはドイツの批評家ヴァルター・ベンヤミン（1892-1940）である。ベルリンに生まれ、両大戦間の時期に「現代性」の根源を透視するような鋭敏な批評活動を繰り広げたベンヤミンの業績のうち、ここでは「物語作者」（ベンヤミン、1936年刊／1996）という比較的短い評論に注目してみたい。

この評論でベンヤミンは、長編小説の発生が旧来の「物語」の衰退と軌を一にしていると指摘している。「物語」が語り手と聞き手の直接的なコミュニケーションを前提としていたのに対し、長編小説は「書籍印刷の発明」の所産であり、「本質的に書物というありように依存している」。そこにはもはや人と人が向かいあう姿はない。「他から隔絶してしまった」「孤独のうちにある個人」こそが長編小説の根拠となり基盤ともなる、そしてメルヘンや伝説、短編小説であればまだ「口伝えによる伝承」とつながる側面がうかがえるとしても、長編小説はもはやその伝承と断絶しているというのである。

つまりベンヤミンによれば、口承文化から文字文化、活字文化へと人間の知的営為が推移していった中での決定的な変容の象徴が長編小説ということになる。義務教育による識字率の上昇や、印刷技術の向上と活字マスメディアの成立を背景として、資本主義社会の成立そのものが長編小説を主流ジャンルとして押し出したとする、その後マルクス主義批評によって提唱される考え方の基本がここに示されている。ただしベンヤミンが小説ジャンルのうち、「長編」と「短編」のあいだに本質的な異質さを想定していることには反論の余地もありそうだ。メルヘンや伝

説、短編小説のうちにいまだ認めることができるいにしえの物語とのつながりや「物語作者」の声は、実は長編小説のうちにもその名残を認め得るものではないのか。そもそも、短編と長編のあいだの厳密な線引きを可能にするような基準は存在しない。「中編小説」というあいまいな呼称も必要になるゆえんなのだ。

　「長い小説が書きたかったら、五千枚書こうが、(…) 短いのを書きたかったら、三枚書こうが、すべて自由である」と三島由紀夫は述べている（「私の小説の方法」1954年刊／2016）。すなわち三島によれば、小説の根本的性格とは「どう仕様もないほど自由である」点にある。それはベンヤミン的に考えるならば、安定した伝承の「型」が失われてしまった近代ならではの芸術形式ということになるだろうし、共同体によって保障される語りの関係性の外に出てしまったがゆえの現代人の孤独と引きかえの自由ということになるだろう。それでもなお、小説にはかつて伝統的な共同体において代々受けつがれていた「物語」のもっていた力を継承する部分があるのではないか。ベンヤミンは「真の物語」を「情報」と対立させて論じている。情報とはその新しさこそが値打ちであり、「この瞬間にみずからを説明し尽さなければならない」。ところが物語は反対に「みずからを出し尽くしてしまうということがない。物語は自分の力を集めて蓄えており、長い時間を経た後にもなお展開していく能力があるのだ」。その点でもまた小説は、物語の後継者といえるのではないだろうか。

2. 小説あるいは解釈のダイナミズム

　カフカの『変身』を例として具体的に考えてみよう。1915年に書かれた、短編よりはやや長めの「中編」だが、以後、まさに現代の物語としての意義を失わず読みつがれている。カフカはこの作品を書きあげた

とき、親しい友人であるマックス・ブロートたちに朗読して聞かせた。しかもその際、自らおかしげにクスクス笑いを洩らしたり、プッと吹きだしたりしながらの朗読だったという（池内、2004、p.36）。そして『変身』の本が刷り上がると、カフカは活字の小ささや版面のせいで作品が暗く、切迫して感じられることに不満を洩らしたのだった。

　自作に対するこのカフカの態度は、彼がまさしくベンヤミン的な「物語作者」としてのスタンスを備えていたことを示している。親友の前で面白おかしく語って聞かせた「物語」が「小説」として刊行されたとき、その印象を一変させたことに違和感を覚えたカフカは、ベンヤミンのいう「物語」と「小説」のあいだの断層に直面したのだとも考えられる。印刷され書物になることで「物語」が否定しがたく帯びた孤独さを、カフカはまざまざと感じ取ったのだろう。そして後代の読者はこの作品を、社会から疎外され孤立した人間の悲惨を描いたものとして受けとめることとなる。サルトルやカミュは「無益な受難」（サルトル『存在と無』）としての人間存在を直視する実存主義の先駆としてカフカを賞賛し、それに続くフランスの批評家たちはカフカにおける孤独の本質性を指摘し（マルト・ロベール『カフカのように孤独に』）、「死」の文学としてのラディカルさを強調した（モーリス・ブランショ『カフカ論』）。現代文学の模範とすべき深刻で重々しいカフカ像が定着したのである。

　ところが近年、それに対してより軽やかでポジティヴなカフカ像が提出され、従来のイメージと興味深い対照を示している。たとえば主人公の巨大な虫への変身は、おぞましくも屈辱的かつ悲劇的な設定として受け取られることが多かっただろう。しかし逆に、そこにむしろカフカの抱いていた願望の実現を見ることもできるのではないかという読解が提唱されている。アメリカの研究者マーク・アンダーソンによれば、『変身』は19世紀から20世紀にかけての文化的状況と緊密に結びついてい

る。つまりこの物語には、伝統的な「美」の概念を転覆させ、平凡な小市民の保守性に反逆しようとした当時の芸術家たちと共通する野心を読み取ることができる。主人公グレゴール・ザムザがいかなる虫に変身したのか、その外見は、物語がザムザ自身の視点から語られているため、なかなか明らかにはならない。しかし彼の母親がとうとう息子の姿を目の当たりにしたときの反応から、それがいかにおぞましいものだったかは推測できる。母親は「花模様の壁紙の上にある巨大な茶色い汚点を目にすることになり、自分の目にしたものがグレゴールであることを意識する前に、『あああ神様、あああ神様』と耳ざわりな声で叫びながら、まるで持っているものをすべてソファーに投げ出すように両手を大きく開いたまま固まってしまった。」(多和田編、2015、p.50)

アンダーソンの解釈では、こうした反応を引き出すことは当時、あらゆる前衛芸術家にとっての理想だった。引用中ザムザは「花模様の壁紙」の上にへばりついた「巨大な茶色い汚点」と化している。そこには因習的な「美」の概念に対する否定がある。さらには「芸術家になるだけではなく、芸術作品そのものになること」「人びとの視覚に訴えかける作品（イコン）になること」という欲求を、カフカはザムザの変身をとおして満たしたのだ。アンダーソンはその解釈を、カフカの時代における動物・生物観の変化と結びつけて補強している。ダーウィンの進化論の影響下、19世紀末にはあらゆる生物が独自の美をもつことが認識されるようになった。そして生物の多種多様な「美」——蛾や甲虫でも独自の色彩や形態、模様で飾られているではないか——には、固有の「芸術衝動」をうかがわせるものがあるとさえ考えられたのである。『変身』ではその「芸術衝動」が進化論の道筋とは逆向きに発揮されている。主人公は自ら「動物＝芸術作品」と化すことで窮屈な人間の世界を脱出してみせたのだとアンダーソンは主張する。

もちろんこうした新しい読み方によって、われわれはこれまでのカフカ像を完全に放棄しなければならないわけではない。多和田葉子の訳による最新の『変身』の冒頭は次のようになっている。

　「グレゴール・ザムザがある朝のこと、複数の夢の反乱の果てに目を醒ますと、寝台の中で自分がばけもののようなウンゲツィーファー（生け贄にできないほど汚れた動物或いは虫）に姿を変えてしまっていることに気がついた」（多和田編、2015）

　これまで「毒虫」（高橋義孝訳、新潮文庫および山下肇訳、岩波文庫）や「虫」（池内紀訳、白水社および浅井健二郎訳、ちくま文庫）と訳されてきた語を、多和田はいったんドイツ語に戻したうえで説明を加えているわけだ。そのことによって一方ではザムザが「生け贄にできないほど汚れた」、つまりユダヤ教の儀式からはじかれてしまうような（カフカはプラハのユダヤ人共同体にルーツをもつ人間である）救いようのない身になってしまった点が強調される。また他方では「動物或いは虫」いずれとも決めがたい異様さも浮き彫りにされている。多和田はカフカの小説の基調をなす「けがれの感覚と罪の意識」（多和田編、2015「解説」）が突出した表現を得たのが『変身』であると考えるのである。
　こうした批評家や研究者、翻訳家や作家たちの長きにわたる真剣な読解をとおして、『変身』という作品の姿はまさに絶え間なく変身を繰り返し、ベンヤミンの物語論にあった「みずからを出し尽くしてしまうということがない」、「長い時間を経た後にもなお展開していく能力」を遺憾なく発揮している。かくも多様でダイナミックな差異をはらむ批評を引き起こす点にこそ、現代における真の傑作の条件があるのだろう。

3. 小説あるいは対話のメカニズム

　ダーウィニズムとの関係はともあれ、人間と生物の連続性を扱う点で、カフカの『変身』は最も古い物語のパターンに根ざす作品だともいえる。帝政ローマの詩人オウィディウスの『変身物語』はタイトルが示すとおり、ギリシア・ローマ神話の登場人物が動物や植物に姿を変える物語の集大成である。さらには古代ギリシア以前の民話を起源にもつとされる『イソップ寓話』が示すように、動物や昆虫を主人公とする物語は人類にとってはるか昔から親しいものだった。現代でもそれは子どもたちの愛するさまざまな童話の基盤になっている。

　そうした古代的とも童話的ともいえる設定をもつ小説のもう一つの例として、井伏鱒二の『山椒魚』（1929年刊／2015）を取り上げてみよう。カフカの『変身』よりはるかに短いこの作品は、初出時には『山椒魚──童話──』と題されており、どこかユーモラスな可憐さを備えている。しかし解釈を施そうと試みるならば意外に一筋縄ではいかず、それゆえさまざまな批評の試みがなされ、その読解はやはりきわめて動的な変貌のプロセスを経てきた。

　とある岩屋で二年間過ごしているうちに、体が大きくなりすぎて出られなくなってしまった山椒魚の悲しみを描くこの短編は、山椒魚のほかにせりふのある"登場人物"は、岩屋にまぎれこんできた蛙だけというミニマルな設定による、一見ごく単純な寓話と思える。しかしそこには複雑さが秘められている。物語の内容そのものを考える前にまず、それがどう語られているかが注意を引く。何しろ「山椒魚は悲しんだ」というよく知られる冒頭の一行からして、いかにも独特な語り口が魅力を及ぼしてくるからだ。それはもちろん作者の文体の個性ということだが、同時に読者に向かって働きかけようとする意志も感じられる。実際、た

びたび読者に対する直接の語りかけがなされていて、この作品のアクセントになっている。どうしても岩屋から出られない山椒魚は涙を流しながら「ああ神様！」「私は今にも気が狂いそうです」と嘆く。すると語り手はいう。「諸君は、発狂した山椒魚を見たことはないであろうが、この山椒魚にいくらかその傾向がなかったとはだれがいえよう。諸君は、この山椒魚を嘲笑してはいけない。」さらに少しのち、山椒魚はどうにも打つ手がなくなり目蓋を閉じる。そして「まぶたのなか」に「巨大な暗やみ」を、「際限もなく広がった深淵」を見出す。そこでまた語り手が介入する。「どうか諸君に再びお願いがある。山椒魚がかかる常識に没頭することを軽蔑しないでいただきたい。牢獄の見張り人といえども、よほど気むずかしい時でなくては、終身懲役の囚人がいたずらに嘆息をもらしたからといってしかりつけはしない。」

つまり『山椒魚』の語り手は物語の進行役というだけで満足せずに、途中で読者の前に姿を現し、自分の主人公を弁護したり、読者に指示を与えたりするのである。そこには作品を読者との対話の場にしようとする姿勢が認められる。これはベンヤミンのいう「物語作者」が実際に聞き手とのあいだに交わしただろうやりとりの名残でもあろうか。それを小説ならではのメカニズムであると考えることも可能だろう。ベンヤミンと同時代の批評家で、小説の言語分析によって大きな仕事をなしとげた旧ソ連のミハイル・バフチンは、小説を「言語的多様性の小宇宙」（『小説の言葉』1934-1935 執筆／1975 年刊）（バフチン、1996、p.271）として定義づけようとした。バフチンは「複数の社会的世界、諸々の声および諸言語」（同）を十全に描き出す可能性をもつ唯一の文学ジャンルが小説だと考えたのである。

その際に彼がキーワードとしたのが「対話」である。「小説における言葉の特殊な生」（p.21）とバフチンが呼ぶものは、小説が決して「自

明性や絶対性に甘んじている言語というものを知らない」(p.141) がゆえにもたらされる。多様な要素を抱え矛盾に満ちた言葉の「混成物」(p.197) であるからこそ、小説はいきいきと活性化する。なぜなら混成物であるとはその中に「他者の言葉との対話」(p.38) が含まれるということであり、作者の言葉はたえず他者の言葉――たとえば主人公とは作者にとってすでにして「他者」である――との対話を生み、「二声性」、さらには「多声性」を作り出す。これが小説ならではの生命にほかならないのだ。

『山椒魚』のごく短いテクストは、バフチンのこうした理論をみごとに例証しているように思える。先に見た読者への呼びかけは、主人公のせりふとの対比のうえで「二声性」を作り出しつつ、作者と読者の対話を演出してもいる。そもそもバフチンによればユーモアやパロディは言葉の多様性を導入する特別な役割を担いうるのだが、『山椒魚』のとぼけた諧謔味もまたそうした意味でとらえることができるだろう。さらに終盤で山椒魚と蛙がかわす会話は、敵対していた者同士のあいだに結ばれうる「友情」を浮き彫りにして、この作品の深い「対話性」を象徴する場面となっている。

4. 小説あるいは動物的生成

その『山椒魚』の終盤はこうなっていた。

「さらに一年の月日が過ぎた。二個の鉱物は、再び二個の生物に変化した。けれど彼らは、ことしの夏はお互いに黙り込んで、そしてお互いに自分の嘆息が相手に聞こえないように注意していたのである。」

ところが山椒魚よりも先に蛙が、不注意にも「あああ」と嘆息をも

らしてしまう。「山椒魚がこれを聞きのがす道理はなかった。彼は上のほうを見上げ、かつ友情を瞳(ひとみ)にこめてたずねた。／『お前は、さっき大きな息をしたろう？』／相手は自分を鞭撻(べんたつ)して答えた。／『それがどうした？』／『そんな返辞をするな。もう、そこから降りて来てもよろしい。』／『空腹で動けない。』／『それでは、もうだめなようか？』／相手は答えた。／『もうだめなようだ。』／よほどしばらくしてから山椒魚はたずねた。／『お前は今どういうことを考えているようなのだろうか？』／相手はきわめて遠慮がちに答えた。／『今でもべつにお前のことをおこってはいないんだ。』」

　絶望的な閉塞状況をともにする「二個の生物」のあいだに憎しみとは別の絆が成り立ったらしいことを、とぼけた味わいを漂わせつつ示す絶妙なエンディングである。ところが驚くべきことに作者・井伏鱒二は87歳になった1985年、『自選全集』の刊行にあたり、31歳のときに発表して以来広く親しまれてきたこのエンディングに鋏を入れた。「注意していたのである」から先の部分、つまり「ところが、山椒魚よりも…」以下の部分をすべてカットしてしまったのである。

　優れた作家であり批評家でもあった武田泰淳は、井伏鱒二論の中で「この重量のある最後の会話」をめぐって、「よう」の語が多用されている点に注目し、それが「性急な表面的断定を嫌って、底にこもった苦悩をひかえ目ににじみ出させる、触媒の作用を持たされている」と解釈した。それを敷衍するならば、「もうだめなようか？」「どういうことを考えているようなのだろうか？」といったもってまわった言い方には、山椒魚から蛙への心遣いが表れており、ストレートに問いただすのではなく婉曲な話法でくるむようにして相手と思いを通わせようとする姿勢が見て取れるだろう。それに対し蛙も「きわめて遠慮がちに」、それだけにいかにも真率な気持ちとして「お前のことをおこってはいない」と応

じるのである。

　こうした繊細な感情のやりとりをそっくりカットしてしまうことで、作家は何を意図したのか。元々の、ほのぼのとした味わいのあるラストに対し、にべもない結末によって作品全体の悲劇性を強めようと考えたのだろうか。当時、井伏自身の判断に驚き、異議を唱える声は多かった。結局のところ現在も文庫本等で流布している『山椒魚』はすべて1929年版に準拠しており、井伏晩年の決断は退けられた形になっている。だが、井伏のふるまいは作者の横暴（という解釈が多かった）というよりも、「読者」としての自作への介入という興味深い側面をはらんでいることを指摘しておきたい。フランスの批評家ロラン・バルトの「作者の死」（1968年刊／1979）は、作者の意図を忖度する従来の読み方を批判し大きなインパクトを与えた評論である。バルトは最終的な意味の保証者としての「作者」に死を宣告し、読者の多様な読みに開かれたものとして「テクスト」を考えることを提案した。そのときテクストは、一種流動的な生命体と化さずにはいない。バルトに照らして考えるなら、井伏鱒二はまさにそうした「テクスト」の実現を念じ続けた作家だったともいえよう。彼は『山椒魚』のみならず旧作に細かく手を入れ続けたことで知られるが、そこには読み返せば読み返すたびにかつての「作者」たる自己に異議を突きつけ、作品の別様の姿を思い描いてしまう「読者」としての井伏の姿が浮かび上がる。そうした姿勢で対峙するとき、作品は固定された姿に収まりにくい。それは完成された形をはみ出して、揺れ動きながら新たな意味作用を生み出し続けるのである。山椒魚というしぶとく生き永らえる両棲類の姿が、井伏鱒二的な小説そのものの隠喩であると感じられるゆえんなのだ。

　こうして『変身』および『山椒魚』という、20世紀前半に書かれたまったく異なる——ただしいずれも「生物」のしるしのもとにある——二作

品の例だけからも、小説というジャンルの特性はくっきりと浮かび上がってくる。「不動」の意味を提示するというよりも、むしろ多様な要素をはらんで揺れ動き、新たな展開を含んで成長し続けるところに、現代的な小説の魅力と可能性が存する。ふたたび三島由紀夫を引くならば「小説は、生物の感じのする不気味な存在論的側面を、ないがしろにすることができない」（三島、2016「小説とは何か」p.117）。そういって三島は、「江の島の海獣動物園」で「ミナミ象アザラシという奇怪な巨大な海獣を見た」ときに、「これこそ理想的な小説だ」と感じた自らの経験を語っている。なぜ巨大なアザラシが理想的な小説なのか？ 三島の見立てによれば、ミナミ象アザラシは「体臭、動物性、孤独、自然から隔絶されたところでも頑固に保っている自然性」や「意外性」、「存在の無意味と生の完全な自己満足との幸福な結合の提示」、さらには「人に存在の不条理について考えさせる力」、「全体に漂う何ともいえない愛すべき滑稽さ」等々によって「小説の傑作が、不断に読者に与えて来たところのもの」を示しているのだという。

5. 小説すなわち小説の批評

　豊かな雑駁さと矛盾を抱え込みながら堂々とおのが存在を誇示するそうしたありようは、もちろん現代の小説のみに認められるわけではない。それどころか、近代小説の始まりとされる作品においてそんな理想が、雄大なスケールですでに実現されていたのである。最後にそのことをセルバンテスの『ドン・キホーテ』（前篇1605、後篇1615年刊／野谷編、2016）で確認しておこう。

　主人公であるラ・マンチャの田舎の郷士は、時代遅れの騎士道物語に熱中するあまり狂気にとりつかれてしまった男である。自分自身が遍歴の騎士となって、書物に出てくる騎士たちと同じように世の中の不正を

ただそうと決意し、ドン・キホーテ・ラ・マンチャを名乗って出発する。善良な農夫サンチョ・パンサに出世を約束して従者にし、以後、やせこけた長身のドン・キホーテとサンチョ・パンサのおかしな二人組が、至るところで奇天烈な騒ぎを巻き起こす。キホーテは目の前の卑俗な現実をすべて騎士道物語の高貴な幻想によって"上書き"せずには気がすまない。旅籠屋が見えてくれば立派な城だと思い込み、下働きの女を麗しの姫君と信じ込む。白衣の修道士の一団が歩いてくれば悪者の軍勢と見てとっていきなり斬りかかるといったありさまだ。その絶え間のない、とてつもない勘違いぶりを読者は大いに楽しみ、笑いながら面白く読み進めるのである。

　およそ現実離れした物語がいかに人間の判断力を狂わせてしまうか、その悪しき影響を描いているという点で、これは小説批判の小説である。その批判の仮借なさは、主人の狂人ぶりにあきれたドン・キホーテの家政婦が、家の中にある本を「すべて集め、火をつけて燃やしてしまう」(野谷編、2016、p.73) というエピソードに象徴されている。ドン・キホーテとサンチョ・パンサが冒険を求めてはたえずひどい目にあうのもまた、書物狂に対する処罰、制裁の意味をもつだろう。とはいえこの作品は、単にドン・キホーテをこらしめる物語になっているわけでは毛頭ない。それどころか、いかにも単純と思える主人公の「狂気」そのものが、実は複雑さを帯びている。

　エーリッヒ・アウエルバッハは先に引用したベンヤミンと同じ1892年に、やはりベルリンに生まれた文学研究者・批評家である。ヨーロッパ文学における現実描写の系譜をたどった重要な著作『ミメーシス』(1946年刊／1994) の中で、彼はドン・キホーテの体現する矛盾した特性を明確に論じている。その分析によればセルバンテス以前の文学では、愚かなものとは必ず卑俗な存在としてとらえられ、崇高さと結びつ

くことはなかった。ところが「同時に賢くもあるような愚者にはなんと挨拶すればいいのだろうか。しかもそれが狂気と最も両立しがたいと思われる知恵、すなわち賢明な節度を保たせるような知恵である場合には」（アウエルバッハ、1994、p.155）。実際、ドン・キホーテはおよそ異常な固定観念に取り憑かれていながら、決して気品を失わない。また常に格調高いその言葉づかいに明らかなとおり、文化的な香り高さを漂わせた知的な存在でもある。

　たとえば田舎の旅籠屋の女将をやんごとなき貴婦人と思い込んで、ドン・キホーテは口上を述べたてる。「よろしいかな、麗しき奥方殿、あなたは私をこの城にお泊めくださったことにより、自らを幸いなる者と見なすことができましょう。私が自らを称えないのは、自画自賛は品格を落とすと一般に言われるからです。」（野谷編、2016、p.186）

　「そんな言葉を使われたことがなかった」女将は「まるでギリシア語で話されているみたいに」呆然となる。「冒険の騎士」と自称する相手が何やら調子のおかしい人物であることを薄々察しながら、同時に女将は彼が浮世離れした荘重さを漂わせていることにも心打たれずにはいられない。

　ドン・キホーテは明らかに狂気のうちにありながら、しかし知恵や高潔さによっても際立っている。滑稽でありながら、卑しさはない。アウエルバッハは矛盾に満ちた主人公が結局のところ「いつまでも陽気な世界の中にいる」（アウエルバッハ、1994、p.156）点、そして深刻な葛藤とは無縁な点が『ドン・キホーテ』の特徴だとしている。そう解釈することでアウエルバッハは、この作品の悲劇性を強調したロマン派的な解釈を覆そうとしたと考えられる。実際、18世紀までドン・キホーテは単に喜劇的人物とみなされていたのに対し、ロマン主義の影響下、19世紀になるとドン・キホーテは「理想に殉じる悲劇的人物とみなされる

ようになった」(野谷編、2016『セルバンテス』三倉康博「作品解題」)のであり、サンチョ・パンサをはじめとする周囲の卑俗な現実との対比で、崇高かつ英雄的な存在と目されたのだった。

　ミュージカル『ラ・マンチャの男』へとつながっていくそうしたドン・キホーテ像が、原作小説に照らしたときいかにも一面的な美化の産物であることは否定できないだろう。しかし同時に、ただ「陽気な世界」というだけではすまない複雑で重層的な手ごたえをセルバンテスの小説がいまなお読者に突きつけてくることも確かである。『ドン・キホーテ』の新訳を手がけた野谷文昭が述べるとおり「この作品は、未読の読者が想像しているよりいくつもの点ではるかに面白い。しかも可笑しい」(野谷編、2016、p.634)。そしてその可笑しさのうちにはたえず喜劇が悲劇に逆転し、狂気と理性、愚かしさと英知が入れ替わるようなダイナミックな可能性が秘められている。要するに、ドン・キホーテをお笑いの主人公と割り切ることも、また悲劇的な受難者と祭り上げることも、いずれも単純化・貧困化のそしりを免れないような批評的なたくらみが小説の中には働いている。それがこの作品の尽きることない魅力の源泉になっているのだ。

　カフカや井伏とともに、セルバンテスの例は、小説本来の力とは何か、われわれにとって真に刺激的な小説の魅力はどこから来るのかを明らかにしてくれる。結局のところ「批評」とは小説の外部から、作品にあれこれと物差しを当てる営みに還元されるものではない。それはむしろ優れた小説の内部において常に働いているメカニズムであり、テクストに「長い時間を経た後にもなお展開していく能力」、つまりたえず新たな解釈を呼びさます——生命体にも比すべき——可能性を与えている原理そのものなのである。

引用参考文献

- アウエルバッハ，エーリッヒ（1994）『ミメーシス―ヨーロッパ文学における現実描写』下、篠田一士・川村二郎訳、ちくま学芸文庫
- アンダーソン，マーク（1997）『カフカの衣装』三谷研爾・武林多寿子訳、高科書店
- 池内紀（2004）『カフカの書き方』新潮社
- 井伏鱒二（2015）『山椒魚・遙拝隊長他七篇』岩波文庫
- 武田泰淳（1992）「井伏鱒二論」『評論集　滅亡について他三十篇』岩波文庫
- 多和田葉子編（2015）『カフカ』集英社、ポケットマスターピース
- 野谷文昭編（2016）『セルバンテス』集英社、ポケットマスターピース
- バフチン，ミハイル（1996）『小説の言葉』伊東一郎訳、平凡社ライブラリー
- バルト，ロラン（1979）「作者の死」『物語の構造分析』花輪光訳、みすず書房
- ベンヤミン，ヴァルター（1996）「物語作者」『ベンヤミン・コレクション2』浅井健二郎編訳、ちくま学芸文庫
- 三島由紀夫（1954）「私の小説の方法」、（1968-70）「小説とは何か」、いずれも（2016）『小説読本』中公文庫

学習課題

1　カフカの『変身』を読んで、どのような解釈の可能性があるか、批評家・研究者たちの意見を参考にして考えてみよう。
2　井伏鱒二の『山椒魚』について、一般に知られている版と、結末部分をカットした版とではどのような違いが生じているか、読み比べたうえで分析してみよう。
3　セルバンテス『ドン・キホーテ』の一場面を取り出し、そこでは主人公の「狂気」についてどのように解釈することができるか考えてみよう。

4　ベンヤミン、バフチン、アウエルバッハ、バルト、三島由紀夫のいずれかの小説論を読んで、われわれが小説を読むうえで参考になる点を考えてみよう。

5 | 映画の分析──テクストとしての映画

野崎 歓

《目標&ポイント》 自己の経験を再現しようとする人間の欲求に根ざし、かつまた古今の文学作品の「翻訳装置」という役割を担いつつ、映画がいかに独自の物語を作り出しているのかを考える。モーパッサンの短編に基づくルノワール監督の『ピクニック』や、森鷗外の短編に基づく溝口健二監督の『山椒大夫』を実例として、映画が「テクスト」として成立するメカニズムを具体的に分析する。

《キーワード》 ミメーシス、映画、写真、小説と映画、文芸映画、アダプテーション

1. ミメーシスの欲求

「芸術は自然を模倣する」とは、古代ギリシアにまでさかのぼる、芸術に関する最も古い定義の一つである。紀元前4世紀の哲学者アリストテレースの著した『詩学』は、西欧の芸術に長きにわたり大きな影響を及ぼした書物である。その『詩学』によれば、あらゆる芸術表現の根幹には「ミメーシス」(「模倣」、「再現」の意味)がある。美術も音楽も演劇も、対象の再現をめざすという一点において共通するのであり、「再現されたものをよろこぶこと」は「人間にそなわった自然な傾向」(アリストテレース、1997、p.28)なのだ。ただし詩や演劇といった文学作品の場合、そこで言われる再現とは──高貴なものであれ滑稽なものであれ──「人間の行為」(p.29)の再現を第一に指していた。

文学作品の歴史において近代から現代にかけて顕著なのは、そうした

再現においてとりわけ視覚的なリアリティが重視されるようになったことである。大づかみにいって近代以前までの小説類には、登場人物の外見に関する情報がさほど盛り込まれてはいなかった。『源氏物語』の主人公・光源氏は、生まれたときから「世になく清らなる玉の男御子」(「桐壺の巻」)とされており、際立った美貌の持ち主なのだろうと推測される。しかし具体的な描写はいっさいなされず、顔にひげを生やしているのかどうかも定かではない。フランス近代小説の代表的作品としてアベ・プレヴォの『マノン・レスコー』(1731年刊)がある。オペラや映画に翻案されて今なお人気を博しているが、いわゆる「宿命の女」(ファム・ファタル)の原型とされるマノンについて外見がいっさい描かれておらず、金髪なのか茶色い髪なのかもわからない。作者にとってはそうした具体的事柄を事細かに記すのは卑俗なやり方と思われて、抵抗感があったものと推測される。ところが1世紀後のバルザックの小説では、髪や目の色から体の特徴、帽子や靴の細部に至るまでこまごまと描くのが当然のやり方となっている。そこで確立されたいわゆる「リアリズム小説」ないし写実主義的小説は、その後今日まで、小説ジャンルの主流をなしている。

　西欧におけるリアリズム小説の確立と軌を一にして写真術が発明されているのは興味深い事実である。ニエプスによって世界初の写真が撮影されたのは1827年のこと。これは瀝青を塗った白鑞(しろめ)の板に像を定着させる方式だった。その跡を継いだダゲールが銀板写真(ダゲレオタイプ)を発明したのが1839年。つまりフランスにおける写真術の発明・進歩と、バルザックが小説家として活躍した時期は完全に一致している。さらに19世紀後半から末にかけて、いわゆる自然主義を代表する作家ゾラが庶民の日常を克明に描いた長編小説を次々に発表した時期、動画の記録がさまざまなやり方で試みられた。そして1895年、リュミエール

兄弟の発明したシネマトグラフの上映会がパリで開催され、これが今日まで続く映画興行の嚆矢となった。リアリズム小説の完成期と、視覚的メディアの誕生はほぼ同時といっていいのである。

　そこには19世紀西欧において人々が「可視化」への欲求に駆り立てられていたしるしを見出すことができるだろう。リアリズム小説の興隆が、作者の側の、眼前の現実をそのまま写し取りたい（読者の側からすれば、光景がまざまざと目に見えるように書いてほしい）という願いに支えられているとすれば、写真や映画はまさにそうした視覚的記録性への欲求に正面から応えるものだった。しかも写真と映画にはアリストテレスのいう「人間にそなわった自然な傾向」としてのミメーシスへの欲求を、科学的技術の利用によって人類史上かつてないやり方で満たすことができた。映画論、表象芸術論の古典とみなされる『映画とは何か』の著者アンドレ・バザンによれば、絵画と比べた場合、写真の独創性は「その本質的な客観性にある」（バザン、1945年刊／2015、p.15）。自動的メカニズムによって現実を再現する写真の客観性は、「いかなる絵画作品にも欠けていた強力な信憑性を写真映像に与えたのである」。その意味で「私たちは写真を造形芸術の歴史におけるもっとも重大な出来事とみなすことができる」（p.20）とバザンはいう。そして映画はその客観性を「時間において完成させた」。それはわれわれの人生の一断片をそのまま留めることを可能にし、時の流れに抗おうとする人間の根源的な欲求を叶えさえするのだ。

2. 物語映画の成立

　リュミエール兄弟がシネマトグラフ――撮影機であると同時に上映機でもあった――のレンズを向けて最初に撮影したのは、駅のホームに列車が入ってくるところや、自分たちの経営する工場の門から労働者たち

が出てくる光景、あるいは家の赤ん坊が庭で食事をする様子といった実景だった。観客は動く映像に目をみはったが、やがてそれに慣れ、飽きてしまう。しかし「記録」的側面に「物語」的要素を加えていくことで、シネマトグラフは可能性を大きく広げ、20世紀を代表するメディアにまで成長していく。その途次において、映画とはすなわち物語映画（フィクション・フィルム、ナラティヴ・フィルム）であると考えられるようになるわけだが、では映画による物語、映画的ナラティヴとはどのような特徴をもち、いかなる独自性を示すものなのか。以下に小説との対比において考えてみたい。

　そもそも物語映画の成立は文学、とりわけ小説と切っても切れない関係をもつ。映画は長きにわたる伝統を誇る文学の富を最大限に活用することで自らの道を開拓したからである。リュミエールのシネマトグラフに刺激されて実作に乗り出したジョルジュ・メリエスによる『月世界旅行』（1902年）は、ジュール・ヴェルヌのSF小説に基づく約14分間のスペクタクルである。以来、映画史は古今東西の名作文学の翻案によって形作られてきたといっても過言ではない。バルザックもゾラも、ダンテもセルバンテスもゲーテも、あるいは夏目漱石や森鷗外も、映画化によってさらに多くの人々に知られる存在となった。物語映画はいわば「世界文学」の土俵を作り上げるうえで大きな貢献を果たしたのである。その際、映画化とは名作をビジュアライズする一種の「翻訳」だと考えることができる。言語学者ロマーン・ヤコブソンはかつて、翻訳を異言語間に留まらず「記号系間翻訳」にまで拡張する考え方を示したが（「翻訳の言語学的側面について」『一般言語学』）、映画こそは20世紀に登場した、文学の強力なる「翻訳装置」なのではないか。

　映画による「翻訳」の根底には、文字テクストを目に見えるかたちで「再現」し、物語を「可視化」することへの渇望にも似た欲求が働いて

いるように思える。もちろん映画が生まれる以前にも、文字テクストと視覚的表現手段との相関関係は多様に存在した。小説には挿絵が入る場合が多かったし、小説の戯曲化、オペラ化の例にも事欠かない。しかし映画の場合には「舞台」の制約を離れ、それこそ現実のただなかに物語を置き直してリアルな表現を提示することが可能である。いわゆる文芸映画を多く手掛けながら独創的な表現を生み出したロベール・ブレッソン監督はこう語っている。「小説は物語を語り、描写します。映画は田舎や都会や室内を描写したりはしません。われわれはまさにその場にいるのです。」(*Bresson par Bresson*, 2013, p.48)。たとえばパリの郊外を舞台にした小説があるとしよう。作家はその場所を言葉で説明し、光景が読者の想像裡に浮かび上がるよう意を尽くす。映画は小説の舞台を直接映し出し、観客はその土地を目の当たりにする。そこでじかにドラマを繰り広げてみせることが映画には可能なのである。

3. 翻訳から創造へ

映画によって、原作はいかに「翻訳」され、さらには作り変えられるのか。それを具体的に検討するには短編小説を原作とするケースにあたってみるのが好都合である。比較がしやすく、両者に共通する要素、そして差異もとらえやすいからだ。ここではジャン・ルノワール監督がモーパッサンの短編「野あそび」を映画化した『ピクニック』(1936 撮影、1946 公開) を取り上げる。これは今なお愛され続ける珠玉の作であるのみでなく、小説が映画になるとき何が作り出されるかを示す最良の例の一つだと思えるからだ。

モーパッサンの原作は 19 世紀後半、「自然」の魅力が市民たちによって認識され、野山や水辺に遊ぶことが手頃な娯楽とされるようになった状況と密接に結びついている。作中に登場するパリの金物屋デュフール

一家が日曜日、パリ郊外に出かけるのもそうした流行に従ってのことだ。馬車に乗ってセーヌ川沿いに下って行けば、釣りをしたりボート遊びをしたりできる場所にたどり着く。都会暮らしの人間にとって憧れの「草の上の昼食」も可能である。

　印象派の大画家ピエール=オーギュスト・ルノワールの次男として生まれたジャン・ルノワールは、サイレント期から第二次大戦後のトーキー、カラーの時代まで映画史上に残る多くの傑作を撮った名監督である。『ピクニック』では父や、その友人だったモーパッサンらの時代へのオマージュを込めつつ、自らの子ども時代の思い出とも結びつくパリ郊外の村にロケして水辺の魅力をドラマに盛り込んだ。ボートで川面を滑っていくとき、モーパッサンの登場人物たちはその「こころよさに恍惚とし」「一種言うに言われぬ陶酔におそわれ」さえする（モーパッサン、1881年刊／1971「野あそび」p.112）。そうした身体的感覚さえ、われわれはルノワールの画面をとおして味わうことができる。

　ルノワールの『ピクニック』には名場面として知られる二つのシーンがある。一つは、デュフール家の一人娘アンリエットが川べりの料理屋の庭にあったブランコに乗る場面で、その様子を料理屋の建物で食事をしている若い男二人が窓からうかがい見る。彼らが窓の鎧戸を押し開くと、燦々と陽光を浴びて楽しげにブランコを漕ぐ娘の姿が現れるのだ。カメラは娘の近くに寄って、娘を見上げながら一緒に揺れ始める。いわば映画自体が若々しく躍動し始め、観ていて胸苦しいほどの幸福感に襲われるようなシーンになっている。ところで「ブランコ」は原作どおりとしても、「窓」は原作には存在しない。

　原作ではブランコの場面は、若い娘の肉体的魅力をかなり露骨に描くための口実となっている。「ブランコはだんだん勢いづいてくる。すると、もどるごとに、きれいな脚は膝まで見えて、にやにや笑いながら見

ている二人の男の鼻先に、酒の香よりもよくきく裾風をあおりつける」(p.105) といった具合である。それに対し、鎧戸が開くと娘の姿が啓示のように光り輝くのは、ルノワールの演出がもたらした鮮烈な一瞬である。男たちの視線を介し、窓の手前と向こう側という「距離」を描くことで、アンドレ・バザンのいわゆる「空間の深さ」が生み出される。縦の構図によって男たちと娘とは同時にとらえられる。そこには彼らのあいだに何かが起りそうな予感が張りつめる。

　もう一つの名場面とは、ボートで出かけた娘と若者の一人が川べりで抱擁した直後、沛然として驟雨が来るシーンである。この雨がきわめて印象的な転調を作り出しているのだが、これもまた原作には存在しない。原作には男女の抱擁後、「あたかも、ある気まずさが二人の肉体のあいだにでき、憎悪が二人の心のあいだに生まれでもしたように」云々とあり、睦みあったはずの二人の感情——とりわけ男の欲望——が急速に冷えてしまうさまが仮借なく描かれている。それに対し映画が画面いっぱいに示すのは、空を雲が走り、川辺の草が風に吹かれ、そして川面を雨が叩く光景だ。ルノワールは天候の崩れによって、モーパッサン的男女の悲劇を比喩的に表現したのだろうか。とにかく「水」があふれ

出す勢いの激しさが見る者を圧倒する。この場面に先立つラブシーンでのアンリエットのクローズアップには、彼女の瞳を濡らす涙がはっきり映し出されていた。その泣き顔に反応してあたかも世界が涙するかのような光景を出現させることで、映画は感情の高まりや別れの悲嘆を一気に、壮大な規模に拡大して見せている。

4. 空間と運動

　ルノワールの例が如実に示すとおり、映画は小説に「空間」を与え、その中で人間を動かし、ドラマを立ち上げる。空間の設計、創造という点に注目することは、映画の分析において必須の要件となる。その点できわめて特色ある映画作りをした溝口健二の『山椒大夫』（1954 公開）を見てみよう。原作は森鷗外の短編小説である。

　人買いの手で母と離れ離れにされたまだ年若い姉弟、安寿と厨子王——映画ではキャスティングの都合上、兄と妹に変更されている——は、山椒大夫の支配下に隷従させられ、苛酷な労働を強いられている。あるとき安寿はすきを見て厨子王一人を逃がし、自分は犠牲になる決意をする。そこからのちの経過を、鷗外は次のように書く。

　「安寿は泉の畔に立って、並木の松に隠れてはまた現れる後影を小さくなるまで見送った。そして日は漸く午に近づくのに、山に登ろうともしない。幸にきょうはこの方角の山で木を樵る人がないと見えて、坂道に立って時を過す安寿を見咎めるものもなかった。／後に同胞を捜しに出た、山椒大夫一家の討手が、この坂の下の沼の端で、小さい藁履を一足拾った。それは安寿の履であった。」（森鷗外、1995、pp.183-184）

ここには思い切った省略があり、それが作者の判断によることは明らかである。厨子王を逃がした安寿は討手に捕まる前に自ら命を絶ったわけだが、その場面を鷗外は描かない。そのかわりに「沼の端」で見つかった「小さい藁履」をいわば接写で示す。藁履はいうまでもなく、それを履いていたはずの安寿の不在を際立たせ、彼女が入水して果てたことを告げるしるしである。

　この一節が映画でどう表現されているか。直接対照させるのはもちろんやや性急ではあろう。原作を踏まえてまず脚本が書かれ、さらにその脚本にもとづき撮影されたのち編集作業を経て映画ができあがるわけだから、それぞれの段階における仕事を吟味する必要がある。そのことは意識したうえで、『山椒大夫』のくだんの場面についてすぐに指摘できる事実がある。原作が数行で描き出しているのが姉弟二人だけのひそかなシーンであるのに対し、映画はそれを中盤における重要な場面としてたっぷりと肉付けし、スリリングな緊迫したシーンに作り上げているのだ。

　もちろんその緊迫は鷗外の原作にすでに秘められていた要素だった。しかし映画は原作の行間まで読みこみ、それを目に見えるようにドラマ化する。あるいは俳優の演技をとおして身体化する。『溝口健二論』の著者・木下千花は『山椒大夫』では登場人物たちを捕らえ込む「閉域」が山上や高台に設定され、「そこからの脱出は下降の運動という形を取る」と指摘している（木下、2016、p.568）。つまり「斜面」がアクションを生むというのである。先に見た鷗外の原作には「坂道」があったが、映画はそれに敏感に反応していると考えてもいいかもしれない。

　斜面によって特徴づけられる空間をダイナミックに活用しながら、溝口の演出が際立った冴えを示すのは山上の「閉域」内に安寿がいったん戻ってきてからの展開である。映画では、安寿が厨子王を逃がしたこと

に見張り番の老婆が気づいて、彼女を凝視しつつ迫ってくる。だが自分の命を犠牲にしようとする安寿の覚悟に気づくや、老婆はせめて安寿を拷問からは逃れさせてやろうと決心し、"わたしの体を木に縛りつけろ"と安寿に命じる。そうやって安寿を逃がし、自害する自由をあたえてやろうという配慮なのだ。安寿は老婆の思いやりに感謝しながら老婆を木に縄でしばりつけ、山の斜面を下りていく。それだけの複雑な心理的やりとりを含み、老婆の安寿への加担という意外性のある数分間の展開を、溝口はワンショットで撮り切っている。途中でいっさいカメラを止めずに、安寿（香川京子）と老婆のやりとりをまるごと見せているのだ。

いわゆる長回しによる撮影は溝口健二の代名詞ともいうべき特徴的手法であり、日本古来の絵巻物の影響が云々されたりすることもある。しかし『山椒大夫』のこの一場面を見る者は、とにかく理屈抜きでドラマのなりゆきに目を奪われ、安寿のすぐかたわらにいて彼女の運命に立ち会っているかのような迫真性に打たれるのではないか。ワンシーン・ワンショットの長回しのあいだ、カメラは「閉域」内を左から右へ、右から左へと懊悩を抱えてさまよう安寿にぴたりと付き従うようにして水平移動を続ける。その動きに観客もまた引きつけられ、いわば呪縛される。モンタージュに頼らず、編集を加えないことで、一つの場面が不可分の全体として立ち上がってくるのだ。ふたたびアンドレ・バザンの表現を借りるならば、そこでは「空間的単一性」（バザン、2015、p.98）が実現され、それゆえに虚構は「ドキュメンタリー的現実性」（p.91）を付与されているのだが、空間はそれ自体として自足しているわけではない。空間は運動を誘発し、かつ支えるものとしてそこにある。『山椒大夫』のこの場面においては俳優もカメラも極度の切迫感を共有しながら、一連の動きに身を投じている。それがきわめてなめらかで無駄のない、優雅でさえあるようなアクションを紡ぎ出していると感じられると

ころに溝口健二の演出の卓越がある。

5. 可視と不可視

　緊迫した、しかも流麗なアクションの果てに待つのは「死」である。鷗外の原作ではそれが「一足の藁履」によって事後的に暗示されていた。その視覚的描写を再現するのは簡単だろう。だが溝口の作品は、岸辺に残された藁履をクローズアップで示すといったやり方は取っていない。ここでもまた映画は、「運動」を描くという自らの本来の性格を掘り下げているのだが（映画を発明した際にリュミエール兄弟は「運動（シネマ）を書く（グラフ）」という意味でシネマトグラフと命名した）、しかし同時に鷗外が示したような暗示的語り口をも再現しようとする。そのとき印象的に用いられているのが、鷗外の作品ではまったく触れられていない沼の「水」である。

　老婆の助けで「閉域」から逃れ出て斜面を下った安寿は、森の中の沼にたどりつく。あたりにはほのかに霧がかかっているようであり、また背景にかすかに流れ出す哀切な音楽の効果も加わって、いっさいせりふのない場面とはいえ、観る者はいまや安寿の人生が終わりを迎えようとしていることにいささかも疑いを抱かない。安寿はすでに履き物を脱いでおり、草鞋が水辺にそろえて置かれているのが見える。しかしわれわれの目を引き寄せるのは何といっても水の中へとゆっくり歩み出していく彼女の動き――いささかもぎくしゃくしたところのない、決然とした、という以上に不思議なほどなめらかな歩み――であり、着物を着たままの彼女の体が少しずつ確実に深みに入っていくありさまだ。

　そこで長回しのカメラはいったんストップし、次のカットに切り替わる。同じ沼の風景を写してはいるものの、もはや安寿の姿はどこにもない。そのかわり、水面には同心円を描くようにして波が静かに、ゆっく

りと広がっていく。幾重にも広がり出すそのさざ波の動きをカメラはじっと数秒間、写し続ける。

この場面の撮影に関しては、安寿を演じた香川京子による貴重な証言がある。

「あれは京都の宇多野というところでしたか、ちょっと山の方に入ったところにあるのですが、二月のいちばん寒いときでした。腰のあたりまで入ったわけですけれども、一度入ってしまうと、衣装が濡れてしまって撮り直しがきかないわけです。私の記憶では助監督さんが、滑らないように斜めにちょうど歩きやすいように板を敷いてくださって、その上を慎重に用心しながら入っていった（…）のを覚えております。」（蓮實・山根編著、2007『国際シンポジウム　溝口健二没後50年「MIZOGUCHI 2006」の記録』p.72、朝日新聞社）。

徹底的に撮り直しを重ねる溝口には珍しく、このシーンは一回でOKになったのだという。二月の京都、寒中の撮影という厳しさに驚くが、同時にたったワンテイクで撮影されたとは思えない画面の充実に舌を巻く。フランスの批評家ジャン・ドゥーシェはこの場面についてこう語っている。

「そこでは安寿が水のなかに入っていくというよりも、むしろ、安寿の女性的本質と水とのあいだの完全な融合が起るのです。こうして物質の戯れが起き、人物は消えて、安寿は水のなかにだんだんと溶けていき、完全に吸い込まれてしまう。この映像は卓越して詩的な映像です。しかしそれでも、この映像のなかには必然的に死が孕まれています。その死は崇高ではありますが、やはり死にはかわりはありませ

ん。」(同 p.116)

　なるほどこの場面には、入水自殺のむごたらしさを超えて、娘と水が一体化し溶けあうかのような深い調和と、存在が何か別の次元に向かって開かれていく感覚がみなぎっていて、それが観る者を魅惑してやまないのだろう。
　そう思いながら、なおもシーン全体はどのように撮られたのかを想像してしまう。この場面に関しては、香川京子が水辺ににっこりと笑みを浮かべているスチール写真が残されているのだが、香川自身によればそれはワンテイクでOKになった嬉しさゆえの笑いだったという。しかしその先にはさらに、水面にさざ波だけが広がる次のテイクが待っている。おそらくこれは沼に大きな石か何か、重いものを投げこんで撮影したのではないだろうか。「崇高」なシーンとはいえ、現場ではそんないわば身もふたもない便法が用いられたにちがいない。
　だが確かに言えるのは、そうやってこの傑作を脱神話化しようと思っても、改めて見直すならばやはりわれわれはショットの力に引き込まれ、水面に広がるさざ波の動きに感動せずにはいられないということである。石を投げた結果かもしれない、ただの水の運動になぜ目を奪われてしまうのか。そこにはスクリーンに映っているものを「信じる」という映画の観客に特有の心理が働いている。香川京子が実際に水中に沈んだのではないとわかっていても、それは虚構世界への埋没を妨げない。むしろ、錯覚とは知りつつそこに深く沈潜するとき、映画は事実ではなく「真実」を開示してくれるのである。
　そしてまた、この場面は映画がいかに不可視なるものに支えられたメディアであるかを改めて教えてくれる。溝口の作品は一方では、原作に描かれているものを——その行間に至るまで——可視化しようとするプ

ロセスに支えられている。しかし同時に、それらの要素を目に見えるように映し出す一つ一つのショットは、実は目に見えないものとの関係によって意味の厚みを獲得している。写されているのは娘の入水そのものではなく、入水の結果として広がるさざ波のみである。それを凝視することは同時に、さざ波が起った原因に思いをいたすことであり、安寿の自己犠牲を受け止めることである。

　映し出されているものと、不可視の要素とのあいだに織りなされる関係性を考えながら、その全体と向かいあうとき、物語映画は文学作品にまったくひけをとらない豊かな意味作用をもつ「テクスト」として立ち現れてくる。映画を十全に楽しむために求められるのは、画面を真摯に「読む」姿勢なのである。

引用参考文献

- *Bresson par Bresson*（2013）, entretiens（1943-1983）rassemblés par Mylène Bresson, Flammarion
- アリストテレース／ホラーティウス（1997）『詩学・詩論』松本仁助・岡道男訳、岩波文庫
- 木下千花（2016）『溝口健二論――映画の美学と政治学』法政大学出版局
- バザン，アンドレ（2015）「写真映像の存在論」『映画とは何か』上、野崎歓・大原宣久・谷本道昭訳、岩波文庫
- 蓮實重彦・山根貞男編著（2007）『国際シンポジウム　溝口健二　没後50年「MIZOGUCHI 2006」の記録』朝日新聞社
- モーパッサン（1971）「野あそび」『モーパッサン短編集Ⅱ』青柳瑞穂訳、新潮文庫
- 森鷗外（1995）『山椒大夫／高瀬舟　森鷗外全集5』ちくま文庫
- ヤーコブソン，ロマーン（1973）「翻訳の言語学的側面について」『一般言語学』川本茂雄他訳、みすず書房

学習課題

1　映画による現実の「再現」の特徴はどこにあるか。アンドレ・バザンの論文を参考にしながら考えてみよう。
2　映画が「翻訳装置」としてもつ可能性の豊かさを、具体例にもとづいて考えてみよう。
3　文学作品を原作とする文芸映画のうち、とりわけ傑作とみなされる作品を、原作と比較して論じてみよう。
4　文芸映画について「読んでから見るか、見てから読むか」がしばしば問題となるが、それぞれの立場の是非を具体例にもとづき論じてみよう。

6 | ナラトロジー(1)——物語のディスクール

山田広昭

《**目標&ポイント**》 物語が太古から私たちの言語活動の重要な部分を占めてきたこと、それのみならず私たちの人生の経験の大部分が広い意味での物語（もっと卑近な言い方をすれば、誰かから聞いた話）によって織りなされていることを考えるなら、物語への理論的関心が近年に始まるものでないことは当然だろう。ここでは、古くから物語へと向けられてきたこの理論的関心が20世紀になってたどった変遷に対象を限定し、それがどのようにして狭義のナラトロジーへと進んだかを跡づける。
《**キーワード**》 構造分析、ナラトロジー、ジェラール・ジュネット、焦点化、人称

1. 物語の構造分析

　人文社会科学の分野で物語に対する学問的な関心が高まる大きなきっかけになったのは、フランスの人類学者クロード・レヴィ＝ストロースによる神話研究である。ソシュールを始祖とする構造言語学の成果を基にしてなされた彼の一連の神話分析は、物語が持つ普遍的な構造や機能へと人々の目を向けさせた。その中で、物語論のその後の展開に決定的な役割を果たすことになる一つの著作が、英訳を通じて（再）発見されることになる。1928年にロシア（ソ連）で刊行されたウラジーミル・プロップの『昔話の形態学』である。プロップが注目したのは、世界中に存在する昔話（民話）がしばしば非常に似ている（類似した話がいたるところにある）という否定のしようのない「事実」である。昔話の研

究者はこうした類似性、昔話の類型がなぜ存在するかを説明できなければならない。しかし、と彼は言う、そうした試みに取りかかろうとすれば、複数の話が「似ている」（さらに言えば「同一である」）ということがいったい何を意味しているのかをまず初めにはっきりさせておかなければならない。

　そのためにプロップは以下のような四つの物語の断片を例に取る。
1　王が勇者に鷲を与える。鷲は勇者を他国へと連れて行く。
2　老人がスーチェンコに馬を与える。馬はスーチェンコを他国へと連れて行く。
3　呪術師がイワンに小舟を与える。小舟はイワンを他国へ連れて行く。
4　王女がイワンに指輪を与える。指輪の中から現れた若者たちがイワンを他国へ連れて行く。

もし私たちが登場人物（必ずしも人間とは限らないが）の属性や名前の違いにこだわるならば、上記の断片は相互に異なる話例となる。しかし、登場人物たちが行う行為、果たす役割に注目して見れば、この四つの断片はすべて同じ話であることが分かる。王も老人も呪術師も王女も「主人公」に何かあるものを与えるという点で同じ役目を果たしており、鷲も馬も小舟も指輪も「主人公」を他国へ連れて行くという意味において同じ役割を担う。プロップは四つの話例を通じて変わらないこの恒常的要素を「機能」と名づける。昔話の比較研究が基づかなければならないのはこの恒常性を備えた「機能」であり、そうした機能がそれぞれの話の中で、誰によって、またどのような仕方で実現されるかは、物語の構造の把握とそれに基づく類型論的な分類にとっては関与的ではないのである。こうした分析方法の有効性を確認するために、プロップは「魔法昔話」としてまとめることができるロシアの昔話100例あまりを対象

として分析を行い、このコーパスに認められる機能の数が、(1) きわめて限られていて（それは最大で31である）、(2) その機能の配列順序が原則として同一であることを明らかにした。たとえば魔法昔話の変わることのない発端（物語を起動させる機能）とは、「加害」と名づけることができる機能であり、魔法昔話の「主人公」とはこの加害によって引きおこされた「欠如」を解消することを引き受け、そのために呪具（もしくは助手）を与えられて敵対者と戦うために他所へと向かう人物として定義される。

プロップの昔話研究は、すぐに見て取れるように、もっぱらそこで語られている出来事の流れに注目した研究であり、一言で言えば、登場人物の行為を基軸とする物語内容の構造分析であった。レヴィ＝ストロースの神話研究もその点では同様である。このようにして始まった物語の構造分析は、フランスでは1960年代に入って一気に開花し、クロード・ブレモン、ロラン・バルト、ツヴェタン・トドロフ、ウンベルト・エーコといった研究者、批評家たちによってこぞって追究されることになる。そうした盛り上がりを象徴するのが、1966年に出た雑誌『コミュニカシオン』の物語の構造分析特集であり、物語論の記念碑とも言えるこの特集号の巻頭を飾ったのが、ロラン・バルトの論文「物語の構造分析序説」であった。

2. 語りへの注目

しかし、もっぱら語られている内容に集中する物語の構造分析は、昔話や神話といったフォークロアや、あるいはバルトが取りあげた「ジェイムズ・ボンド」のような大衆小説の分析にはその切れ味を発揮したとしても、近代の文学ジャンルの主流となる小説の分析を目指す文学研究者、批評家を十分に満足させるものではなかった。なぜならそこでは、

小説家が作品を書き上げるにあたって物語内容（筋）と同じくらい、場合によってはそれ以上に意を用いた問題、すなわち、その物語を誰が誰に向かってどのような仕方で語っているのかという、語りの問題がほとんど考慮に入れられていないからである。小説作品において私たちの興味を惹きつけるのは、ただそこで何が語られているかということだけではなく、その語りの形式の驚くような多様性なのである。

　物語の言説形式そのものに光を当てた、語り（ナレーション）の研究という意味でのナラトロジーを、その用語法も含めて初めて体系的に練り上げ、その後の研究の基盤を作る役割を果たしたのは、フランスの批評家ジェラール・ジュネットの『物語のディスクール：方法論の試み』（1972年刊）である。彼はフランス語で物語を意味するレシ récit という語を、物語テクスト（物語言説）そのものを指示するために取っておき、語られる内容としての物語にイストワール histoire を、そしてそれを語る行為にはナラシオン narration という語を割り当てることで、物語に対して、「言説」、「内容」（事件、情景、心理等）、「語り」という三つのレベル（ないしは相）を区別した。ジュネットの意味でのナラトロジーは、この三者が織りなす関係を対象とする。

　『物語のディスクール』では、この関係は、Ⅰ.「時間」（物語テクストが物語内容をどのような順序[注1]、速度、頻度で伝えていくか）、Ⅱ.「叙法」（物語言説による物語内容の再現のあり方）、Ⅲ.「態」（語り手と聞き手を中心とした物語言説の生産のあり方）という三つのカテゴリーに振り分けられて考察されている（章末に掲げた「物語のディスクール」の用語体系を参照のこと）。本章ではそのすべてに触れている紙幅はないので、中でもとくに重要だと思われる二、三の項目に絞って取りあげることにしたい。

　「時間」にかかわるカテゴリーとしてまず興味を惹くのは、「持続」で

ある。そこで扱われるのは物語内容の持続時間と物語言説の持続時間との対応関係であるが[注2]、この関係についてジュネットは以下の二つのことを確認している。一つは、両者の比が最初から最後まで一定しているような物語言説、言い換えれば等速度の物語言説は存在していないということである。そのために、「持続」という問題は、実際には物語の速度変化の問題として定義される。二つ目は、原理的には無限であるはずのこの速度の多様性は、現実には、以下の四つの基本的関係（四つのテンポ）に集約される（THは物語内容の時間を、TRは物語言説の時間（＝長さ）を表す）ということである。

1　休止（pause）　　　TH＝0、TR＝n
2　情景（scène）　　　TH＝TR（主として対話、台詞部分に代表されるテンポ）
3　要約（sommaire）　TH＞TR（情景と省略の中間領域にある非常に大きな可変性を持つテンポ）
4　省略（ellipse）　　　TH＝n、TR＝0

ジュネットによれば小説の基本的なリズムを作り出しているのは、2と3、すなわち「情景」と「要約」との交代である。情景と情景との間を移行部としての要約がつないでいく、それが小説の語りの基本となる。一方、物語の時間的進行が停止しているという意味でまさに超時間的な描写である1の「休止」について言えば、これを最大限に活用し、小説における描写の一つの規範にまで高めたのはバルザックである。この規範に従えば、語り手は、物語内容の流れに入る前に、あるいはこの流れをたどることを一時中断して、「厳密に言うと物語内容のその時点では（作中人物のうち）誰も見てはいない光景の描写を、語り手自身の資格で、もっぱら読み手に情報を提供するだけの目的から、引き受けることになる」（ジュネット、1985、p.111）。こうして刻まれる基本的リ

ズムの中で、より複雑な速度変化を与えるのが、「要約」の可変的速度と「省略」（この速度は定義に従って無限大となる）であることは容易に見て取れるだろう。そして幾人かの作家は顕著な速度変化（とりわけ加速化）が読者に与える効果にきわめて意識的であった。たとえばプルーストは、それまでゆったりと進んできた物語が時間的な流れを一気に加速させ、要約がほとんど純然たる省略に近づくフローベールの『感情教育』について、次のように言っている。「私の考えでは、『感情教育』のなかでもっとも美しいものは文節ではなくて一つの空白 blanc である。」「フローベールは今、フレデリック・モローのほんの些細な行動にいたるまで、長々と何ページにもわたって描写し、伝えたところである。フレデリックは、一人の警官が剣を握って一人の叛徒におそいかかり、その叛徒が地に倒れて死ぬのを目撃する。［…］このあとに「空白」がある、途轍もなく大きな「空白」である。そして突如として時のきざみは、一足飛びに数十分単位から数年単位、数十年単位にと変わってしまうのだ」（プルースト、1977、p.65）

「叙法」については、何よりもまず「パースペクティヴ」を取りあげるべきだろう。これは従来、「視点」の名の下で、19世紀末以来、小説技法の研究においてもっとも多くの研究が蓄積されてきた領域にあたる。ジュネットはこの「視点」という言葉を、「焦点化」focalisation という耳慣れない言葉で置き換えることを提案する。この置き換えをめぐってなされる議論は、以下の二つの点で、物語論への彼のもっとも重要な寄与の一つと見ることができる。

第一は、それまでの視点の研究では、本来は区別されなければならない二つの問題が混同されてきたという指摘である。そこでは「どの作中人物の視点が語りのパースペクティヴを方向づけているのか、という問題と、語り手は誰なのか、というまったく別の問題とが、あるいはより

端的には、誰が見ているのか［物語のパースペクティヴを司っている知覚原点はどこにあるのか］、という問題と、誰が語っているのか、という問題とが、混同されて」しまっているとジュネットは言う（ジュネット、1985、p.217）。

　第二は、語りの技法としての「視点」の問題を、「物語情報の制御のための方法」として位置づけ直したことである。「焦点化」とは何よりもまず、物語が自ら提供する情報を選別するための手段なのである。このことをつねに念頭に置くことで、焦点化の分類をめぐるさまざまな混乱を解きほぐすことが容易になる。たとえば、全知の語り（語り手はありとあらゆることを知っている）を意味する「焦点化ゼロ」と比較するならば、テクストがある作中人物の知覚を採用して物語世界を内側から記述する「内的焦点化」と、ある対象（人物）を描くのにもっぱらそれを外部からの知覚によってのみ描く「外的焦点化」とは、物語が提供しうる情報に大きな制限が加えられるという点では同じなのだ。それゆえ外的焦点化は、場合によっては、ある人物を知覚原点とする内的焦点化と通底し、逆に内的焦点化もまた見方によっては別の人物に対する外的焦点化として捉えることができる。どちらと取るかは問題の焦点人物が物語において有している重要性の多寡によるしかない。たとえば、ジュール・ヴェルヌの『八十日間世界一周』の冒頭の数章は、執事パスパルトゥーへの内的焦点化と取ることもできれば、彼の主人である資産家フィリアス・フォッグについての外的焦点化による語りと取ることもできるが、フォッグを物語の中心人物と見なすかぎりでは、後者となる。しかし、だからといって外的焦点化と内的焦点化の差異が完全に否定されるわけではない。内的焦点化には、あくまでも「焦点」（知覚原点）を引き受ける作中人物が必要であるが、外的焦点化では、焦点は語り手が自由に選んだ、物語世界内の任意の一点、ただしどの作中人物にも一

致しない一点に設定することが可能だからである。この場合には、そしてこの場合にのみ、外的焦点化はいかなる内的焦点化にも還元することができないものになる。

　しかし、内的焦点化にせよ外的焦点化にせよ、作家はなぜ物語が提供できる情報に大きな制限を加えることになるような不自由な語りを、あえて選択するのだろうか。もちろんその不自由さを補えるだけの利点がそこにあるからと考えるほかはない。それらの利点については多角的に、そして個々の作品に即して検討する必要があるが、ここでは一つだけ例を挙げておくことにしよう。ある作中人物を通した内的焦点化が別の人物に対する外的焦点化となることはすでに述べたとおりだが、外的焦点化が物語において持つ機能的利点は、記述の対象となる人物に対して謎めいた性格を与え続けることができるということにある。これは不実な恋人を主題とするような物語にとっては見逃すことができない利点である。たとえば宿命の女（ファム・ファタル）の嚆矢とも言える『マノン・レスコー』において、主人公への一貫した内的焦点化が果たしている心理的機能を見れば、それは一目瞭然である。つまり、「主な作中人物の一人の『視点』を首尾一貫して守ることにより、相手の感情はほとんど完全な謎として残り続け、かくして、神秘的で曖昧な人格をその相手に賦与してやることが、容易に可能になる」（ジュネット、1985、p.235）。焦点化のこうした働きなしには、マノンは宿命の女にはなりえなかっただろう。

　『物語のディスクール』について、最後にもう一つ、Ⅲの「態」に係わる問題を取りあげておきたい。このカテゴリーは従来は「視点」に包摂されていた語り手と物語言説の生産（行為としての語り）に係わる問題を、それ固有の観点から捉え直すものである。ジュネットはこれを「語りの時間」「語りの水準」「語りの人称」という三つの領域に区分し

ている。ここでは時間や時制に関する問題はひとまず脇に置き、密接に連関しているあとの二つについて見ておきたい。彼が「語りの水準」と呼ぶのは、語り手が自らが語る物語との関係においてどこに位置しているか、すなわち物語世界の外にいるのか、それともその内部にいるのかという区別である。この区別が有意味なのは、多くの物語がその物語世界の中に、さらにもう一つの物語世界（第二次の物語世界、ジュネットの用語ではメタ物語世界）を埋め込んでいるからである。物語は多くの場合入れ子構造になっており、そこでは第一次物語言説の語り手が、自らはそこに属していない第二次の物語言説の聞き手でもあるということが起こる。この複層的な構造が物語にしばしば現れるのは、私たちの日常経験の大部分が「ZについてXがYに語った物語」によって織りなされているからにほかならない。

　「人称」で扱われるのは、それまで「一人称小説」「三人称小説」という区分で取り扱われてきた、その意味では小説を論じる際の古典的な枠組みと言える領域であるが、ジュネットはここでも従来の枠組みに異議を唱えている。「小説家の選択とは、［一人称と三人称という］二つの文法形式のいずれを選ぶかということではなくて、次に挙げる二つの語りの姿勢のうち、いずれを選ぶかという点にある。［中略］すなわち、物語内容を語らせるにあたって、『作中人物』の一人を選ぶか、それともその物語内容には登場しない語り手を選ぶか、という選択である。」（ジュネット、1985、p.287）言い換えれば、一人称による語りには二つの場合があるということである。一つは、語り手自身が自らを語り手として指示する場合、もう一つは、語り手と登場人物が人称の上で一致している場合。従来の意味での一人称小説は後者にしかあてはまらない。ジュネットは語り手が作中人物を指して「私」と言う場合を「等質物語世界的」語り手と名づけ、語り手がいかなる作中人物とも一致しない場

合を「異質物語世界的」語り手と名づける。

このように考えれば、このカテゴリーは「語りの水準」と密接な関係にあることが分かる。すなわち、等質物語世界的と異質物語世界的という人称上の区別と、物語世界内的と物語世界外的という語りの水準上の区別は交差し、語り手のステイタスは以下の四つのタイプによって表される。

1) 異質物語世界外的：自分自身は登場しない物語内容を語る第一次物語言説の語り手
2) 等質物語世界外的：自分自身の物語内容を語る第一次物語言説の語り手
3) 異質物語世界内的：自分自身は登場しない物語内容を語る第二次物語言説の語り手
4) 等質物語世界内的：自分自身の物語内容を語る第二次物語言説の語り手

このような区分けにいったいどんな意味があるのか、ただの分類のための分類ではないかという疑問を抱く人もあるだろう。この疑問は正当なものであるが、分類はただ物語の類型を捉えるだけではなく、少なくとも近現代の小説を見るときには、そこに見られる語りのさまざまな工夫を考えるための枠組みとして有用なのである。

人称の考察がもっとも興味深い問題となるのは、従来の意味での人称の交代、すなわち、一人称から三人称へ、あるいは三人称から一人称への交代が同一作家の同一内容の作品において生じる場合である。たとえば、プルーストは『失われた時を求めて』の原型となった自伝的小説『ジャン・サントゥイユ』を三人称で書いたが、『失われた時を求めて』ではそれを一人称による語り（上の分類では、等質物語世界外的な語り）に書き換えている。逆にカフカはその未完の大作『城』を、草稿段階で

少なくとも最初の数十頁を一人称で書き始めたにもかかわらず、あとになって物語内容をほぼ変えることなく、三人称（主人公K＝彼）による語りに書き換えたことが知られている。こうした人称の変更の理由を考えることは、語りの一般学としてのナラトロジーのみならず、当該の作品の理解にとっても重要な意味を持つはずである。

　ジュネットは『失われた時を求めて』における一人称の使用について、それがプルーストのうちにあった、両立させることが難しい以下の二つの要求に応えるものであったことを主張している。1) 主人公の経験に対して語り手がいつでも自由に「注釈」を加えることができるようにすること（『失われた時を求めて』を少しでも読めば、こうした注釈がこの物語言説の中でどれほど大きな場所を占めているかがすぐに分かる）、2) 主人公の個人的経験から大幅にはみ出る（主人公が自分自身では知り得ない）広大な物語内容を語ることができるようにすること。

　一人称による語りを要請するのは、第一の要求の方である。というのも、三人称の語り（異質物語世界的語り）を採用しつつ、語り手が主人公の経験にたえず注釈を加えることは、とくにこの注釈が長大になりがちなときには、一人称を用いた等質物語世界的な語りの場合ほど自然にはできないからである。他方、第二の要求は、等質物語世界的語りと内的固定焦点化との自然なつながりのゆえに、第一次物語言説の語り手が「私」を独占し続けているかぎりは、満たすことが困難である。その要求を満たすためには、主人公に彼が自分では体験し得なかった出来事を語ってくれる別の語り手（第二次の語り手）の存在が不可欠である。ところが、『失われた時を求めて』の語り手の特異性は彼がけっして語りの「私」を手放さず、それを第二次の物語言説の語り手に対して、たとえ一時的にせよ、移譲しようとはしないところにある。出元が他者による語りであるほかない物語を、この語り手は何も言わずに自らの経験の

中に取り込んでしまう。この小説では、台詞部分を除けば一人称は第一次の語り手である主人公の専有物である。というのも、彼には語り手の特権としての注釈機能を放棄することなど考えも及ばないからである。

3. 夏目漱石とナラトロジー

　ジュネットの『物語のディスクール』の内容を中心にしたここまでのナラトロジーの紹介は、用語の耳慣れなさと具体例の少なさのために、とくに焦点化の議論などかなり分かりづらいものになってしまっているかも知れない。それを少しでも補うために、漱石を例に、ジュネットが取り出した問題がけっして理論家が体系化のために作りだした抽象物ではなく、語りにおける不可避的な選択の問題として作家自身の意識に現れていることを示しておきたい。漱石の小説は三人称による客観的な語りを採用した典型的な近代小説であると思われているかも知れないが、とりわけ初期の小説に目を向ければ、語りの問題に相当に意識的であったことが分かる。ここでは、語り手が人間ではなく、一匹の猫に設定されている彼の処女作『吾輩は猫である』を例に取ろう。

　この物語の語り手はまずジュネットのいう物語の持続あるいは速度（テンポ）というものを、言い換えれば、出来事の持続と語りの持続との対応関係をはっきりと意識している。

「二十四時間の出来事を洩れなく書いて、洩れなく読むには少なくも二十四時間かかるだろう、いくら写生文を鼓吹する吾輩でもこれは到底猫の企て及ぶべからざる芸当と自白せざるを得ない。従って如何に吾輩の主人が、二六時中精細なる描写に価する奇言奇行を弄するにも関らず逐一これを読者に報知するの能力と根気のないのは甚だ遺憾である。遺憾ではあるが已を得ない。休養は猫といえども必要であ

る。」（夏目、1980、p.154)

　このような企てが及ぶところではないのはしかし語り手が猫だからではない。等速運動をいつまでも続けるわけにいかないのは、いわば物語に課された宿命なのである。またこの作品は、『物語のディスクール』での議論に従えば、猫を焦点人物とする内的焦点化を通じた語りであることが容易に分かるが、この焦点化を首尾一貫して守ろうとすれば、登場人物が猫の前で口にしない言葉や、そもそも言葉として口にされない内面の思考は（猫が行う推測として以外は）語られ得ないはずである。つまり猫以外の登場人物については外的焦点化による語りとならなければならない。こうした制限についても、語り手であるこの猫は十分に承知しているのである。

　　迷亭が帰ってから、そこそこに晩飯を済まして、又書斎へ引き揚げた主人は再び拱手（きょうしゅ）して下（しも）の様に考え始めた。
　　「自分が感服して、大に見習おうとした八木独仙君も迷亭の話しによって見ると、別段見習うにも及ばない人間の様である。……」
　　（p.337）

このようにして始まる苦沙弥先生の思考内容の描写は、その後2頁以上にもわたって続けられるのだが、これがこの小説における語りの約束に対する違反であることを明敏なる「吾輩」が忘れていないことは、この描写の直後に置かれた次のようなくだりを読めば明らかである。

　　以上は主人が当夜瑩々（けいけい）たる孤燈の下で沈思熟慮した時の心的作用を有のままに描き出したものである。(…) 吾輩は猫である。猫の癖に

どうして主人の心中をかく精密に記述し得るか疑うものがあるかも知れんが、この位の事は猫にとって何でもない。吾輩はこれで読心術を心得ている。いつ心得たなんて、そんな余計な事は聞かんでもいい。ともかくも心得ている。(…)（p.340）

　もちろん焦点化ゼロの語り手であれば、「吾輩」にとっては必要不可欠なこうした苦しい弁明は初めから不要である。読心術など、この全知の語り手にとっては当然のことであり、しかもその能力のほんの一部にすぎないからである。『吾輩は猫である』に見られるこうした一瞬の逸脱、全知の語りへのつかの間の横滑りは、物語においては「誰が語っているか」という問題と、「誰が見ているか（＝誰が知覚原点になっているか）」という問題が原理的に区別されなくてはならないというジュネットの指摘の正当性をあらためて示すものだと言えよう。

　漱石が小説を書き始めたとき、正岡子規や高浜虚子が提唱した「写生文」の概念が念頭にあったことはよく知られている。「写生文を鼓吹する」と猫自身が語っているように『吾輩は猫である』はそもそもこの写生文の実践として書かれたのである。本作が一人称で書かれなければならなかった（つまり等質物語世界的語りでなければならなかった）こと、内的（固定）焦点化が守られなければならなかった理由は、写生文について漱石が『文学論』で語っていることを読めばよく分かる。

　［写生文家の］描写する所は筋として纏まらざるもの多し。即ち篇中の人物が一定の曲線をゑがいて一定の落所を示す事少なく、その多くは散漫にして収束なき雑然たる光景なるを以て興味の中心たるは観察者即ち主人公ならざるべからず。他の小説にあつては観察をうくる事物人物が発展し収束し得るが故に読者はこれを以て興味の中枢とする

を得べきも、写生文にあつては描写せらるるものに満足なる興味の段落なきが故にもし中心とも目し得べき説話者（即ち余）を失へば一篇の光景は忽ち支柱を失って瓦解するに至るべし。この故に読者はただこの余（作家として見たるにあらず、篇中の主人公として見たる）に従つて、これをたよりに迷路を行くに過ぎず。この大切なる余は読者に親しからざるべからず。故に余ならざるべからず。彼なるべからず。（夏目、2007、第四編第八章「間隔論」、pp.201-202）

漱石は人称の選択の問題を、語り手と聞き手（この場合は物語外の実際の読者）との距離（間隔）を左右する要因として捉えている。写生文においては物語の筋が重要性を持ち得ないために、読者の注意を観察者＝語り手に惹きつけることができなければならない。そのためには読者をこの観察者に対して親密たらしめることが必要になる。漱石はこの親密度（心的な距離の近さ）を人称という形式的な装置の関数として見るのである。

　　形式にあらはるる篇中人物の位地を変更するとは彼と呼び彼女と称して冥々に疎外視するものを変じて、汝となし。更に進んで余と改むるに過ぎず。従つて頗る器械的なり。然れども単にこの称呼を更ふる丈にて間隔の縮少するは何人も否定し能はざるの事実なりとす。彼とは呼ばれたる人物の現場に存在せざるを示す語なり。彼を以て目せられたる人物の、呼ぶ人より遠きは言語の約束上然るなり。（同書、p.199）

もちろんこの「余」が猫であるとき、そこには猫への感情移入と同時に、異化作用もまた生じるが、この二重性にはさしあたり立ち入らないでお

「物語のディスクール」(ジュネット)の用語体系

Ⅰ. 時間	順序---錯時法	— 後説法 analepse — 先説法 prolepse — 空時法 achronie — 共説法 syllepse
	持続（速度）	— 休止 pause — 情景 scène — 要約 sommaire — 省略 ellipse
	頻度	— 単起法 singulatif — 反復法 répétitif — 括復法 itératif
Ⅱ. 叙法	距離　行為の再現 　　　言葉の再現	— 再現された言説 discours rapporté — 転記された言説 discours transporté — 物語られた言説 discours raconté
	パースペクティヴ	— 焦点化ゼロ（無焦点化） 　　　　　　　focalisation-zéro — 内的焦点化　focalisation interne 　　　　（固定・不定・多元） — 外的焦点化　focalisation externe
Ⅲ. 態	語りの時間	— 後置的・前置的・同時的・挿入的
	語りの水準	— 物語世界外 extradiégétique — 物語世界内 intradiégétique — メタ物語世界 métadiégétique
	語りの人称	— 等質物語世界的 homodiégétique — 異質物語世界的 hétérodiégétique

(『現代文学理論』土田知則・神郡悦子・伊藤直哉（1996）、新曜社、p.59 の表を参考に簡略化した)

こう。形式的で一見すると機械的な腑分けと見えかねないナラトロジーの分析装置が、じつは小説と呼ばれる物語言説の本質に触れており、個々の作品の理解にとっても重要な意味を持つことを、漱石の言葉で示すことができたならば、ここでは十分だからである。

注

注1) 物語では、出来事の時間的順序とそれが語られる順序が逆転する（先に生じた出来事を後になって語る）というようなことがしばしば起こる。ジュネットは出来事と言説とのこうしたずれを「錯時法」と呼んだ。

注2) 物語言説の持続とは「その物語言説を読むのに必要な時間」として定義されざるをえないが、演奏されたり映写されたりする際の標準的な速度を持つ音楽や映画とは異なり、物語言説を読む標準的な速度というものは存在しない。したがって、この持続は現実的には「テクストの長さ」（頁数）という空間的な尺度で置き換えるしかない。

引用参考文献

・大浦康介（2003）「写生文と小説のあいだ」『小説のナラトロジー』北岡誠司・三野博司編、世界思想社
・ジュネット，ジェラール（1985）『物語のディスクール　方法論の試み』花輪光・和泉凉一訳、水声社（Genette, Gérard (1972),《Discours du récit : essai de méthode》, in *Figures III*, Seuil, pp.65-282.）
・土田知則・神郡悦子・伊藤直哉（1996）『現代文学理論』新曜社
・夏目漱石（1980）『吾輩は猫である』新潮文庫
・夏目漱石（2007）『文学論』下、岩波文庫
・バルト，ロラン（1979）『物語の構造分析』花輪光訳、みすず書房
・プルースト，マルセル（1977）『プルースト文芸評論』鈴木道彦訳編、筑摩書房
・プロップ，ウラジーミル（1987）『昔話の形態学』北岡誠司・福田美智代訳、水声社

学習課題

1　ジェラール・ジュネットの『物語のディスクール』で使われている用語の意味（定義）を確認してみよう。ジュネットの著作にあたるのが望ましいが、参考文献にあげた『現代文学理論』の「物語論」の項目に簡潔な説明があるので、まずそれにあたってもよい。
2　マルセル・プルーストの大作『失われた時を求めて』（文庫も含めて数種類の邦訳がある）を第一編『スワン家の方へ』だけでもよいので読み、この物語の特異な語りを、語り手の時間的位置と物語内容の時間的位置との関係を考えながら味わってみよう。
3　日本の小説家の中でも際だって方法意識の高かった夏目漱石の『文学論』、とくに第一編と第四編を読み、彼が文学をどういうものだと考えていたかを知ろう。

7 | ナラトロジー（2）——焦点化と語りの人称

山田広昭

《目標＆ポイント》 前章では、主としてジェラール・ジュネットの『物語のディスクール』を基に、ナラトロジーの基本的な概念を通覧したが、本章ではさらにそこからいくつかのトピックを選び、その分析のための視点、方法としての有効性を具体的な作品の分析を通して検証する。
《キーワード》 内的焦点化、外的焦点化、二人称小説、語り手の人称

1. 内的固定焦点化：『嫉妬』問題

　焦点化の基本的な論点については、前章でも触れたが、とくに、内的焦点化を採用した記述が、焦点人物以外の登場人物にとっては外的焦点化による記述となるということは、ここでもう一度確認しておきたい。それらの人物たちの内的な思考は彼ら自身が口にしない限りは語られることがなく、かりに語られるとしても焦点人物の知覚や想像を通してでしか語られ得ない。それだけではない。物語言説は、読者に逸脱と感じさせることなしには、焦点人物が立ち会っていない（定義上立ち会えない[注1]）出来事もまた語ることができないのである。こうしてみると、本来の意味での内的焦点化、すなわち焦点人物が初めから終わりまで一人に固定されるような内的固定焦点化による語りは、物語にとって想像以上に大きな制約であることが分かる。それゆえ、ジュネットは『物語のディスクール』で次のように書いている。「内的焦点化が完全な形で実現するのは、「内的独白」による物語か、あるいはロブ＝グリエの『嫉

妬』のような限界作品に限られる」(ジュネット、1985、p.226)。

　ところで、内的焦点化の完全な実現例として引かれているこの『嫉妬』とは、いったいどのような作品なのだろうか。そしてそれはいかなる意味で「限界作品」なのだろうか。この小説においては、すべての記述は、一人の人物の知覚を通してなされるのだが、この人物はその語りの中に決して姿を現さない。ジュネットの言葉を借りるなら、「この作品では、中心的な作中人物はその唯一の焦点位置に絶対的に還元され、そしてその焦点位置からのみ厳密に演繹される」のである。しかし、「焦点位置からのみ厳密に演繹される」とは具体的にはどういう事態なのだろうか。

　この小説に登場する人物は(ボーイや料理人、風景の中を通り過ぎるだけのまったく副次的な人物たちを除けば)三人のみである。「A」というアルファベット一文字だけで名指される女性と、フランクという名の男性およびその妻のクリスチアーヌ。だがこのクリスチアーヌは、Aとフランクとの会話の中で話題にのぼるだけで実際にはまったく登場しない。描写はひたすらAとフランクの動作と会話、そして建物や室内の様子、そこから見える風景を描き続ける。さらにこの小説には非常に重要な特徴が一つある。それは一切の心理描写を欠いているということである。物語は、Aの内面についてもフランクの内面についてもほぼ完全と言ってもいい沈黙を守る。

　だとすればこの作品はむしろ外的焦点化のモデルケースと見るべきではないのだろうか。本作に見られる描写を形容するのに「カメラアイ」という言葉が用いられたことはゆえのないことではない。

　　屋根の南西部の角(かど)を支えている柱の影が、いま、露台(テラス)の同位角を二

つの等しい部分にわけている。この露台は屋根のある広い廻廊で、家を三方からとり囲んでいる。中央の部分も両翼も広さは変らないので、柱によってつくられる影の線は、正確に、家の角(かど)に達している。だが影は、それ以上に伸びない。太陽はまだ空高く、露台の敷石だけを照しているからだ。［…］

　いま、Aは、中央の廊下に面した内扉から寝室にはいった。彼女はいっぱいに開かれた窓の方を見ない。その窓を通して、扉を開けたときから、露台のあの隅を見ることができるだろう。彼女はいま、扉の方をふりむいてそれを閉める。彼女は相変らず明るい色のドレスを着ている。昼食のときに着ていた、とても身体にぴったりとしている立襟のドレスだ。（ロブ゠グリエ、1959、pp.7-8）＊

　これが作品の冒頭をなす描写である。こうした情景描写から、読者ははたしてそれを見ている人物の存在をすぐに推し量ることができるだろうか。たしかに描写はそれが特定の「視点」からなされていることを明かしてはいる。

　寝室の奥から眺めやると、視線は、手すりを越え、はるか彼方、小さな谷間と向いあった山の側面の上で、ようやく栽培場のバナナの樹の間に着陸する。みどりの大きな葉が密生した羽飾りの如きものの間には、土を見つけることはできない。(p.8)

　それに加えて、この「視点」が建物の一点に固定されてはいないことも小説を読み進める中で明らかになってくるのだが、だからといってそれが自動的に一人の人物とともに移動していく「目」の存在を含意するわけではない。「カメラ」が複数の場所に設置されていると考えても、

＊原著："*La Jalousie*" by Alain Robbe-Grillet © 1957 by Les Editions de Minuit（著作権代理：㈱フランス著作権事務所）

そこに取り立てて不自然な点はない（私たちは焦点化ゼロの語り、すなわち視点が物語世界を自由自在に移動する語りに慣らされている）。しかし、読者はこのカメラ（かなり鋭敏なマイクも備えていることが次第に分かる）が、中立的、無個性的なものでないことに気づかないわけにはいかなくなる。描写が特定の光景、特定の出来事に対して明らかな執着を示し、そこへと何度も立ち返りはじめるからである。そうした光景の一つに、壁に残された潰れたムカデの染みがある。

　そのとき、彼女はもうフランクの方を向いていなかった。彼女は、顔を食卓の軸にもどしたところであり、正面のなにも掛かっていない壁の方をまっすぐに見つめていた。壁には、先週、つまり月はじめか、それとも先月、あるいはそれより後で、潰されたむかでの跡が黒いしみとなって残っている。(pp.19-20)

　ムカデの染みの存在を指摘するだけの、最初は何でもないものに見えたこの描写は、さほど長いとはいえないこの小説の中で、間をおきながら九度繰り返されるのである。しかもこの染みがどのようにしてできたかという経緯の説明がなされるのは、ようやく四度目の再説になってからである。食事のときに壁に大きなムカデが這っているのを見つけるのはＡであり、嫌悪と恐怖に身を固くするＡの目の前でそれをナプキンを丸めてたたきつぶしたのはフランクである。つまり、語りにおいて先行していた染みの描写は時間的にはこの場面より後に位置している（錯時法の存在）。そして、五度目の再説で、ムカデの染みに向けられている視線（その描写は繰り返されるたびに詳細になっていく）が、用事があって港町に出かけるフランクの車に、Ａが買い物を口実に同乗して出かけたという事実（一体何があったのか、二人は翌日まで帰ってこな

い）と強く結びついていることを読者は知ることになる。これ以降、語られる出来事のあいだの連続性は断ち切られ、時間的順序は混乱の度を増し、描写は妄想の様相を一気に強めていく。

　台所の扉は閉っている。その扉と廊下の大きく開いた入口との間に、むかでがいる。巨大なむかでで、この地方で見ることができる最大のものの一つだ。[…]
　むかでは、すでに危険に感づいているのだろう、まるでなにかを待っているように、じっとして動かない。ただ触角だけが、ゆるやかで連続的な、交互のシーソー運動をくりかえしつつ、上ったり下ったりしている。(p.114)

次の瞬間、虫は敷石の上に落ち、長い脚を順々に痙攣させながら、口からパチパチいう小さな音を立てている。その音は長い髪をくしけずる音を思わせ、長い脚の動きは髪にくしをかける、つぎつぎに閉ざされていく、すんなりとした指を持った手を想起させる。しかし、この床に落とされたはずのムカデは、その直後の描写では、ふたたび壁の上にいる。だが、その壁はもはや先ほどの台所と廊下とのあいだの壁ではない。

　二本の長い触角は、その交互の運動を速める。むかでは、ちょうど視線の高さの、壁のまん中に止る。[…]
　フランクは、なにもいわないで立上り、タオルをとる。それを束に巻き、しのび足で近づき、むかでを壁に押し潰す。つぎに、寝室の床の上で、それを爪先で踏み潰す。
　つぎに、彼は寝台の方にもどる。そして行きがけに、洗面台の傍の金属の棒に、化粧タオルをかける。

しなやかな指を持った手は、白いシーツの上で痙攣した。開かれていた五本の指は、シーツを引きずるほど力をこめて閉じられた。シーツは長い五筋の束に折りちぢめられる……。(p.115)

　しばらく前から語りの変調を感じ取っていた読者は、ムカデの脚の痙攣とベッドの上の女性の手の痙攣とが突如として重ね合わされる描写のこの段階にいたって、もはやその客観性を一切信じることができなくなる。ここに幻影を見ている誰かがいることは確実である。
　しかし、これを徹底した内的焦点化を通じた語りであると断定することは何によって可能なのだろうか。別の言い方をすれば、幻覚を含むとはいえ、純粋な視覚と聴覚とに還元されてしまっているはずのこの語り手が、それでも作中人物であると言えるのはなぜなのか。すでに述べたように、この語り手は自分自身については何一つ語らないのである。たしかに物語内容から見れば、この語り手がＡの夫であろうということは容易に予想できる。しかし、この語り手を作中人物と断定することを許すテクスト上の根拠は、じつは別のところにある。それはその場にＡとフランク以外の人物がいることが、物語言説の中に、初めはさりげなく、とはいえ確実にそれと分かる仕方で書き込まれているからである。この人物の存在は、まずは単純な算術の問題として示される。

　夕食のために、フランクはもうそこにいる。相変わらず微笑をうかべ、おしゃべり好きで、愛想のいい顔をして。こんどは、クリスチアーヌをつれてこなかった。［…］
　しかし今夜、Ａはクリスチアーヌを待っているように見えた。ともかく彼女は、四人分の食器を並べさせておいた。彼女は使用されない食器をただちに片付けるように命じる。［…］

柔らかな身のこなしで上体を起すと、彼女は三番目のグラスをとり、［…］フランクの隣りに腰を下ろしに行く。その間、フランクはトラックの故障についてここに着いて以来話しつづけている。(pp.12-13)

　4マイナス3は1。この1はクリスチアーヌでまちがいない。しかし、3からAとフランクの2を引いてもなお1残る。Aが手にしたグラスが三番目のものであるならば、計算上、その場にはもう一人いなければならない。これだけのヒントではおそらく不安だったのだろう、語り手はこの人物の存在を、その後も、主として食器や椅子の数として繰り返される3という数字によって、相変わらず控えめにではあるが、しかし執拗に示し続ける。
　かくして『嫉妬』の逆説は、第一に、徹底的な外的焦点化と見えた描写＝語りが、その極点において、完全な実現例がほとんどないとされる厳密な内的焦点化による描写＝語りへと反転をとげることにある。この物語はさらに「語りの人称」のレベルにおいては、「語り手の一人称」を完全に欠いているにもかかわらず「自己物語世界的」である。逆説の第二は、心理描写を徹底的に排除しているこの小説が、まさしくこの排除のゆえに、その場にいることを間接的に示す以外の自己言及を一切行わず、他者の描写に徹している語り手自身の感情表現そのものへと転化することである。
　心理描写の排除については、この作品のタイトルがそもそも反証になっているではないかという異論がありうるだろう。しかし、その原タイトル La Jalousie は、「嫉妬」を意味する語であると同時に、窓の「ブラインド」を表す語でもあり、しかもこの作品に何度も書き込まれている jalousie は、例外なくブラインドを指示しているのである。ブラインドは、その角度次第で視線を遮ることも通すこともでき、またうまく使

えば室内から外を（覗く者の姿を隠したまま）覗くことも可能である。遮蔽幕と覗き穴というこうした機能的両義性において、また、語義のレベルでの心理的意味と物的意味との反転可能性（決定不可能性）において、それはこの作品自体の見事なメタファーとなっているが、残念ながら日本語にはその二つの意味を一語で表せる単語は存在しない。

2. 主人公としての「あなた」：二人称問題

　ジュネットは、すでに述べたように、一人称小説と三人称小説というそれまで広く用いられてきた区別を、語り手が作中人物の一人である「等質物語世界的」語りと語り手がどの作中人物とも一致しない「異質物語世界的」語りという区別によって置き換えることを提案した。一人称か三人称かという伝統的な区分は、この等質物語世界的語りと異質物語世界的語りのどちらを採用するかという選択がもたらす文法上の帰結にすぎないというのである。

　しかし、私たち読者に与える効果という点から見るなら、文法的人称の差異は、等質物語世界的／異質物語世界的という区分には還元できない独自の働きを持っているように思える。漱石が人称の選択を語り手と読者の心理的距離を左右するものとして捉えていたことはすでに見たが（p.116参照）、ここではそれを二人称による語りという問題を通じて考えてみたい。ジュネットは二人称を用いた語りを異質物語世界的語りの「変異体」として位置づけようとしていた。というのも、彼によれば、一人称ではない語りは、定義上、異質物語世界的なのである。「私の外部には、彼や彼女や彼らしかいないわけではなく、きみやあなた（たち）もまた存在する」（ジュネット、1997、p.141）からである。このことはジュネットにとっては異質物語世界的という概念を提案するもう一つの理由にもなる。二人称も包含しうるということは、異質物語世界的

語りという概念の方が、従来の三人称による語りという概念と較べて、より大きな一般性を持つということを意味する。

しかし、実際に主人公を二人称にして書かれた小説を読んでみれば、それが異質物語世界的語りの典型である三人称小説に近いというのは本当だろうかという疑問がわいてくる。二人称の語りが与える印象はむしろ一人称による語りの方に近いのである。こうした印象を理論的に裏付けるものとして、ここでは、フランスの言語学者エミール・バンヴェニストの代名詞論（人称論）に触れておきたい。バンヴェニストの人称論の最大の特徴は、固有の意味での人称性を、一人称と二人称のみに認め、三人称と従来呼ばれてきたものは、実際には人称ではないもの、すなわち非人称として一括し、前二者に対立させたことにある。そして、一人称と二人称（本来の意味での人称）によって支えられる言説を「話」discours、三人称（すなわち非人称）を基軸とする言説を「歴史叙述」histoire として、言説の領域を二分したのである。

私たちのここでの関心にとってさらに重要なのは、この言語学者が一人称と二人称を本質的に相補的なものとして、すなわち互いに相手なしでは存在しえないものとして考えたことである。自らを一人称を用いて指示する者は、つねにその発話の聞き手であり、かつ次の発話においては、自らを一人称によって指し示すであろう二人称の担い手の存在を前提としている（「あなた」は発話者が切り替わった瞬間に「わたし」となり、同時に「わたし」は「あなた」に変わる）。そして、もしバンヴェニストが言うように「わたし」がつねに「あなた」の存在を必要としているのであれば、私たちの思考はけっして「独白」にはならず、むしろ内的な「対話」だということになる。このことは二人称の使用が、ただちに「わたし」とは区別され、「わたし」の外部にいる別の存在を指し示すとは限らないということを意味する。

以上のことを確認しておいて、おそらく文学史上もっとも有名な二人称小説であるミシェル・ビュトールの『心変わり』(1957年刊) を見てみよう。それは、妻子のいる主人公が朝早くに列車でパリを発ち、不倫相手のいるローマへと一昼夜かけて向かう中での心境の変化を描いた (と一応はまとめることができる) 小説であるが、『嫉妬』のときと同様に、まずその冒頭部を引用しよう。

　きみは真鍮(しんちゅう)の溝の上に左足を置き、右肩で扉を横にすこし押してみるがうまく開(あ)かない。
　狭い入口のへりで体をこすりながら、きみはなかにはいり、それから、ぶどう酒の瓶のような暗緑色の、表面が粒状になった革製のスーツケース、長い旅行になれた男がよく手にしている小型のスーツケースのべとべとする握りのところを、あまり重くはないのだが、ここまでもってくることで熱っぽくなっている指でにぎって、もちあげると、きみの筋肉と腱の輪郭が、きみの一本一本の指、掌(てのひら)、握ったこぶし、腕に、さらにはきみの肩にも背中の片側半分にも、脊椎の頸から腰にいたるまでにも、くっきりと浮かびあがるのを、きみは感じる。
(ビュトール、2005、p.5)

　訳者の清水徹は、この小説が二人称主語によって書かれていることを強調するために、日本語としては不自然に感じられるまでに「きみ」を繰り返しているが、それだけに二人称が与える効果がよく感じ取れるのではないだろうか。ただし、二人称と言っても、(英語ではその区別は消えてしまったが) フランス語には二種類の二人称代名詞 (tu と vous) があり、それは単数と複数との区別を示すだけではなく、親称と敬称との区別を表すためにも用いられることを確認しておく必要があるだろ

う。そして、ビュトールの小説で用いられている二人称は、敬称のvousなのである。清水は、このvousを訳すのに、通常用いられる「あなた」をあえて避け、むしろ普通はtuの訳語として用いられる「きみ」を採用している。この選択にフランス語のvousがtuとの対比において持つ意味作用[注2]を消去する効果があることは否めない。

　しかし、vousの訳語として「きみ」を採用することは、逆にそれが与える親密性の効果によって、『心変わり』という小説におけるvousが、単純に「彼」ilでは置き換えることができないということに気づかせてくれる。「きみ」の採用は、結果的に、この小説の語りを一種の「疑似一人称」に変えることになると言ってもよい。つまりは、この小説において、主人公をつねに二人称で指示している語り手は、主人公自身にほかならないのではないかということである。

　こうした印象が単に主観的なものではなく、ある意味作者ビュトール自身によって意図されたものであることは、彼の次のような言葉から明らかである。

　物語がある人物の視点から語られることがぜひとも必要でした。その人物がある事態をしだいに意識してゆく過程が主題となるのですから、その人物は〈わたし〉と語ってはなりません。その作中人物そのひとの下部にある内的独白、一人称と三人称の中間の形式にある内的独白が、わたしに必要だった。この〈きみ〉という呼称のおかげで、わたしには、その人物の置かれている位置と、その人物の内部で言語が生まれてくるときの仕方のふたつを描くことが可能となるのです。（『フィガロ・リテレール』1957年12月7日号）[注3]

　ここで興味深いのは、二人称を主語として用いた語りが、一人称を用

いないで一人称的な語りを実現できるとされていることであり、かつ、それが一人称による語りによってはうまく表現することが難しい、語り手自身の心理的プロセス（それまで気づいていなかったことを徐々に気づいていくようになる過程）を客観的に語ることを可能にする、すなわち、一人称による語りの利点と三人称による語りの利点とを併せ持つとされていることである。

　訳者解説において清水徹はまた、「二人称呼称の催眠的な作用」についても語っているが、読者を同一化へと誘うこの催眠作用においても、tu と vous とのあいだの、微妙だが確実にある差異を意識しておく必要があるだろう。日本語においても「きみ」と「あなた」はちがった効果を及ぼす。二人称の効果について、もう一つ興味深いことは、二人称による語りが「裁判の論告」を思わせる（「そのとき、あなたは…をした」）という、やはり清水が行っている指摘である。これは同時に、推理小説の結末＝大団円における犯人を前にした探偵の演説をも思わせる。このことからも分かるとおり、人称の選択は、等質物語世界的か異質物語世界的かということとは独立した作用を読み手に対して及ぼすのである。

　二人称小説は、一人称や三人称による語りと較べると、小説技法上の実験という意味合いが強いために、非常に例外的なケースのように思われるかもしれない。しかし、ビュトールの作品以外にも、二人称の活用をはかった小説の例はいくつもある。日本語で書かれた小説を例にとっても、倉橋由美子の『暗い旅』（1961 年刊）や多和田葉子の『容疑者の夜行列車』（2002 年刊）、さらに近年では藤野可織『爪と目』（2013 年刊）などをあげることができる。多和田や藤野の作品は、作品中に語り手が一人称で登場してくるがゆえに、厳密な意味での二人称小説ではないと言われるかもしれない。しかし、それらの作品中に登場する「あなた」が、三人称とも読者への呼びかけとしての「あなた」とも明確に異なる

独自のステータスを保っていることに変わりはない。

3. 語り手としての「私たち」

　一人称小説と三人称小説との中間に位置するものとして二人称小説があるとすれば、両者の中間形式にはもう一個の形態があるように思われる。それは語り手が一人称を使って自らを指示しながら、「わたし」という単数形ではなく、「わたしたち」という複数形を用いるときである。論文等において筆者が自らを指して用いる「わたしたち」（文法的には謙譲の複数形と呼ばれる）は、実際には単数の「わたし」のことにすぎない。フィクションの語り手が用いる「わたしたち」もそれと同じことだろうか。もしそうだとすれば、それは一人称小説のただの変異体ということになる。しかし、とてもそうだとは思えない例が存在する。ここで取りあげるのは、フランス19世紀を代表する小説家の一人、ギュスターヴ・フローベールの『ボヴァリー夫人』（1857年刊）である。この小説は次のように始まる。

　　私たちは自習室にいた。すると、校長が制服でない普通服をきた『新入生』と大きな教室机をかついだ小使いをしたがえてはいってきた。いねむりしていた連中は目をさましました。みんな、勉強中のところを不意打ちくったように立ち上がった。［…］
　　「ロジェ君、この生徒をたのむ。二年級へ入れる。勉強と品行がいいようだったら、年相応の上級へ変えることにするから」（フローベール、1965、p.7）

　この物語の主人公エマの将来の夫となる人物、シャルル・ボヴァリーの登場シーンである。もう少し引用を続けてみよう。

学課の暗唱がはじまった。彼は説教でも聞くように、足を組むこともせず、肘（ひじ）もつかず、謹聴というかっこうで聞いた。二時に鐘が鳴ったとき、自習教師がみんなといっしょに列にはいるんだと注意してやらねばならなかった。
　私たちは本教室にはいるとき、手にもっているのがうるさいから、帽子を床（ゆか）にほうりつける習慣があった。帽子が壁にあたってパッとほこりをあげるように、入り口から腰掛けの下をねらって投げる。それがす・て・き・というわけだ。
　ところで『新入生』はこういうやりかたに気がつかないのか、見ならってやる勇気がないのか、祈禱（きとう）がおわっても、まだ帽子を膝（ひざ）の上にきちんとのせていた。［…］（p.8）

　「私たち」と自らを呼ぶ語り手が、シャルルが入ってきた教室の生徒たちの中の一人であることに疑いの余地はない。かくしてこの小説の読者は、この「私たち」と名乗る、シャルルの近傍にいた誰かが、この後もずっと語り手としてとどまり、物語を引っ張っていってくれるものと、そして遠からず自身の正体を明かしてくれるものと期待することだろう。ところが、驚いたことに、この「私たち」は、シャルルの少年時代を語る第1部第1章が終わるやいなや、きれいさっぱりと姿を消してしまい、その後二度と姿を現すことはないのである（ちなみに、本小説は新潮文庫版の頁数にして440頁を超える長編であるが、そのうち第1部第1章は、10頁あまりを占めるにすぎない）。小説の残りの部分は、典型的な三人称小説、姿を隠した全知の語り手による、焦点化ゼロの語りによって構成される。これはいったいどういうことなのだろうか。
　フローベールは作品を仕上げるのに推敲に推敲を重ねた作家として知られている。『ボヴァリー夫人』もその着手から完成までに4年以上の

歳月を費やしている。したがって、この冒頭部の「私たち」をフローベールの不注意や怠慢によって残されたものと見ることはできない。一人称の語り手を導入してみたが、それをしばらくして放棄してしまったというのなら、該当部分はたかだか10頁ほどにすぎないのだから、遡ってそれを消すことは容易である。問題を解く鍵は、ここでの一人称が「わたし」ではなく、「私たち」であることにある。

　「私たち」は、一人称複数として、「わたし」を含みながらもその外延は曖昧である。バンヴェニストが複数としてのvousについて指摘したように、複数人称には外延の拡大への、すなわち境界の曖昧化を通じた一般化への傾向がもともと備わっている。この拡大の極点に現れるのが全知の語り手であると考えれば、この小説の語りから、語り手の「私たち」が消えてしまうことに矛盾はないことになる。しかし、もしそれだけなら、「私たち」をテクスト上にそのまま残しておく理由はない。「私たち」は、複数であるとはいえ、それでも一人称であることによって、内的焦点化を担いうる。「私たちは自習室にいた」という冒頭の一文によって、読者は一気に現場に誘い込まれ、このどこから見てもさえない「新入り」を、自習室の生徒たちと同じ目線で、まさしく「私たち」として見つめることができる。シャルルの人物造形にとって、そして物語の中で彼が果たす役割にとって、この読者との目線の共有は重要な意味を持つ。それなしには、先で物語られる、面白みのない亭主を持ったエマの煩悶は読者の共感を得るものにはならないからである。それゆえに、冒頭の「私たち」はそのまま残される必要があった[注4]。しかし、それをその後も維持し続けることは、内的焦点化に課される物語情報の強い制限のゆえに、この物語の目的であるボヴァリー夫人の心理解剖とは矛盾してしまう。シャルルの元クラスメイトは誰であっても、エマの心の内に入り込むことは不可能だからである。したがって、語り手とし

ての「私たち」はそれを可能にする「全知の語り手」に席を譲らなければならなかった[注5]。

　以上、ナラトロジーの分析装置を通して、さまざまな作品を読むならば、どういう風景が見えてくるかのサンプルを示してみた。取りあげられなかった主題はまだまだあるが（とくに語りの時間構造をめぐって）、あくまでも一つの例として受け取っていただけたらと思う。

》注

注1）　たとえば、この人物の生前、あるいは死後の出来事などがそれにあたる。

注2）　vous と tu の意味論的差異については、バンヴェニストの以下の分析が参考になる。「一般に、動詞の複数人称は、拡大された散漫な人称を表わす。《わたしたち》は、《わたし》の上に、他の人びとのぼやけた一括性を付加する。tu から vous への移行には、それが集合的な「vous あなたがた」であるか、儀礼的な「vous あなた」[すなわち実際には単数]であるかにかかわらず、隠喩的にせよ、事実のままであるにせよ、tu の一般化が認められ、そしてそれとの対比によって、ことに西洋の文化言語においては、tu はしばしば厳密に人称的な、したがって親密な話しかけの価値を帯びる。」(「動詞における人称関係の構造」『一般言語学の諸問題』、p.215)

注3）　『心変わり』岩波文庫、訳者解説、pp.465-466.

注4）　正確に言えば、この印象的な冒頭の一文「私たちは自習室にいた」は草稿の最初の段階では存在していなかった。フローベールはこの文をあえて書き足したのである。

注5）　『ボヴァリー夫人』冒頭のこの謎めいた「私たち」については、多くの解釈が存在する。本章で提示した解釈は、あくまでもナラトロジーの観点からのものである。

引用参考文献

- Butor, Michel (1957), *La Modification*, Éd. de Minuit.（ビュトール，ミシェル（2005）『心変わり』清水徹訳、岩波文庫）
- Flaubert, Gustave (1857), *Madame Bovary*, Michel Lévy frères.（フローベール，ギュスターヴ（1965）『ボヴァリー夫人』生島遼一訳、新潮文庫）
- Robbe-Grillet, Alain (1957), *La Jalousie*, Éd. de Minuit.（ロブ＝グリエ，アラン（1959）『嫉妬』白井浩司訳、新潮社）
- ジュネット，ジェラール（1997）『物語の詩学―続・物語のディスクール』神郡悦子・和泉涼一訳、水声社
- バンヴェニスト，É.（1983）『一般言語学の諸問題』岸本通夫監訳、みすず書房

学習課題

1 好きな小説作品を「焦点化」という問題を意識しながら再読し、それによって、その作品の読み方がどのように変化するかを考えてみよう。
2 二人称を多用した小説にどんなものがあるかを調べてみよう。また、それらと手紙や日記の中に現れる「あなた」「きみ」との類似や違いについて考えてみよう。
3 「私たち」を語り手の人称として実験的に用いた小説に、村上春樹の『アフターダーク』（講談社文庫、2006）がある。この語り手の「私たち」がどのような効果を与えているか（あるいは、与えていないか）を検討してみよう。

8 | 精神分析批評（1）——テクストの無意識

山田広昭

《目標＆ポイント》 精神分析批評の出発点として、フロイトの文学や芸術に対する考えを確認した上で、作者の無意識的欲望やコンプレックスの解明には還元されない、自律した言語芸術としての文学作品への精神分析的アプローチについて検討する。さらに、作品の中の一見無意味に見える細部やちょっとした変調に注目し、それらを無意識的な力や葛藤を表す徴候、痕跡として解釈する、一般化された読みの方法論としての精神分析批評の可能性についても考える。
《キーワード》 フロイト、ラカン、テクストの無意識、徴候的読解

1．精神分析と文学

　精神分析批評とは何かについて答えようとすれば、まず精神分析とは何かについて、最低限の答えを与えておかなくてはならないだろう。精神分析の起源は、オーストリアのウィーン大学で神経の組織学的研究に従事していたジークムント・フロイト（1856-1939）が臨床へと転じ、開業医としてヒステリーやその他の神経症の治療を行う中で生み出した治療技法と、その基礎をなす人間の心理メカニズムについての理論にある。その最大の発見は、無意識の概念（私たちの心の内部には意識の届かない活動領域がある）であり、その原因となる「抑圧」を初めとする防衛機制の存在であった。1890年代にすでになされていたこうした発見が、特定の神経症の病因論をはるかに超えた射程を持つことが明らかになる最初の契機は、1900年の『夢解釈』の刊行である。フロイトは

この著作で、私たちの誰もが体験するという意味で、まったく正常な心理現象である夢の本質が、偽装された欲望充足にあること、そしてその偽装のメカニズム（フロイトの言葉で言えば「夢の仕事」）を理解することこそ、無意識的な心理過程を解明する鍵となることを主張したのである。

こうして人間の心のメカニズムとそれへの接近方法をめぐる総体的な理論への道を踏み出した精神分析は、はげしい批判にさらされながらも、数多くの文学者や芸術家、さらには人文諸科学の研究者の関心を集める20世紀最大の心理学的理論となった。それには私たちの活動全般における「性」の役割を強調し、狭い合理主義のくびきを取り払った、精神分析によって拡張された人間理解が大きく与っている。加えて忘れてならないと思われるのは、実践と理論としての精神分析が本質的に言葉（言語）の問題から出発しているという事実である。もしそれが精神分析史上もっとも有名な女性患者となったアンナ・O（ベルト・パッペンハイム）が「Talking Cure」（話すことによる治療）と名づけたものによって始まったのだとすれば（『ヒステリー研究』（1895年刊））、精神分析が問題にしている人間とは、何よりもまず「話す動物」、「語る動物」としての人間にほかならない（もちろんそこにはその不可欠の相関項として「語ることができない」という事態も含まれる）。そこから、少なくとも二つのことが言えるだろう。

第一は、語るということが、根源的な仕方で、私たちを他者との関係の中に置くということである。語るということは、つねに誰かに向かって語りかけることであり、同時に、誰かから語りかけられるということである。そこには他者から切り離すことのできる個人は存在しない。精神分析はこうした心の関係性の認識から始まっていると言ってもいい。

第二は、語るということが、やはり根源的な仕方で、「物語ること」

につながっていて、ドイツ語の Geschichte、フランス語の histoire の二つの意味、すなわち「物語」（ストーリー）と「歴史」（ヒストリー）をつねに孕んでいるということである。一人の人間としての私は、まさしく自らの物語（個人史）の語りと不可分であり、そしてこの語りは本来の意味での歴史（すなわち私が属する共同体の語り）との絶えざる相互作用の中に置かれている。

　だとすれば、精神分析と文学とは結びつくべくして結びつくのであり、両者の関係は偶発的なもの、外挿的なものではないことになる。フロイト自身、分析家としての歩みを始めた当初から、そのことを十分に意識していた。彼は『ヒステリー研究』の理論的総括を目指した箇所で次のように書いている。

　　私はこれまでずっと精神療法だけに携わってきたわけではない。他の神経病理学者と同じく、私も局所診断や電気予後診断学の教育を受けてきた。にもかかわらず、私の書き記す病歴がまるで短編小説のように読みうること、そして、そこにはいわば厳粛な学問性という刻印が欠如していることに私自身、奇異な思いを抱いてしまう。私としては、私の好みでこうした結果となるのではなく、それは明らかに事柄の性質ゆえのことだとして自分を慰めるほかない。局所診断や電気反応はヒステリー研究において何の有効性もない。他方、ほんのわずかな心理学的公式を用いるにしても、一般には詩的作品のなかに見いだしうるような心的事象の詳細な描出を通じて、私にはヒステリーの経過に関するある種の洞察が獲得できるのである。（ブロイアー／フロイト、2004、上、pp.266-267、傍点強調は山田。）

神経生理学者として訓練を受けたフロイトは、心的装置の機能を、当

時発見されたばかりだったニューロン・システムの機能として記述し、すべての心的事象を最終的には量的な変化として理解しようとする科学的心理学の試みに真剣に取り組んでいた。しかし、彼には心のこうした生理学的解明にはなにかが抜け落ちているという疑念をぬぐい去ることができなかったのである。結果として彼が到達したのは、人間の心の解明においては「語り」(ナラティヴ)の問題を回避することはできないという認識であった。

2. 応用精神分析からテクストの無意識へ

　ところで、フロイト以降、精神分析的観点からなされた文学作品の分析の多くは、作品の分析とはいっても結局はそれを人間としての作者自身の精神分析に還元しようとする傾向を持つ、一言で言えば診断学的なものであった。たとえば、フロイト理論のフランスへの移入にあたって大きな役割を果たしたマリー・ボナパルトは、浩瀚なエドガー・アラン・ポー論を書いたが、テクストの書き換え過程の検討を含むその精緻な読解、解釈に最終的な保証を与えているのは、ポーの家庭環境・生育歴を中心とする伝記的事実なのである。

　こうしたあり方は、文学研究(文学批評)の立場からは二つの理由で満足のいくものではなかった。一つは、それがたった今述べたように診断学的であったことで、そこでは個々のテクストは作者の無意識的コンプレックスを明らかにするための材料にすぎなくなる。それは精神分析批評にたびたび投げつけられた批判、すなわち典型的に還元主義的な(文学を文学以外のものに還元しようとする)批評であるとの批判や、答えのあらかじめ決まっている読解である(精神分析がテクストに見いだすコンプレックスや性的シンボル等の数は、たとえ精神分析が一枚岩ではないにしても有限である)といった批判をある程度正当化するもの

だった。そもそも、文学テクストの分析を「応用精神分析」と見るような立場では、文学はたんに精神分析の理論を確証するための場、あるいはそれを例示する場に切り詰められてしまう。

　もう一つは、文学批評における作者の地位にかかわる不満である。1960 年代に発表された、本書でも何度か言及されているロラン・バルトのマニフェスト的なエッセイ「作者の死」、「作品からテクストへ」以来、文学理論は、テクストの作者からの自律を主張するテクスト論（「書くこと、エクリチュールは、あらゆる声、あらゆる起源を破壊する」、「テクストにおいて語っているのは言語活動それ自身であって、作者ではない」）へと大きく舵をきった。テクストの隠された意味を作者の無意識に求めようとする精神分析批評は、その点では、テクスト論が批判した古典的な伝記的批評と（作者の無意識に言及することを除いては）変わらないことになる。たしかに、現在では、作品を作者とその時代から完全に切り離して読みうるというような極端な形でのテクスト論はその力を失っている。とはいえ、それは作品を作者の（自己）表現と見なすような立場への回帰を意味しているわけではない。

　したがって、精神分析批評が、文学批評の中で独自の立場を主張しようとするなら、作品の中で作動している無意識的な力を、作者その人の無意識から一度切り離し、「テクストの無意識」として語ることができなければならない。それにはいくつかのやり方があった。テクストの無意識をテクストと読者との相互作用の中に位置づけようとする試みもその一つである。しかし、ここでは、すでに述べた、精神分析が当初から持っていた言語の問題との深い結びつきを、ソシュールの『一般言語学講義』（1916 年刊）を出発点とする構造言語学（さらには、20 世紀の大きな知的革命であった構造主義）の知見の中に位置づけなおすことで、精神分析に大きな変革をもたらしたジャック・ラカンの仕事を取りあげ

たい。構造（体系）が主体に先立ち、主体のあり方を決定するということが、主体の問題をめぐる構造主義の根幹をなす主張であるとすれば、それをきわめて簡潔に定式化しているのは、レヴィ=ストロースの次のような言葉である。「諸シンボル［の体系］は、それらが象徴するものよりも現実的なのであり、シニフィアン（意味するもの）はシニフィエ（意味されるもの）に先立ちつつそれを規定するのである。」（「マルセル・モースの業績解題」）彼は民族学的観察の中に現れるさまざまな事象の説明を、成員の信念や主観的感情に求めることをしりぞけ、それらを形式的なシンボル体系に規定されているものとして考えた。ラカンはこの発想を無意識の理解そのものの中に持ち込んだ。そのとき、無意識はもはや個人の生育歴やコンプレックスに還元されるものではなくなる。このような理論的転回をもっともよく表しているのが、彼がポーの短編「盗まれた手紙」について行った読解である。

「盗まれた手紙」（1844年刊）は、ポーが残したオーギュスト・デュパンを主人公とする三つの短編[注1]（ジャンルとしての推理小説を創始するものと見なされている）の最後の作品である。物語の大筋は、Dという名の大臣が、政治的な影響力を手に入れる目的で、王妃が受け取った私的な手紙を盗み取り、それを隠匿しているのを、王妃の依頼を受けた（正確に言えば、王妃の依頼を受けた警視総監からさらに依頼を受けた）デュパンが大臣から盗み返すというものである。この物語の興味はしかし、この二つの「盗み」が当の相手の面前で行われるというところにある。最初の（つまり本来の）盗みは、王妃（物語の中ではただ「さる高貴な貴婦人」とだけ明かされる）の私室で行われるのだが、彼女が一人で手紙を読んでいるところに王が突然入ってきたために、あわててそれをテーブルの上に伏せて「隠し」たところに、折悪しくD大臣が報告のために入ってくる。大臣は王妃がその手紙を王に知られたくない

と思っていることをすぐに見抜くと、さりげなく別の手紙を取り出してテーブルの上におき、報告を済ませて退出するさいに、自分の手紙の方を残し、王妃の手紙を堂々と持ち去ってしまう。（もちろん王妃はすりかえに気がつくが、王の注意が手紙に向くことを恐れて、何も言い出せない。）

　第二の盗み（手紙の奪還）は、大臣の屋敷で行われる。大臣の留守中に警察が徹底的に調べたにもかかわらず見つけることができなかったことから、デュパンは手紙がわざと人目につくところに置かれているにちがいないとにらみ、口実を作って大臣を訪ね、それがまさに大臣の部屋のマントルピースの中央に下げられた安物の紙差しに、裏返しにして宛名を書き換えた上で、まったく無造作に差されているのを発見する。後日、彼はそれによく似せた手紙を用意して再び大臣を訪ね、外であらかじめ準備しておいた騒ぎを起こさせ、大臣の注意がそちらに向いたすきを利用してすばやくすりかえると、何食わぬ顔で退出する。

　ラカンは、この第二の場面が第一の場面を正確に反復しているという事実に注目する。二つの場面は、手紙をめぐる三つの視線という点から見ると構造的に同一なのである。まず、何も見ていない視線がある（最初の場面では王妃の手紙に無頓着な王、第二の場面では、紙差しの手紙に気づかない警察）。続いて、第一の視線が何もみていないことを見ている視線（最初の場面では王妃、第二の場面ではＤ大臣）が、そして最後に、その両方を見てとっている視線（最初の場面ではＤ大臣、第二の場面ではデュパン）がある。ここで重要なのは、第二の視線が位置している場所が、手紙の保持者（すなわち手紙を隠さなければならない者）の場所だということである。最初の場面から、その反復としての第二の場面への移行において、第二の視線の担い手は王妃からＤ大臣へと移る。ところで、この変化を引きおこしたのは、王妃から大臣への手

紙の移動にほかならない。この移動によって、大臣が位置する場所はかつて王妃が位置した場所と同じものになる。言い換えれば、手紙の移動に従って、登場人物はその位置を一つずつ変えるのである。王妃はかつての王の位置（その盲目性は王妃の代理人である警視総監の無能によって象徴される）へ、大臣はすでに述べたように王妃の位置へ、そして空席になった大臣の場所を占めるべくやって来るのはデュパンである（彼の名前の頭文字が、大臣と同じくＤであることは偶然ではないだろう）。大臣が王妃の振る舞いを反復したように、デュパンの振る舞いもまた大臣のそれを反復することにならざるをえない理由はそこにある。

ラカンがポーのテクストから読み取るのは、手紙が文字通り「浮遊するシニフィアン」（レヴィ＝ストロース、「マルセル・モースの業績解題」）であることであり、そして、登場人物たちの心理と行動とを実際に決定しているのが、彼らの性格や主観的な動機ではなく、このシニフィアンを中心にして形作られる構造、すなわちこのシニフィアンとの関係において彼らが占める位置であることなのである。その意味において主体はシニフィアンによって無意識のうちに決定されている。他方、ラカンに先立って、ポーの作品の解釈を試みたマリー・ボナパルトは、デュパン三部作の最初の作品「モルグ街の殺人事件」に出てくる小箱に残された（周囲に散乱した）手紙の描写にからめて、ポーの生涯に大きな影をおとしたかも知れない手紙の存在について言及している。それは彼の実母エリザベスが死後に残した手紙である。母の未知の恋人、おそらく妹ロザリーの父親からのものとおぼしきこの手紙に基づいて、ボナパルトが主張するのは、ポーにおいては、手紙が罪の観念と結びついていることである。手紙とは母の罪の象徴なのである。さらに言えば、「盗まれた手紙」において、大臣によって手紙の「隠し」場所とされる暖炉（マントルピース）は、「モルグ街の殺人事件」では、エスパネ嬢の死体が押

し込まれている場所であった。マントルピースの形状と女性の身体（下半身）との類似を考慮するなら、頭を下にして押し込まれたこの死体の象徴的意味は明らかである。盗まれた手紙とは、母から奪われたものとしての「不在のペニス」、すなわち女性の去勢の象徴であり、それが、大臣によって書斎のマントルピースの真ん中（の真鍮製のノブ）につり下げられることになるのは、去勢の否認という意味でいわば必然なのである。こうした読解とラカンのそれとを較べてみれば、同じように精神分析的な視点からテクストにアプローチするといっても、そこに大きな距離があることは明白だろう。ラカンの読解には、作者ポーの精神分析が入りこむ余地はない。

3. 徴候的読解

　精神分析批評の現代における可能性を測るもう一つの観点は、単にそれがテクストのうちに何を発見するかに注目するのではなく、どのようにしてそれを発見するのかに、言い換えればその方法論的特性に注目することである。精神分析的アプローチの特性について、フロイトは次のように語っている。

　私がそもそも精神分析などというものに首を突っ込み出すよりずっと以前に聞き知ったことであるが、ロシアの一芸術鑑識家イワン・レルモリエフ（その最初の諸論文は一八七四年から七六年にかけてドイツ語で発表された）が、多くの絵画の、これまで普通にはその作者とされてきた画家の再吟味を行ない、本物と模写とを確実に区別することを説き、それまでその絵に貼られていたレッテルを剝いで新しい芸術家の作品と鑑定することによって、ヨーロッパ各地の美術館に革命をまき起こしたことがあった。彼は、絵の全体印象や主要な特徴を度

外視せよといい、第二義的な細部の、たとえば指の爪、耳朶、光輪、その他のこれまで見過ごされていたような事柄など、つまり模写画家がそこまで正確に模写しなくてもと考えたような部分、しかも芸術家たる者ならば彼独特のやり方で描き上げるような部分、そういう些細な点の特色的な意義を強調することによって、この仕事を成しとげたのであった。ところがこのレルモリエフというロシア名は実は偽名で、この人は本当はモレルリというイタリアの医者であった。私はあとでこのことを知ってひどく興味を覚えた。この人は一八九一年にイタリア王国元老議員として死んだ。私は彼のやり方が医学的精神分析技術にきわめて近いものであると思う。精神分析もまた普通たいして重要視されていないような、あるいはあまり注意されていないような諸特徴から、観察の残り滓から、秘密を、隠されたものを判じあてるのが常である。（フロイト、「ミケランジェロのモーゼ像」、1969、人文書院、pp.301-302）

イタリアの歴史家カルロ・ギンズブルグは、「徴候─推論的パラダイムの根源」という論文で、このモレッリの方法から出発して、それをコナン・ドイル（シャーロック・ホームズ、じつはその始祖はポーのデュパンである）、さらにはフロイトへとつないでいくことで、19世紀後半におけるある認識論的パラダイムの誕生について論じた。彼はそれを「推論的パラダイム」と名づけたが、その共通の特徴は、些細に見える細部を「無意識性を保持している記号」として捉え、それに対象の本質を明かすという役割を認めることにある。ギンズブルグによれば、モレッリの方法の核心にあるのは、ただ単に無意識的細部に目を向けることではなく、「意識の支配外にある要素を芸術家の個性の中核と見る」態度なのであり、この中核が一見したところ何の重要性も持たないよう

に見える細部にこそ現れるという直観なのである。

　フロイトの方法にならう精神分析批評は、たしかにこのモレッリの方法の延長線上にある。なぜなら、それが注目するのは、テクストに見られる構造や形式のかすかな揺らぎや乱れ、ちょっとした空白や沈黙、あるいはそれとは逆の過度の強調や繰り返しといった、テクストの中のそれほど目につかない箇所だからである。精神分析批評はそれらを、テクストのうちで作動している隠された力の「徴候」と見なす。この「徴候」へと向けられる注視を精神分析批評の方法論的固有性と見なすことが許されるならば、それを一般化可能な読みの方法、テリー・イーグルトンの言葉を借りれば、テクストの語っていることを文字通りには受け取らないことを前提とする「懐疑の解釈学」（イーグルトン、1985、p.278）として提示することが可能になるだろう。そうなれば、この批評はその対象の特性（無意識的コンプレックスやトラウマ、狭義の性的欲望など）によって定義されるものではなくなり、その方法から、ただ「徴候的読解」と呼びうるものとなるだろう。

　事実、「徴候的読解」としての精神分析は、近年活発に行われ、議論されるようになったカルチュラル・スタディーズやポストコロニアル批評と多くの点で交差している。なぜならそれらの批評が目指しているのは、とりわけ、テクストへの歴史的なもの、政治的なものの書き込みの検出、テクストを加工している社会的な力の検出だからであり、しかもそうした要素は、通常、書き手の意識からも読み手の意識からも隠されているからである[注2]。精神分析のもっとも一般的な教えは、人間は人間に直接現前することはないということである。私たちは自分たちの行動をさまざまに解釈しながら、すなわちさまざまに意味づけながら生きているが、私たちが実際に行っていることと、私たちが行っていると思っている（あるいはそう意図している）こととは不可避的にずれる。

それゆえに、私たちの社会的行為、政治的行為の裏側にも、このずれが生み出す無意識的領域の大きな広がりがある。マルクス主義の立場に立つアメリカの批評家フレドリック・ジェイムソンが自らの主著の一つを、『政治的無意識』と名づけたゆえんである。

ここで徴候的読解の一例として取りあげようと思うのは、しかし、ポストコロニアル批評の一つでもなければ、狭義の精神分析批評に属する仕事でもない。それどころか、そこには精神分析への言及は一切ない。問題のテクストは、日本の作家、坂口安吾の「飛驒・高山の抹殺」と題された評論である。『桜の森の満開の下』や『白痴』を代表作とする小説家であり、同時に『日本文化私観』や「文学のふるさと」、『堕落論』といった数多くのすぐれた評論の書き手でもあった安吾は、戦後、日本古代史に対する関心を深め、『安吾新日本地理』『安吾新日本風土記』といったタイトルのもとにまとめられる多くの文章を書いた。「飛驒・高山の抹殺」はその中の一つである。

安吾が注目するのは、日本の古代史において東に向かう交通路として本来重要な土地であったはずの飛驒について、古事記や日本書紀に代表される日本の正史が一度もまともに記事にしていない、すなわち、そこに不可解な「空白」が見られるという事実である。彼はそのことを次のように表現している。

　　隣りの信濃はタケミナカタの神がスワ湖へ逃げてきて天孫に降参したという国ゆずり事変の最後の抵抗地点で日本神話では重要なところだ。［…］スワは信濃の国に属しておりますが、一時分離されてヒダ、スワと二国特別の扱いをうけた。その理由は国史の表面には一度も説かれておりません。特にヒダは古代史上、一度も重大な記事のないところで、昔から鬼と熊の住んでいただけの未開の山奥のようだ。とこ

ろが国史の表面には一ツも重大な記事がないけれども、シサイによむ
と何もないのがフシギで、いろいろな特殊な処置がある隠されたこと
をめぐって施されているように推量せざるを得なくなるのです。(坂
口、1991、p.469、傍点強調は山田。)

　注意すべきは、安吾が見いだした「空白」は誰の目にもつくような
はっきりとした「空白」ではおそらくなかっただろうということである。
それはある特別な視線だけが見つけ出すことができるような「空白」で
あった。にもかかわらず、彼はそれをあまりにも重大であるがゆえに国
史の編纂者が隠さざるをえなかった何かの、私たちの言葉を使えば、「徴
候」として読むのである。
　この秘密を解く鍵の一つは、安吾によれば、ヒダに残された「両面ス
クナ」の伝説にある。一つのからだに、互いに後ろ向きについた二つの
顔を持ち、しかもそれぞれの顔にそれぞれの手足があるというこの異形
の人物を、彼は記紀神話に繰り返し現れる分身的兄弟（その代表は日本
武尊（小碓命）とその双子の兄、大碓命）に結びつける（「ここで注意
すべきは、古事記の景行天皇紀というものは、大碓小碓双生児のみなら
ず、主要な登場人物が必ず二人、分身的な兄弟姉妹であることで、日本
武尊の退治た熊襲も兄弟、大碓命の愛した娘も姉妹である。そして、日
本神話には、兄弟、姉妹、二組ずつの話は甚しく多いが、特にこの類型
の甚しいのは神武天皇紀に見られるのであります」、p.480）。空白と対
をなす過度の反復、これこそが何かが隠されていることの明白な証拠で
ある。安吾の推論を思い切り単純化して結論だけを示せば、8世紀初め
に編纂された古事記や日本書紀が隠さねばならなかった重大な事実と
は、古代史最大のクーデタである壬申の乱（672年）以外にはありえな
いということになる。なぜなら、あることを秘密にして隠す必要がある

のは、それがそうしなければならないほど現実的で生々しい、つまり時間的に遠からぬ短期のうちに起こったことだからだ、と安吾は言う。彼はそこに記紀編纂が必要とされた理由そのものを見るところまで行く。隠すべき事実が直近のものであり、現在の支配体制の正当性そのものに係わっているからこそ、「神話も天皇記も、ダブリにダブらせて、その重大なことを、あの神様、あの天皇、あの悪漢にと分散してかこつけて、くりかえし、くりかえし、手を代え、品を代えて多くの時代の多くの人物にシンボライズした」(p.484)。神話や上代天皇史の多くは父子兄弟相争う悲劇に満ちている。それがそうなったのは、「その国史をヘンサンした側が、直前に肉親の愛憎カットウの果てに兄の子を殺して皇位についているからで」、

> それを各時代の神話や天皇史に分散せしめて、どの時代でもそれが主要な悲劇であり、悲しいながらも美しいものに仕立てる必要があってのことだ。それが記紀ヘンサンの主要な、そして差しせまった必要であったはずである。(p.491)

飛騨が空白として残されるのは、この土地が壬申の乱における大海人皇子（後の天武天皇）の挙兵と近江への進軍に直接係わっているからというのが、安吾の推理である。彼の推理がはたして正鵠を射ているかどうかはここでは問わない。重要なのは、彼がテクストのどのような箇所に注意を向けているかである。安吾の方法は無意識について一言も語っていないにもかかわらず、精神分析的である。彼は自らの方法を「歴史探偵術」と呼んだ。それは彼が自ら実作に手を染める（『不連続殺人事件』）ほど探偵小説（推理小説）の愛好家であったことによるが、もしも彼がギンズブルグの著作を知っていたなら（時系列から言ってもちろ

ん不可能である)、それを歴史の徴候論的読解と呼んだとしても不思議はない。そもそも推理小説(デュパン、ホームズ)こそ、モレッリの方法からフロイトへとつながる推論的パラダイムの始祖だったのだから[注3]。

》注
注1) あとの二つは、「モルグ街の殺人事件」と「マリー・ロジェの謎」である。
注2) 本書第13章および第14章を参照。
注3) 推理小説と文学批評との関係については、第15章も参照。

引用参考文献

- Bonaparte, Marie（1958）, *Edgar Poe: sa vie-son œuvre, étude analytique*, Presses Universitaires de France.
- イーグルトン，テリー（1985）『文学とは何か』大橋洋一訳、岩波書店
- ギンズブルグ，カルロ（1988）『神話・寓意・徴候』竹山博英訳、せりか書房
- 坂口安吾（1991）『坂口安吾全集』第18巻、ちくま文庫
- ジェイムソン，フレドリック（1989）『政治的無意識』大橋洋一ほか訳、平凡社
- 丹治愛編（2003）『批評理論』講談社選書メチエ
- フロイト，ジークムント（1969）『フロイト著作集』3、池田紘一・高橋義孝ほか訳、人文書院
- ブロイアー，ヨーゼフ／フロイト，ジークムント（2004）『ヒステリー研究』上・下、金関猛訳、ちくま学芸文庫
- ラカン，ジャック（1972）『エクリⅠ』宮本忠雄ほか訳、弘文堂

学習課題

1　ポーの「盗まれた手紙」を読み、ラカンの解釈が成り立つかどうかを自身で検討してみよう。
2　ギンズブルグの論文「徴候」(『神話・寓意・徴候』第5章)を読み、推論的パラダイムの系譜について学んだ上で、それをどうすればテクストの読解に生かすことができるかを考えよう。

9 | 精神分析批評（2）——『ハムレット』の場合

山田広昭

《**目標＆ポイント**》 シェイクスピアの戯曲『ハムレット』を例にとって、フロイトから始まるさまざまな精神分析的読解の系譜を紹介する。ただ一つの作品をめぐってどれだけ多くの解釈の可能性が開かれるかを確認し、精神分析の批評としての豊かさを味わいたい。
《**キーワード**》 謎解きとしての批評、オイディプス・コンプレックス、亡霊、悲劇

　『ハムレット』といえば、シェイクスピアの代表作の一つとして誰もが知る戯曲である。たとえどのような場面で口にされるかは言えなくても、「生きるべきか死ぬべきか、それが問題だ。To be, or not to be : that is the question」、「弱きもの、汝の名は女。Frailty, thy name is woman!」といった言葉を聞けば、多くの人が、ああ、ハムレットの台詞だね、と言うことだろう。このように世界共通の教養の一部になっている戯曲だが、じつはこの物語の骨子にあたる部分、すなわちその基本的な筋立てについてはシェイクスピアの手になるものではないことが分かっている。『ハムレット』には一種の種本としてデンマークを舞台にした古い物語が存在していた（別の言い方をすれば、シェイクスピアの作品はその翻案ということになる）。
　それは、13世紀の初めに、サクソ・グラマティクスという名で知られる聖職者―歴史家がラテン語で著した大部の「デンマーク史」（Gesta Danorum）の中に書き留められている伝説の英雄アムレス（アムレー

ト Amleth）の物語である。岩波文庫版『ハムレット』の訳者解説によれば、この伝承は概略以下のような筋からなっていた。

　デンマーク王の臣下であった一人の貴族が辺境ノルウェーの国王を倒した手柄で王位継承権を持つデンマーク王女の婿となり、やがて国王として即位する。これを妬んだ弟はまず妃を誘惑して情を通じた後、兄である国王を人々の面前で突如斬り殺す。彼は驚く人々をまえに、兄は妃と自分とにあらぬ不義の疑いをかけ、かねて妃を亡きものにしようと企んでいるのを知ったから、妃を救うためにこうしたのだと宣言する。そして首尾良く、兄の地位を簒奪してしまう。亡き国王の一人息子アムレスは父の仇を討つため、狂人を装い叔父を油断させることを企てる。他方、警戒する叔父はアムレスの乳兄弟の間柄になる娘を彼に近づけ誘惑させて女色に溺れさせようとする。アムレスは母に自分は父の仇を討つために狂人の振りをしているのだと打ち明けて母を味方に引き入れ、ついに仇討ちを果たす。

　王位継承権を背景にした、息子による父の仇討ちの物語であり、息子が復讐のために狂気を「装う」という点でも、『ハムレット』と同じである。しかし、問題は両者がどれほど似ているかではない。重要なのはむしろ、シェイクスピアの『ハムレット』が、創作にあたって下敷きにしたと考えられるこの古伝承と、どのような点で異なっているかである。アムレスの物語では弟による兄の殺害は完全に公然のものであったが、『ハムレット』では、それは父王の亡霊が息子のみに明かす世間に知られざる秘密となっている。また、前者では、父王の殺害に関して母の無実は明らかであり、さらに事情を知ってからのちは、息子の復讐に手を貸してさえいる。しかし、ハムレットの母（ガートルード）は復讐

の実行にあたって、王子を助けることはないし、この復讐劇からは局外に置かれている。

1. ハムレットの謎

　このように元の物語からするといくつもの改変が加えられている『ハムレット』であるが、その中でもとくに目につく変化は、王子が父王の亡霊から命じられた仇討ちを一日一日と先延ばしにし、実行のための絶好の機会が訪れたときにさえ、ためらい続けることである。なぜ彼は、殺害された父の復讐を果たすという、当時の常識からすれば当然の義務（倫理的には当然の権利でもある）を果たすことに、それほどまでに逡巡するのか。後世における、劇作としての『ハムレット』の成功という観点から見れば、この逡巡し、苦悩し続ける王子像が導入されたことこそが、この戯曲をかくも名高いものとし、シェイクスピアの最高傑作とまで言わしめる要因となったと言ってもいいだろう。それは『ハムレット』を、ただの古めかしい復讐劇から、近代的な一個の性格劇へと作り替え、「復讐という大きな宿命を背負いながら、それを行動に移すことができず、代わりに瞑想にふけってしまうインテリ青年」（A. W. シュレーゲル）、「行動力が思考力に食われてしまった男」（W. ハズリット）という、いかにもロマン派好みの性格類型を描いた劇として捉える見方を生み出した[注1]。ハムレットはかくして、その聡明さのゆえに優柔不断に陥り、煩悶し続ける「知性」を永遠に象徴する人物となる。

　『ハムレット』論をその後長らく支配することになる上記のような解釈は、復讐の意識的な遅延というハムレットの不可解な行動の謎を解くのに、一つの「性格」をもってくるものであり、それがこの劇の本質と見なされるまでに有力な解釈となったわけだが、そうした解釈に対して異議を申し立て、別の方向から謎を解こうとした人物が20世紀初頭に

現れる。精神分析の創始者ジークムント・フロイトである。

> 観者が主人公ハムレットの性格については何もはっきりしたことを知りえないということは、不思議なことだがこの作品の圧倒的効果とすこしも矛盾しない。『ハムレット』は、主人公ハムレットに与えられた復讐という任務を果たすことをハムレットが一寸のばしにのばすという点の上に組み立てられている。何がこの逡巡の根拠ないしは動機であるか、これは本文を読んだところで一向にはっきりしない。また数多くの『ハムレット』論もこれまではこの点を明快に説明することができなかった。(フロイト、「夢の材料と夢の源泉」、1968、人文書院、p.221)

あらゆる劇にはサスペンスが必要であり、したがって、復讐の実行が先延ばしにされることは、劇作上当然の要請であるという見方はできる。しかし、『ハムレット』の特殊性は、この遅滞、先送りが、復讐の早期の実行を妨げる客観的な困難の存在という、観客にも容易に理解できる事由から説明されるのではなく、観客にはその理由がよく飲み込めない、まったく主観的な煩悶に由来するところにある。フロイトはこの謎に、シェイクスピアの悲劇と、時代をはるかに遡るギリシア悲劇とを重ね合わせることで答えを与えようとする。ソフォクレスの『オイディプス王』である。この有名な悲劇のもとになった伝承によれば、テーバイの王子でありながら乳児のあいだに遺棄されたオイディプスは、他国の王家で育てられたあと、偶然遭遇した父を(父とは知らぬままに)殺し、さらにその後、人々を脅かす怪物スフィンクスを倒した功績によってテーバイの王として迎えられ、先王の妃である母を(やはり母とは知らぬままに)妻とし、彼女との間に四人の子をなしてしまうのである。

一見したところ、二つの物語はまったく異なる、独立した物語に見える。しかし、ハムレットを叔父（クローディアス）の位置に置いてみることに思い至りさえすれば、両者がともに、父を殺し、母を妻とする物語であることが見えてくる。

　フロイトが、父に取って代わって（邪魔な父を亡き者にして）母を自分のものにしたい（「性的」に所有したい）という、すべての男児に潜在的に宿ると考えた欲望を、ギリシア悲劇の主人公に名を借りてオイディプス・コンプレックスと名づけたことはよく知られている。彼はソフォクレスの劇が観客に与える悲劇的効果を、この欲望が舞台上で実現してしまうのを目にした人々が感じたにちがいない恐れとおののきに求めた。息子ハムレットは、潜在的なオイディプスとして、母を妻とした叔父クローディアスに自らの姿を投影せざるをえない[注2]。彼は自らは抑圧せざるをえなかった欲望を自分に代わって実現した叔父へと憎悪を向けるが、この憎悪は不可避的に自分自身に戻ってくる。フロイトが描く心理的構図によれば、ハムレットが叔父を罰することは、同一化のメカニズムを通じて自らを罰することにほかならない。言い換えれば彼は自身を罰することなしには叔父を罰することができないのである。そこに彼が復讐の実行をためらう理由がある。

　上記のような解釈をもって、フロイトは『ハムレット』最大の謎は解けたと考えた。つまり、『ハムレット』がわれわれに与える感動は、『オイディプス王』がわれわれに与える感動と同じ心理的メカニズムに基づいているというのである。たしかに卓抜な解釈であり、オイディプス・コンプレックスの実在を認めるという条件のもとでだが、一定の説得力を有している。しかし、それならなぜ劇中でハムレットは父王の亡霊の言葉の真実性を素直に受け入れることができないのだろうか。なぜクローディアスが父の殺害者であるという動かぬ証拠を、父の言葉とは別

に求めようとするのだろうか(『ハムレット』の中の劇中劇はそうした確証を得る目的をもって叔父の前で上演される)。すでに述べたように、『ハムレット』の元になるアムレスの物語では、弟による兄殺しは人々の面前で実行されたものだった。シェイクスピアはなぜそれを、亡霊となった先王が息子にだけ伝える内密の罪へと変えたのだろうか。

2. 謎のいくつもの解き方

　ハムレット論最大の古典の一つ『「ハムレット」で起こること』(1935年刊)の冒頭で、ドーヴァーウイルソンは自身の研究の出発点となった一つの論文との運命的な出会いを語っている。ある汽車旅行の途上でまったくの偶然から彼の目にとまることになったこの論文は、そこでなされている主張に反論することを自らの生涯を賭けた仕事とすることをその場で決意させるほどの衝撃を彼に与えた。グレッグ(Walter Wilson Greg)という著者の筆になる「ハムレットの幻覚」と題されたその論文は、一見すると些細だが、その実この戯曲全体の意味を揺るがしかねないような一つの事実を指摘することから論をおこしている。それは劇中でハムレットが叔父の反応を確かめようと、御前芝居として上演させた劇中劇冒頭の黙劇(それは先王の殺害の場面を、王の亡霊がハムレットに告げた通りに再現するものである)を見ている叔父が、そのときにはいかなる動揺も示さないということである。この事実が奇妙なのは、この黙劇に続いて上演される「ゴンザーグの殺害」という芝居の筋立てが(役者が台詞をしゃべることを除いては)冒頭の黙劇のそれとうり二つであるにもかかわらず、それを見ていた叔父は、王の殺害を再現する場面にさしかかるや、今度は、青ざめた様子で席を蹴ってしまうからである。

　ドーヴァーウイルソンによれば、グレッグの主張は以下の四点にまと

められる。

1） クローディアスが黙劇にたじろぐことがなかったのは、彼が先王の殺害に無関係であり、黙劇の中の殺害者の姿に自らの姿を重ねることがなかったからである。
2） したがって、先王の亡霊はハムレットに偽りの情報を与えたことになる。
3） 亡霊が口にする台詞は、ハムレットの張り詰め、取り乱した頭脳が生み出した想像の産物であると見なければならない。
4） 亡霊がハムレットに伝える殺害のシナリオ（耳に毒液を注ぎ込む）は、『ゴンザーグの殺害』という芝居についてハムレットが有していた潜在的な記憶に由来する。

　グレッグが指摘している事実は、『ハムレット』という戯曲の中に穿たれた一個の穴であり、もしもこれを開いたままにしておけば、この戯曲全体が、グレッグが主張するように、妄想に取り憑かれた一人の若者が、その妄想のゆえに、周囲の者たちを破滅に追い込んでしまう物語へと転化しかねない。『ハムレット』をこれまで通りに兄殺しによる王位ならびに妃の簒奪と、兄の遺児によるその復讐の物語に留めておこうとするなら、この穴はなにがあっても塞がなければならない。ドーヴァー・ウイルソンは、叔父は上演の初めのうちは会話に夢中になっていて、この黙劇に目を向けていなかったと考えればつじつまはあう、と言う。
　しかし、グレッグのように、クローディアスを兄である先王の殺害に無関係であると考えることは、戯曲テクストのうちに明白な反証を見いだすことになる。それは第3幕第3場でクローディアスが行う独白である。そこで彼は次のように、自らの罪をはっきりと告白するのである。

　「あゝ、わしのどぎつい罪は、天にも届く悪臭を放っている。兄弟

殺しという、人間に対する神の最初の呪いがかゝっている。祈りたい気持は祈ろうとする決心に劣らず強いんだが、わしにはどうしても祈れない。強い意志は、さらに強い罪の意識に敗れてしまう。」
「祈りは人間を罪に落ちる前に救うか、罪に落ちてから赦すか、この二つの功徳以外何ものでもないはずだ、そうじゃ、わしは面をあげよう。……わしの罪は過去のものだ。しかし、どういう祈りがわしの役に立つのか？「非道な人殺しの罪を赦し給え」か？ それじゃだめだ。人殺しを犯して手に入れた獲物、王冠と王位と王妃とを、まだ手に握っているんだから。罪の獲物を棄てないで、罪が赦されようか？」(シェイクスピア、1957、p.107)

クローディアスが先王殺しの犯人であることの、これ以上に明白な証拠があるだろうか。この「自白」に比べれば、彼が黙劇を目にして少しもたじろがなかったという事実など、なんの反証にもならないのではないか。しかし、ひとたび『ハムレット』の中のいくつかの出来事や場面を、主人公の無意識的な欲望や葛藤によって生み出された幻覚ないしは幻想として見る可能性を認めてしまえば、戯曲テクストの中で揺るぎのない現実としての地位を失わないものなどないことが分かる。フランスにおける精神分析批評の第一人者であるピエール・バイヤールは、もしも亡霊の場面全体を、グレッグのように、ハムレットが見た幻影だと考えることが許されるのであれば、クローディアスの独白もまた（劇中で彼が祈るために跪いているのを目撃しているのはハムレットだけなのだ）ハムレットの幻想であると考えてはならない理由があるだろうか、と言う。もしもこうした見立てが正しければ、クローディアスはハムレットによって濡れ衣を着せられているだけなのだ。では、先王の本当の殺害者は誰なのか。バイヤールによれば、それはハムレット自身にほ

かならない。彼は父親が自身の恋人であるオフィーリアと情を交わしている場面に遭遇し、その後に寝入ってしまったのを見て、嫉妬に駆られて毒殺したのである。そしてこのときの記憶を無意識のうちに抑圧し、幻想の中で、父の代理形象である叔父へと転嫁したのである。

　このようにして、このフランスの批評家は『ハムレット』を文字通り息子による父殺しの物語へと書き換えてみせた。しかし、それはフロイトのそれのようなオイディプスの物語ではない。ここでは母は不実な夫に裏切られた被害者でしかないからである。『ハムレット』において亡霊が母を復讐の対象から除外するようにと要求するのは、息子の母に対する欲望のためではなく、問題の殺害に母がいかなる意味でも関与していないという事実がハムレットの幻想の中に残した残響と見るべきなのである。

　あまりにも荒唐無稽な書き換えだと思われるだろうか。しかし、考慮に入れておくべきは、この書き換えによってシェイクスピアのテクストが内包している別の二つの謎に答えが与えられることである。その一つは、ハムレットがオフィーリアに対して不当なほど酷薄な態度をとることである。彼は無垢に見えるこの許嫁に対してまるでその罪をなじるかのような言葉を投げつける。「尼寺へ行け、尼寺へ。さよなら。…それともぜひ結婚するなら馬鹿と結婚したまえ。賢い奴らは君の手にかかって、とんでもない怪物[注3]にされることをよく知っているぞ。」(p.85)もう一つの謎は、母ガートルードの居間に突如出現した父王の亡霊が、ハムレットの目には見えているのに、なぜガートルードには見えないのかということである。バイヤール版ハムレットは、この二つ目の謎にも答えを用意している。というのも、殺害された人の亡霊は通常、殺害者に対してだけその姿を見せるものだからである。

3. 亡霊はなぜ現れるのか

　ここで『ハムレット』についての精神分析的読解のもう一つの例を紹介しよう。ニコラ・アブラハムというフランスの分析家は、『ハムレット』においてまず注目すべきは、本来ならすべてに解決を与えるはずの終局の場面が戯曲の展開の終結をあらわしていないということだと言う。彼によればこの終局部は実際には中断されてしまっている。最後の幕が降りたあと、私たちの前に残されるのは文字通り物言わぬ死骸と謎だけなのだ。しかし逆説的ではあるが、それこそが『ハムレット』がわれわれの心を捉え続ける理由なのである。ハムレットの真の原動力は、われわれの心の奥底に潜んでいる、次のような確信なのだとこの分析家は言う。「それは〈亡霊〉が暴き出すことは、嘘偽りであるという確信であり、ハムレットの葛藤の原因は、押しつけられた偽りの「真実」と、彼の〈無意識〉がずっと以前から察知していた「真正の」真実とのあいだで引き裂かれていることにあるという確信である。」（アブラハム、2014、p.491）だが劇はこの確信に確証を与える前に幕をおろしてしまう。王も王妃も毒杯を飲んで死に、オフィーリアの兄レアティーズも、そしてハムレット自身も毒を塗られた剣による傷のために死ぬ。劇はこうして主要な登場人物がすべてこの世を去ったあとに、ノルウェー王子フォーティンブラスが登場してデンマークの王位継承権を主張して終わる。

　アブラハムによれば、『ハムレット』の隠された主人公は、（サクソ・グラマティクスが語るアムレスの物語にはまったく登場しない）父王の亡霊である。亡霊とはそもそも何なのか。すべての文明のうちに、死者の霊魂が回帰して生者に取り憑くことがあるという信仰が見られる。そして生者に取り憑くこの死者は、生者たちをほとんどつねに悲劇的な結

末が待っている抜き差しならない状況の連鎖へと引き込んでゆく。『ハムレット』で起こることもこれと同じである。しかし、亡霊として回帰する死者たちにはもう一つの重要な特徴がある。彼らは例外なく「生前になんらかの不名誉を被った個人、あるいは打ち明けられない秘密を墓の中に持って行ったような人たち」なのである。この秘密、この「私たち自身のものではない」秘密こそが、亡霊たちの明かされざる正体である。

　私たちに憑依するのは、それゆえ死んだ者たち自身ではなく、その者たちの秘密がわれわれの中に残していった空隙であり、亡霊は、この空隙を私たちが、個人的もしくは集団的な幻覚によって埋めることを強いられることから生み出される。アブラハムによれば、亡霊の元となる秘密の特殊性は、それがただの一度も意識にのぼったことがないという点にある。そのために、亡霊の回帰は、「抑圧されたものの回帰」とは異なり、主体自身の心の構造とは関係を持たない、文字通りの「よそもの」の回帰として出現する。なぜなら主体に取り憑いているのは、すでに述べたように彼自身の秘密ではなく、他者の秘密なのだから。しかしいったいなぜ亡くなってしまった他者の秘密がわれわれに取り憑き、われわれの心に放置することが許されない空隙を穿つのか。それは問題の他者が誰でもよい任意の誰かではなく、主体が深く愛していた、取り替えのきかない他者だからである。われわれはその者の秘密に無関心でいることができない。しかし、同時に、その秘密を明るみにだすことは、愛の対象であり続けているこの者の理想化されたイメージをはげしく傷つけるがゆえに、すなわち強い恥と罪の意識を引きおこすがゆえに、徹底的に忌避され、けっして意識化されないままに主体の中で「無意識の知」として生き続ける。

　亡霊の意味をこのように規定した上で、アブラハムはすぐれて精神分

析批評的なと言える実践へとさらなる一歩を踏み出す。それは第5幕第2場で幕をおろしたはずの『ハムレット』の、書かれることがなかった幻の第6幕を、自らの手で書き下ろすことである。劇に真に解決を与えることを意図されたこの幻の最終幕で、亡霊の秘密がついに明かされることになる。『ハムレット』によれば、この物語の発端にはノルウェー王フォーティンブラス（父）とデンマーク王ハムレット（父）との領土を賭けた決闘があった。この一騎打ちに勝利した先王ハムレットは、決闘の契約に従ってノルウェーを自らの領土として手に入れる。ハムレット（息子）はその死の間際にノルウェー王子フォーティンブラス（先代の息子）を次期デンマーク王として推挙するのだが、こうした推挙の背景には上述した領土争いの物語があるのである。

　アブラハムによれば、『ハムレット』は長い時をはさんで反復される賭と決闘の物語であり、しかも二つの決闘はそこに不正が潜んでいる点で共通している。「物語（歴史）は一つの賭によって始まり、一つの賭で終わりかけていた。30年の時を隔てた二つの決闘、二つ目の決闘は最初のものを包含しているに違いない。ハムレットは強かった、だが勝ったのはレアティーズだった…」（アブラハム、2014、p.505）だとすれば、最初の決闘においても、実力において勝っていたのは先代フォーティンブラスではなかったのか。しかし戦いに勝ったのは先代のハムレット王だったのである。

　物語をこうして反復の相のもとに眺めやるならば、亡霊として姿を現した先代ハムレット王の秘密とは、この最初の決闘において不正が行われたこと、その不正が毒を用いたことにあるにちがいないということが見えてくる。亡霊が息子に語る物語は、この秘密を暴露すると同時に隠している。クローディアスの手によるとされる兄王の毒殺と寡婦となった王妃との結婚は、その昔、先代ハムレット王自身が行った罪がそのま

ま転嫁されたものにほかならないからである。書き下ろされた幻の第6幕では、フォーティンブラス父とハムレットの母ガートルードは愛し合っており、じつは、ハムレットはこの二人のあいだの子供であることが示唆される。（この不正に手を貸したのが、毒の調合にすぐれた侍従長のポローニアスにほかならない。彼は物語の発端と物語の結末の二つの決闘に共通の黒幕なのである。）ガートルードを愛していた先代のハムレットは、彼女が妊娠していることを承知で王妃として迎え、ガートルードもまたそれを受け入れた。ハムレット王子の見せる憂鬱、煩悶は、そのことに起因している。彼は崇拝していた父がそのような卑劣な罪を犯したことを受け入れることができない。そしてまた、愛する父が自分の実の父ではないこと、それのみならず、自分が父から愛されていなかったことを認めることができない。「ハムレット、あなたは自分の父があなたを憎んでいるということを知らないでいたいのだ。」（アブラハム、2014、p.506）

4. 悲劇：歴史的現在の劇空間への侵入

　ここまで見てきた『ハムレット』の読解＝書き換えの例は、はっきりと精神分析的な概念を背景としたものであった。これから提示する最後の例は、狭い意味での精神分析的読解ではない。しかし、前章で定義した意味での「徴候的読解」のきわめて興味深い実例となっている。それは、ドイツの公法学者（政治学者）カール・シュミットが書き残したハムレット論（『ハムレットもしくはヘカベ』1956年刊）である。

　シュミットは『ハムレット』には意図的に答えを曖昧にされているとしか思えない二つの問いがあるという。その第一は、父王の殺害に母親が関与していたかどうかである。彼は王妃の罪を問うことが劇全体においてタブーとなっていて、そのために母親は復讐の依頼から、すなわち

この作品の劇的核心から周到に締め出されている、というのである。その第二は、ハムレットが見せる狂気(メランコリー)は、偽装なのか、それとも真実の狂気なのかという問いである。これにも劇中に明確な答えは見いだせない。

なぜこうした曖昧さが残されているのか。それは上記の問いに黒白をつけた答えを与えることがシェイクスピアにはある事情からできなかったからだとシュミットは言う。彼はその事情を究明するに際して、オイディプス・コンプレックスなり母親コンプレックスなりを用いた精神分析的な説明を完全に排除する。彼はそうした説明は一般理論を分かりやすく解説するために作品を利用しているだけだと断じる。代わって彼が注目するのは、シェイクスピアがこの戯曲を書いた1600年前後のイングランドの政治的状況である。『ハムレット』の初演は1601年もしくは1602年であり、われわれが通常この劇の台本として知っているフォリオ版第2の成立は1605年である。ちょうどそのあいだに、エリザベス女王(独身で子供がいなかったためその後継者が決まっていなかった)の逝去とジェイムズ1世のイングランド王即位(1603)とが挟まる。こうした事情は『ハムレット』の作者にとって決定的な意味を持っていた。なぜなら、『ハムレット』で語られる物語は、観客にジェイムズ1世の母親であるメアリ・スチュアートを想起させずにはおかなかったからである。

その理由は以下のとおりである。メアリ・スチュアートの夫でジェイムズの父であるヘンリー・ダーンリ卿は、1567年2月に卑劣なやり方でボスウェル伯によって殺害された。同年5月、メアリは、ほかならぬ自分の夫の殺害者であるこのボスウェル伯と再婚する。殺害事件から3か月もたたないうちにである。『ハムレット』の物語との平行性は誰の目にも明らかである。こうした照応関係の存在からシュミットは次のよ

うに結論する。「(『ハムレット』の作者には) メアリ・ステュアートの息子で、王位継承者の期待がかけられたジェイムズへの配慮によって、父親殺害の罪が母にあるよう設定するのは不可能だった。その一方でハムレット劇の観客は、プロテスタントの全イングランドにおいて、とくにロンドンにおいては言うを俟たず、メアリ・ステュアートの罪を確信していた。こうしたイングランドの観客への配慮によって母親に罪がないと設定することもまったく不可能だった。」(シュミット、1998、p.22)＊

　では第二の問いに答えが与えられていないのはなにゆえなのか。シュミットによれば、ハムレットの人物像の内には二人の実在の人物が流れ込んでおり、それが、狂気を装いつつ果断に復讐を実行するはずのハムレット像に思いもよらぬ改変が加えられる理由となる。問題の人物の一人は、エリザベス女王晩年の寵臣でありながら女王の逆鱗に触れて1601年に処刑されるエセックス伯で、シェイクスピアとその一座はこの人物の庇護のもとにあった。自らの庇護者の逮捕と処刑は『ハムレット』の作者をはげしく動揺させ、その結果ハムレット像にこの庇護者の運命と性格の一部が移された。もう一人は言うまでもなく、メアリの息子ジェイムズである。復讐者ハムレットの人物像に加えられた変化は、王妃の罪を問うことがそのためにタブーとなったのと同様に、1603年に即位するジェイムズ1世が置かれていた立場と感情への配慮と考えたときにのみ理解できる、とシュミットは言う。ハムレットが示す、ただの偽装とは思えない苦悩は、ジェイムズ1世が生きていた、信仰の分裂と宗派間の内戦という危機の時代の反映なのである。

　こうした「歴史的現在の劇への侵入」は、当該の劇を作品として閉じられていないという意味で不完全なものとする。だが、シュミットによれば、こうした不完全性、演劇の自律性という観点からは欠点と見なさ

＊原著：Schmitt, Carl, *Hamlet oder Hekuba, Der Einbruch der Zeit in das Spiel* © 1932, 1981 Klett-Cotta – J. G. Cotta'sche Buchhandlung Nachfolger GmbH, Stuttgart.

ざるをえない、歴史的現実へと開かれたこの開口部こそが、一個の劇を悲劇へと昇華させる、悲劇性の真の源泉なのである。

「この劇作品には、劇以外の構成要素が含まれていて、その意味でこれは完璧な劇ではない。この劇作品の時間と場所と筋の統一性は閉じられておらず、純粋に内閉した過程を生じさせていない。そこには二つの大きな開口部があり、そこを通って歴史的な時間が劇時間の中へ侵入してくる。それとともに、絶えず新しい解釈可能性、絶えず新しい、しかし結局のところ解決不可能である謎、これが見極めがたい流れをなし、その他の点では非の打ち所のない劇の中へと流れ込んでいる。二つの侵入──女王の罪を覆い隠している禁忌と、復讐者の典型像が曲げられて起こる主人公のハムレット化──は、二つの蔭、二つの怪しげな箇所をなしている。これらは決して単なる歴史的・政治的な暗示ではない。単なる仄めかしでもなければ真の反映でもなく、所与の事態として劇の中へと受け入れられ、劇によって尊重されている。」(シュミット、1998、pp.55-56) このとき、歴史的現実は一個の神話へと変貌をとげる。この神話の力は「人間の頭脳が創作したのではない、むしろ外から与えられ、降りかかり、そこにある、覆すことのできない現実」(p.57) が持つ力にほかならない。

すでに述べたようにシュミットの読解は、狭義の精神分析的読解ではない。彼の意図はむしろそれまでの精神分析的なハムレット解釈を反駁することにあった。しかし、彼が用いた方法、テクストの謎めいた理解しがたい箇所に注目し、それをテクストを否応なしに加工する強大な力の「徴候」として捉える方法は、前章で定義した意味での精神分析批評の方法にほかならない。しかも、坂口安吾とは異なりシュミット自身、自らの方法と精神分析のそれとの類縁性を意識していた。なぜなら彼は劇の存立にいかに観客の知識を考慮することが不可欠であるかを強調し

て、次のように書いているからである。「観客の知識は演劇の本質的要因である。戯曲家が劇の中に織り込んでいる夢もまた、無意識過程において圧縮なり置換の処理を経たつい最近の出来事を含め、観客もまた一緒になって夢見ることのできるものでなければならない。」(p.45) だが、完全に閉じられた自律した体系をなしてはいないという意味では、劇作品以外のテクストもじつは同じなのである。

〉〉注

注1) 河合祥一郎『謎解き「ハムレット」』p.33。
注2) 当時の教会法では、夫の弟と結婚することは近親相姦の罪を犯すことになると見なされていたということをここで付け加えておいてもいいだろう。
注3) 妻が不義をはたらいた夫の頭には角が生えるとされていたことを踏まえた当てこすりだと考えられる。（シェイクスピア、1957、p.189 参照。）

引用参考文献

・Abraham, Nicolas & Török, Maria, *L'écorce et le noyau* (1978), Flammarion, 1987.（アブラハム，ニコラ／トローク，マリア（2014）『表皮と核』大西雅一郎・山崎冬太監訳、松籟社）
・Bayard, Pierre (2002), *Enquête sur Hamlet, Le dialogue de sourds*, Minuit.
・Dover Wilson, John, *What happens in Hamlet* (1935), Cambridge University Press, 2007.
・Jones, Ernest (1949), *Hamlet and Oedipus*, Victor Gollancz（ジョーンズ，アーネスト（1988）『ハムレットとオイディプス』栗原裕訳、大修館書店）
・Schmitt, Carl, *Hamlet oder Hekuba: Der Einbruch der Zeit in das Spiel* (1956), Klett-Cotta, 1985.（シュミット，カール（1998）『ハムレットもしくはヘカベ』初見基訳、みすず書房）
・河合祥一郎（2016）『謎解き「ハムレット」』ちくま学芸文庫
・シェイクスピア（1957）『ハムレット』市河三喜・松浦嘉一訳、岩波文庫

・フロイト，ジークムント（1968）『フロイト著作集』2、高橋義孝訳、人文書院

学習課題

1 『ハムレット』を読み、今回紹介したそれぞれの読みの妥当性を自身で検討してみよう。
2 ギリシア悲劇、ソフォクレスの『オイディプス王』を読み、この悲劇が現代人にも感動を与えるとすれば、どこにその理由があるかを考えてみよう。

10 マルクス主義批評——階級とイデオロギー

丹治 愛

《目標＆ポイント》『テス』の内容を紹介したうえで、『テス』をマルクス主義的に解釈しているケトルの批評を紹介しながら、マルクス主義批評の理論的立場、それと関連する主題について解説する。そのうえで、マルクス主義批評の理論的諸概念が、その後のさまざまな政治的批評（フェミニズム批評、ポストコロニアル批評など）にたいして基本的な枠組みを提供していることを解説する。
《キーワード》 マルクス主義批評、階級、上部構造／土台（下部構造）、唯物史観と階級闘争論、イデオロギー論

1.『テス』のあらすじ

　本章から第12章まで、マルクス主義、フェミニズムという二つの政治的・イデオロギー的批評をあつかう（その後、木村茂雄先生がポストコロニアリズムという三つめの政治的・イデオロギー的批評をあつかう）。そのことをとおして政治的・イデオロギー的批評の理念的・方法論的共通性とそれぞれの批評の主題的特徴を学習していく。第10章と第11章が対象とするテクストは、トマス・ハーディ『ダーバヴィル家のテス　清純な女性』（1891年刊）［以下、岩波文庫（1960）のタイトルどおり『テス』と省略］である。
　第1章で、読書感想文においてあらすじを書かなければいけないと考えることが「非常にマズイ誤解」であるという齋藤孝の意見を紹介したが（p.18）、以下はそのような「非常にマズイ」あらすじなのかもしれ

ない。「自分の視点」をもたないそのあらすじが、マルクス主義という批評的観点によってどのように変わり、どのような角度をあたえられるかを体感してもらうために、はじめにあえて平板な（主題が見えない）あらすじの例を提示しておこう。

　物語が幕をあける5月末の一日、16歳のテスは牧師の三男エンジェル・クレアとはじめて出会う。また、行商人であったテスの父親（ジョン・ダービフィールド）は、郷土史に詳しい牧師から自分が「騎士の血筋をひいたダーバヴィル家の直系」であることを聞かされる。その夜、気の大きくなった彼が酔いつぶれたため、かわりにテスが弟とともに蜜蜂の巣を市場に届けるために、家族の持馬プリンスを御して出発するが、途中で衝突事故を起こして、プリンスを死なせてしまう。
　その一日が西暦何年のことであるかは正確に特定できないが、カール・J・ウェーバー「トマス・ハーディの小説における年代」にしたがって1884年としてみよう（Weber, 1938, p.316）。1870年2月に施行された初等教育法のもと初等教育を6年級（the Sixth Standard）まで終えたとされている主人公が、すでに16歳の後半に達しているところからはじまる『テス』は、たしかに1880年代の物語である可能性が高いだろう。そして彼女はそこから5年2か月後の1889年7月に殺人のかどで処刑されることになる。
　22年にも満たぬそのテスの人生は、彼女が16歳後半まで居住していたマーロット村を原点とした、サウス・ウェセックス[注1]のなかでの空間的移動によっていくつかの場に分けられる。
　第一の場は、プリンスの事故死の件で責任を感じたテスが、両親の期待にしたがって、遠い親戚かもしれない（のち誤解であることが判明）金持ちのダーバヴィル家の屋敷に送られ、名目的にはミセス・ダーバ

ヴィルの鶏の世話係として働くトラントリッジ（マーロットから30キロほど東）での、1884年6月下旬から10月下旬までの4か月間である（その間にテスは17歳になる）。そしてテスはそこで、ミセス・ダーバヴィルの放蕩息子アレクによって処女性を奪われる。10月下旬、マーロットにもどったテスは、そこで2年半ほど（1887年5月まで）農作業の手伝いをしながら暮らす。その間に私生児を生み、そしてその子を病気で失う（彼女がみずから瀕死の赤ん坊に洗礼を施すという悲痛なエピソードもある）。

　第二の場は1887年5月からその年の年末まで酪農場の乳しぼりとして働いたトールボットヘイズ（マーロットから35キロほど南）での7、8か月である。そこでテスはエンジェルと再会し、恋人どうしとなり、その年の大晦日には結婚式をあげる。しかしアレクとの体験を隠したままでいることに耐えかねたテスは、初夜にエンジェルにその体験を告白し、その結果、彼と別離せざるをえなくなり、1888年1月4日にはふたたびマーロットにもどることになる（エンジェルは農場経営をはじめるためにブラジルに発つ）。

　第三の場は、その1、2か月後にマーロットを出た彼女が、9か月ほど臨時の乳しぼりとして働いたあとに流れ着いた、フリントクーム・アッシュ（マーロットから15キロほど南）の農場での1888年11月から翌年3月初旬までの3、4か月である。ここは、「白亜質の台地」に広がる「ひどい痩せ地」であり、仕事を求める女性労働者を、蕪菁掘りなどの「荒っぽい重労働――耕地の労働」（ハーディ、1960、42章）のために低い賃金で雇っていたのである。数少ない休日の一日（12月30日）、彼女はエミンスターにエンジェルの父親を訪ねるが、結局、顔をあわせる勇気をもてないまま帰路につき、しかもその途中に偶然アレクと再会し、その後、彼にしつこくつきまとわれることになる。

1889年3月初旬、母親の病気の報をうけてテスはフリントクーム・アッシュからマーロットにもどる（契約満了の前だったので賃金も受けとれないまま）。3月10日、病気だった母親ではなく父親のほうが亡くなったため借家権を失ったテスの家族は、ひと月後の4月初旬、貧窮のなか、祖先の立派な墓所のあるキングズビア（マーロットから30キロほど南。現実のビア・ソージスに対応）にむかう。そこで当てにしていた部屋も断られ、途方に暮れていたテスの前にアレクがあらわれる。

　その結果、家族を経済的苦境から救うためにテスは、やむなくアレクの愛人となり、海岸保養地として名高いサンドボーン（現実のボーンマスに対応）のホテルで彼と暮らしはじめる。それが第四の場であるが、それはひと月ほどのち、テスへの仕打ちを悔いたエンジェルがふたたび彼女の前にあらわれたときに劇的に終わる。エンジェルと再会したテスは、自分とエンジェルの人生がアレクによって決定的に破壊されたことを悟った末に衝動的にアレクを殺害するからである。

　その後、テスはエンジェルとともにストーンヘンジまで束の間の逃避行をつづけるが、そこで警官たちに逮捕され、その2か月後（1889年7月）、ウィントンセスター（現実のウィンチェスターに対応）で処刑され、その短い不幸な生涯を終える。

2. ケトルの『テス』論

　『イギリス小説序説』の著者アーノルド・ケトルは、マルクス主義批評の観点から『テス』をとりあげ、「イギリスの小作人階級の破滅」を主題にした「社会的ドキュメント」としてそれを解釈していく。

　　小作人階級の崩壊過程は19世紀の間に——それはさらに遡って過
　　去に深い根を持つものであるが——すでに悲劇的な終局段階に達して

いた。［中略］資本主義的農業（すなわち土地所有者は食料のためでなく利潤のために土地貸与を行ない、農場労働者は賃金労働者となるような農業）の伸長に伴って、かつて独立自営農民階級(ヨーマン)に属していた小耕作地農(スモール・ホールダーズ)や小作農(ペザント)たちは、彼らなりの自主独立の伝統と固有の文化を持っていたのだが、いまや消滅せざるをえなかった。歴史の展開する力は、彼らとその生活様式にとってあまりに強力すぎたのである。しかもその生活様式は誇りに満ちた根の深いものであったから、その破滅は必然的に痛ましい、悲劇的なものとなった。『テス』はこの破滅の物語であり、象徴である（ケトル、1974、p.236 ［一部訳語変更］）。

　ケトルはこの主題を論証するために、マルクス主義批評の観点からこの作品のストーリーを順次たどっていく。「小説の開幕時にはすでにダービフィールド家は辛い境遇に陥ってい」るが、それは「［両親である］ジョンとジョーンの二人の性格に堅実さが欠如していたための苦境とは言いきれない」と述べるケトルは、マルクス主義批評家として、貧困は個人の責任ではなく、資本主義という「人間の歴史の一発展段階」（同 p.244）における必然的結果であるという観点からこの作品を解釈していく。換言すれば、『テス』を性格悲劇ではなく状況悲劇として解釈するのである（悲劇の三つのジャンルについては第1章［pp.27-28］を参照）。
　小作人階級を象徴するテスが、「金の力によって紳士階級に入りこんだ資本家の息子」アレク・ダーバヴィルの「犠牲となること」——それは「現下の歴史の動きを象徴している」出来事である（ケトル、1974、p.237）。「労働者になる覚悟」で「ふだんの野良着姿」でトラントリッジに向かおうとするテスが、母親から「折が折だからと正装を」と言わ

れ、「いいようにして、母さん」と答える場面は、テスが「母親の手によって支配階級の生活にひき渡され、彼らのなすがままに委ねられる」ことを示す「象徴的瞬間」と解釈される。その結果、テスはアレクに凌辱される。そして「凌辱された瞬間から、テスの物語は、圧倒的な強敵に立ち向かって自尊心を維持する望みのない悪戦苦闘となる」（同 p.238)。

　まず、トールボットヘイズの酪農場で彼女は「季節労働」のための「賃金労働者」となる（同 p.238)。彼女の両親が「大工、鍛冶屋、靴屋、行商人など」「農業労働者より一つ上の［＝より安定した］階級」（同 p.236）に属していたことを考えれば、これは「社会的な地位下落」を意味するが、その「苦痛」は「酪農主夫妻の親切」のみならず、同じ境遇の女性たち（マリアンやイズなどの）の友情が和らげてくれる。また、彼女は「［エンジェル］との結婚によって自らの宿命から逃れ」る可能性も夢見る（同 p.238)——アレクとの過去を彼に告白しなければという義務感を覚えながらも。そしてその過去を告白する機会を失いつづけたまま、ついに大晦日にエンジェルと結婚するのである。

　ちなみに、階級的にいえば、エンジェルは父親が英国国教会の牧師であり、そのようなものとして支配階級である中産階級（Middle Class）出身ということになる。しかし彼自身は、当時の新しい思想としての「不可知論」——超自然的なものについては知ることはできない（したがって、それを前提にして世界を説明することはできない）——の影響のもとキリスト教の神秘主義的側面を懐疑しはじめ、牧師になった二人の兄とは異なり、下位中産階級（Lower Middle Class）の牧場主になる道を選ぶ。そういうしだいでテスと同じ酪農場で働いていたのである。

　また、ハーディの作品の背景になっている「19世紀イギリスの社会階層」を簡略に図式化している森松健介によると、テスの祖先とされるペイガン・ダーバヴィルは騎士として「下級称号、いわば準貴族」に位

置し、また、アレクの父親はイングランド北部で商売で財をなした大事業家として「中産階級」あるいは「下位中産階級」に属する（森松、2006、p.14）。

　初夜の晩、テスの告白を聞いたエンジェルは、自分が同じように婚姻外の性交渉をかつて経験していたことを彼女に告白した直後だったにもかかわらず、「俗物」（ケトル、1974、p.238）である本質を露わにして彼女を批判する。「あなたが許されたように、あたしを許してください」と懇願するテスに、「社会が違えば、流儀も違うんだよ。君の言葉を聞いていると、ますます、ぼくには君が一度も人間社会の諸事のつりあいというものを教わったことのない、百姓女に見えてくるよ……」と言うのである。そのうえでテスの家系を「老衰した意志、老衰した行動」を示す「衰退した一族」となじる。テスは、「あたしのようなのはどこ見たっていくらでもいるのよ。それはこの州の特徴なんだし、あたしには仕様のないことなのよ」（ハーディ、1960、35章）と反駁するが、この反駁は「テスの宿命の社会的性格、およびその典型性を強調する」ための重要な箇所のひとつとして解釈される（ケトル、1974、p.239）。

　エンジェルと別れたテスはますます「社会的地位」を低下させていく。フリントクーム・アッシュの農場で彼女は、トールボットヘイズでの幸福とは対照的に、「完全にプロレタリア化され、賃金のためにきわめて苛酷、きわめて不面目な状況下で労働に従事する。ここでは［機械化された］脱穀風景が、新しい資本主義的農場の非人間化された人間関係を象徴するものとして、特に重要である」（同 p.239）。しかしこの農場に行き着いた宿命はテスだけのものではなく、性道徳的に問題のないマリアンとイズのものでもある。ここでも個人的要因ではなく、社会的・経済的要因が強調されている。

　テスにとっての「最終的な打撃は、［終身借地人ライフ・ホールダーだった］彼女の父親

の死、およびその当然の結果としてのダービフィールド家の強制立ち退き」(同 p.239) である。語り手は、「長期保有地」の「借用期限」が切れるとほとんどが更新されない社会的状況に言及し、あたかもハーディの心を代弁するかのように、その状況が「『農村人口の大都市への流出傾向』、などと統計学者がしゃれた表現で呼んでいる」(ハーディ、1960、51章) 社会的現象の一因になっていることを指摘している。ここでもテスの宿命はひとつの典型にほかならない。その結果、テスはふたたび「アレク・ダーバヴィルの手に戻る」(ケトル、1974、p.240)。労働力を「搾取」されてきた彼女はさらに肉体そのものをも「搾取」されることで殺人へと追い詰められ、処刑されるのである[注2]。

　以上のように、ストーリーにそって重要箇所をあげながら、それに階級論的な解釈を加えてきたケトルは、最後に「『テス』はイギリス文学の中で、小作人階級の世界の破壊を［中略］もっとも感動的に表現した、見事な小説、倫理的寓話として聳え立っている」(同 p.250) という評価を下すことによって、彼の解釈を結ぶのである。

　テスの宿命は超自然的なものではなく、また、個人の性格や資質に原因を帰せられるものでもなく、資本主義的段階に達した階級社会の必然的結果にほかならない——というケトルの論理は、わたしのあらすじと比べてたしかに主題的角度がついている。しかも、階級論的角度のついた読解は作品のディテールの批判的解釈をとおして説得力をもって提示されている。このような読解においてのみ、『テス』は矛盾のない「見事な小説」として、意味ある物語としてわれわれの前に出現する——それがケトルの結論である。自分にとってこのような観点からこのように解釈することによって、この作品ははじめて一貫性をもった意味をもつようになる、あるいはおもしろい物語となる——そのような自分なりの角度を見いだすことが文学批評の第一歩であることをケトルは示してく

れているだろう。

3. マルクス主義批評[注3]

　ケトルのマルクス主義的解釈に理論的前提をあたえているマルクス主義は、三つの立論から構成されている。ひとつめは、上部構造（superstructure）／土台［下部構造］（base［infrastructure］）論、二つめは唯物論的弁証法にもとづく階級闘争論、そして三つめはイデオロギー論である。

> 人間は、［中略］かれらの物質的生産諸力の一定の発展段階に対応する生産諸関係を、とりむすぶ。この生産諸関係の総体は社会の経済的機構を形づくっており、これが現実の土台となって、そのうえに、法律的、政治的上部構造がそびえたち、また、一定の社会的意識諸形態は、この現実の土台に対応している。（マルクス、1956、p.13）

　上部構造／土台論というのは、「生産諸関係の総体」からなる「経済的機構」という土台と、「法律的、政治的」諸制度および諸組織、またそれらが成立するところに働く「社会的意識諸形態」（＝さまざまなイデオロギー）からなる上部構造という二つのカテゴリーを設定し、土台が上部構造をはるかに強く規定するのであって（経済的決定論）、その逆ではないとする唯物論的立場である。土台とそのうえに立つ上部構造というこの建築物のメタファーをつうじて、マルクス主義は、一個の社会を構成するさまざまな部分をそれぞればらばらにではなく、たがいに関連しあう全体として統合的に把握する方法を得ることになる。

　このような唯物論的世界観のなかで、芸術、そしてその一部をなす文学は、法律、政治、あるいは宗教などとともに、「生産諸関係の総体」

によって規定される上部構造の一部をなす。したがってマルクス主義批評は、文学作品を、作家の天才によって生み出される独創的な何物かとしてではなく、作家が生きていた時代の歴史的諸条件、その物質的社会的経済的諸条件によって生産された何物かであると見なす。作品を、それが生み出された歴史的条件のなかで解釈するという歴史主義的批評は、かならずしもマルクス主義批評に起源をもつものではないとしても、マルクス主義批評によって理論的強度を得たと言っていいだろう。

　第二の、唯物論的弁証法にもとづく階級闘争論とは、不断に発展していく生産諸力が、既存の生産諸関係（および所有諸関係）と矛盾することによってそれを破壊しつつ、順次新たな社会構成を生み出す歴史的変遷——古代奴隷制→中世封建制→近代資本主義→共産主義——の契機となっていくという立論である。「例えば、封建主義の社会的諸関係は資本主義の生産力の発展にとって障害となり、また、この発展によって破壊される。さらに、資本主義の社会的諸関係は産業社会の富の十全な発展と適度な分配を妨げ、やがて、社会主義によって破壊されるであろう」（イーグルトン、1980、pp.90-91）というように。

　これは、絶対精神がみずからの「否定の否定」をつうじて正－反－合の段階的発展を遂げるというヘーゲルの観念的弁証法を、生産諸関係と生産諸力のあいだの矛盾とその統一という唯物論的弁証法へと変容させたものであるが、そうすることによってマルクス主義は、歴史におけるその弁証法の具体的あらわれを、経済的生産手段を所有する支配階級とそれを所有しない被支配階級とのあいだで闘われる階級闘争のなかに認めたのである——マルクスとエンゲルスが「これまでのすべての社会の歴史は階級闘争の歴史である」（マルクス／エンゲルス、1971、p.38）と述べているように。

　そしてマルクスは、近代ブルジョア的生産様式をもって人間社会の前

史はおわりをつげると述べる。このときマルクスが見通していたのは、「ブルジョア階級を強力的に崩壊させ、それによってプロレタリア階級がその支配を打ちたてる」プロレタリア革命であり（同 p.55）、革命後にあらわれる階級のない共産主義社会である。ブルジョア階級による資本主義の進展は、必然的に、自分たちを崩壊させるプロレタリア階級を産み出さざるをえない。ブルジョア階級は「かれら自身の墓掘人（＝プロレタリア階級）を生産する。かれらの没落とプロレタリア階級の勝利は、ともに不可避である」（同 p.56）ということである。

　以上のマルクス主義の立論のなかに置いてみれば、経済的条件が物語の基本的な構造を形づくっていることを詳細に分析しながら、その経済的条件を歴史的に資本主義的段階として位置づけているケトルの論に角度をあたえている階級論的観点が、おおむねマルクス主義の思想をなぞったものであり、かならずしもそこに彼個人の独自性が存在しているわけではないことが理解されてくるだろう。だからといって、ケトルの論が意味もおもしろさもない還元主義的解釈にすぎないということではない。彼の論が獲得している角度は、マルクス主義的な構図そのもののなかにあるというよりは、そのような構図のなかで『テス』を解釈しようとした批評的判断と、そのために進められているディテールの批判的読解のなかにこそあると言うべきだろう。

　批評理論とのかかわりでもうひとつあげておくべきマルクス主義の立論は、そのイデオロギー論であろう。マルクスにとって、法律的、政治的上部構造は、経済的生産手段を所有する支配階級の権力を合法化する機能をもつものであったが、「一定の社会的意識諸形態」としてのイデオロギーもまた、上部構造の一部として、支配階級にとって都合のよい現存の諸制度をほんとうの「現実」として、あるいは「自然」ないし「普遍」として人びとに認識させたり説明したりすることをとおして、同様

の機能をもつものとされている。

　すなわち、ある歴史的段階で支配的なイデオロギーは、その歴史的段階において支配的な階級の利害関心を具体化し、物質的生産諸関係をつらぬく階級支配を隠蔽し、かつそれを合法化し永続化させる力として作用するというのである。エンゲルスがイデオロギーを「虚偽意識」と呼んだのはこのコンテクストにおいてである。そのようなものとしてイデオロギーは、人びとに現在の秩序を（暴力的にではなく）知らず知らずのうちに受容させる働きをするが、家族、学校、宗教、メディアをとおして実践される、現存の秩序に従順な主体＝臣下(サブジェクト)をつくりだすためのイデオロギー・システムは、やがてルイ・アルチュセールによって「イデオロギー的国家装置」と呼ばれることになる。

　上部構造論／土台と階級闘争論によって、社会構成を全体的にとらえ、かつ歴史を法則的体系的にながめる方法を得たマルクス主義は、さらにイデオロギー論をつうじて、社会あるいは歴史と個人の意識（無意識をふくむ）を交差させる方法を手に入れたと言える。そしてマルクス主義批評は、以上の立論をとりいれることで、社会と歴史と作家個人を包括的に関連づけながらテクストを解釈するための理論的枠組みを案出したと言えるのである。

4. イデオロギー論

　ケトルの『テス』論にはイデオロギーというマルクス主義のキーワードが登場していないので、最後に、イデオロギー概念がどのようなかたちで『テス』に登場しているのかを検討してみよう。その具体例として、たとえば第1章（p.23）で触れた例の宿命論――「あの片田舎に住むテスの村の人たちが、宿命論的にお互いのあいだで飽きもせず言っているように、『そうなるようになっていた』」（ハーディ、1960、11章）――

をとりあげてみよう。というのは、それが、資本主義的段階の階級制度がもたらす不幸を村人たちに「自然」なこととして受容させるためのイデオロギーとして機能しているからである。たとえば、トラントリッジでテスに起こった不幸な出来事（アレクによるレイプ）をテスから聞いたとき、母親がその性的搾取に怒ることもなく、「これも自然の成り行きで、神さまの思召しなんだよ！」（同 12 章）と受け入れているように。

そのようなイデオロギーが、「野良で働く者や、また、人間の仲間よりももっと広く自然現象と交わる人々に共通な、宿命論的考え方」（同 32 章）として貧しい人びとの感じ方や考え方を方向づけていることは、語り手も認めている。だからこそテスは、アレクからもらったバラのとげが顎を刺したとき、「妄想や予告的な迷信がしみこんでいた」心のなかでそれを「悪い前兆」（同 6 章）と解釈するし、また、農場の人びとは、テスとエンジェルの結婚式後の雄鳥の「昼鳴き」を聞いたとき、「よくねえな」「選りに選って今日、あんなことをやらかすとはなあ！」（同 33 章）と反応するのである。

しかもその宿命論は、テスの母親の言葉（「神さまの思召し」）が暗示しているように、キリスト教によって宗教的な裏打ちも得ている。キリスト教のなかにも宿命論は浸透しているからである。たとえば、「カルヴィンの直系の精神上の後裔」と評されているエンジェルの父親の信条は、救済は神によってあらかじめ決定されているという「決定論の信条」であり、しかも、その信条は「その否定的な面では、ショーペンハウアやレオパルディの哲学に類する、諦めの哲学に全く等しいものであった」（同 25 章）と記されているのである。

その「決定論の信条」が典型的に示しているように、キリスト教は、その否定的な面では、救済に予定されていないとみずから感じた者が、その事実を神の予定した宿命（「神さまの思召し」）として受容する「諦

めの哲学」としての宿命論（＝「予定論」）になる、ということである。『テス』の世界においてキリスト教は、支配階級の「虚偽意識」として、また、「イデオロギー的国家装置」として、ありのままの世界を諦観とともに受容する従順な主体＝臣下を創造するよう人びとを方向づけているのである。

　とすれば、『テス』という文学作品は、一個の「上部構造」として同時代の支配的イデオロギーによって浸潤されているのだろうか。表面的には、マルクス主義の階級論的な観点から解釈されうる作品でありながら、プロレタリア革命によって階級が廃絶された共産主義社会へのマルクス主義的な夢を諦めさせる宿命論という「虚偽意識」を反映させている作品なのだろうか。

　しかし『テス』の宿命論は、すでに第1章で述べたように（pp.23-24）、それほど単純に提示されているわけではない。少なくとも語り手は、農村の人びとを支配している宿命論を、それを「迷信」と呼ぶことによって懐疑するまなざしを示しているからである。ちょうどエンジェルが、神のような超自然的なものの存在は知りえないという不可知論の立場から父親のカルヴィニズム的な予定論に懐疑のまなざしを向けているように、彼のことを「進歩した、良心的な若者」（ハーディ、1960、39章）と呼ぶこの語り手も、物理学的法則が支配する唯物論的世界をこえた超自然的存在に懐疑のまなざしをむける不可知論者なのだろう。というのは、彼はかつて、ロマン派の詩人ウィリアム・ワーズワースに言及しながら、「かの詩人［は］いかなる根拠があって、『自然の聖なる計画（Nature's holy plan）』について語るのか」（同3章）と述べ、自然の背後にあってその運行のすべてを計画している神の存在を懐疑していたからである。

　要するに、『テス』は支配階級にとって好都合な宿命論的イデオロギー

——異教的「迷信」と「予定論」的キリスト教を貫いているイデオロギー——を反映しているだけではなく、それを批判的に客体化する登場人物や語り手をとおして、支配的イデオロギーの虚偽性を暴く契機をも内包しているということであり、また、ケトルが説得的に論証しているように、とくに語り手をとおして宿命論的にではなく階級論的に（唯物論的に）世界を解釈するためのマルクス主義的なイデオロギーも提示しているということである（1882年に最初のマルクス主義団体の結成を見た1880年代のイギリスは、マルクス主義の興隆期にあたっていた）。

　結論としていうならば、現在の（アルチュセール以降の）マルクス主義批評は、「上部構造」としての文学作品が経済的「土台」によって直接的・絶対的に決定されるとは考えず、ある程度自律性をもっていると考えている。したがってそれは、文学作品を、もはや支配的なイデオロギー——諦念へと誘う宿命論——のみが支配している場としてではなく、被支配的な階級のさまざまなグループのさまざまなイデオロギー——宿命論の虚偽性を暴露するマルクス主義はその一例——も同時に存在し、それらが相互に覇権(ヘゲモニー)を求めて闘争している場として想定している。

　社会にはさまざまなイデオロギーが相克しつつ存在している。文学作品のなかにもそれと同じ状況があるのであり、マルクス主義批評は、文学作品のなかで、階級にかかわるさまざまな不可視のイデオロギーが相互に闘争しているさまを可視化させつつ分析する批評的立場にほかならない。そういうものとしてマルクス主義批評は、作家の意識／無意識としての文学作品のなかに「反映」されている支配階級のイデオロギーの構造を暴露し、もしもその必要があれば、その虚偽性を批判するだけでなく、そこに潜在的にあらわれているさまざまな対抗的なイデオロギーの可能性を垣間見させるものともなるのである。

》》注

注1）　サウス・ウェセックスは現実の州ドーセットシャーに対応する。ハーディの作品の舞台となるドーセットシャーとその周辺の土地は、現実の土地と厳密に対応しながら、架空の地名をあたえられている。

注2）　「搾取」はマルクス主義のキーワードのひとつ。他者の労働の一部を私有化することを意味する。また、ある社会階級による他の社会階級の「搾取」の結果として、労働者が労働の性質と目的の全体を把握できないような、断片的・反復的な仕事をさせられる状態のことを「疎外」といい、前工業的・家内工業的な手工業システムから近代産業資本主義への移行において、そのような「疎外」が起きた結果、労働者は「物象化」（＝十全な人間性を奪われ、「手」や「労働力」に還元されること。ヒトがモノになるということ）の過程を体験することになるのである（バリー、2014、p.184）。

注3）　このセクションは、丹治愛編著（2003、第5章）の一部を、適宜変更・短縮したものである。

引用参考文献

- Weber, Carl J. (1938), "Chronology in Hardy's Novels", *PMLA*, Vol.53, No.1, pp.314-320
- イーグルトン，T.（1980）『文芸批評とイデオロギー――マルクス主義文学理論のために』高田康成訳、岩波書店
- ケトル，アーノルド（1974）『イギリス小説序説』小池滋訳、研究社出版
- 丹治愛編著（2003）『知の教科書　批評理論』講談社選書メチエ［丹治愛・佐藤元状「不可視の階級闘争をあぶり出せ――マルクス主義批評」を収める］
- ハーディ，トマス（1960）『テス』上・下、井上宗次・石田英二訳、岩波文庫
- バリー，ピーター（2014）『文学理論講義』高橋和久監訳、ミネルヴァ書房
- マルクス（1956）『経済学批判』武田隆夫他訳、岩波書店
- マルクス／エンゲルス（1971）『共産党宣言』大内兵衛・向坂逸郎訳、岩波文庫
- 森松健介（2006）『テクストたちの交響詩　トマス・ハーディ14の長編小説』中央

大学出版部

学習課題

1　ピーター・バリー『文学理論講義』のなかのマルクス主義批評の章（第8章）を読み、マルクス主義批評の概要を確認しよう。
2　ヴィクトリア朝イギリスがどのような階級制度をもっていたか、リサーチしてみよう。
3　アーノルド・ケトル『イギリス小説序説』のなかの『テス』論（第4部4章）を実際に読んでみて、どこにマルクス主義批評の特徴が見られるかを確認してみよう。
4　『イギリス小説序説』の他の章であつかわれている他の作品（とくに『嵐が丘』）の解釈を読んで、どこにマルクス主義批評の特徴が見られるかを確認してみよう。

11 | フェミニズム批評（1）
―― 家父長制的イデオロギーの暴露

丹治　愛

《**目標＆ポイント**》　フェミニズム批評の歴史的諸段階をたどるとともに、フェミニズム批評がマルクス主義批評と理論的立場を共有していることを確認したうえで、男性作家の提示する家父長制的な女性表象の構築性と類型性を暴露する初期のフェミニズム批評の実践について、『テス』を材料にしながら解説する。さらに、そのようなフェミニズム的実践をするハーディが家父長制的類型性に堕していることを指摘する論文を紹介する。
《**キーワード**》　フェミニズム批評、セックスとジェンダー、本質主義と構築主義、女性表象、家父長制的イデオロギー

1. フェミニズムの歴史

　本章では、二つめの政治的・イデオロギー的批評として、フェミニズム批評をとりあげる。マルクス主義がマルクスの思想（世界観・歴史観）にもとづいて、階級を軸にして文学作品のなかに隠れている支配・被支配の力学やイデオロギー的闘争を分析するものであるとすれば、フェミニズム批評は、性差を軸にして文学作品のなかに隠れている支配・被支配の力学やイデオロギー的闘争を分析するものであると言えるだろう。フェミニズム批評は性差に適用されたマルクス主義批評と言っていいほど、基本的な理念と方法論においてマルクス主義に多くを負っている。
　英語圏における文学批評としてのフェミニズム批評は1970年に本格的に開始される（その記念碑的著作はケイト・ミレット『性の政治学』

である)が、しかしそのときに突然出現したものではない。基本的な理念と方法論においてマルクス主義に多くを負っていると述べたが、フェミニズム独自の思想については、メアリ・ウルストンクラフト『女性の権利の擁護』(1792年刊)以来の女性解放運動としてのフェミニズム運動の長い歴史からも多くの洞察をうけとっている。具体的な著作をあげれば、たとえばジョン・スチュアート・ミル『女性の解放』(1869年刊)、フリードリッヒ・エンゲルス『家族の起源』(1884年刊)、オリーヴ・シュライナー『女性と労働』(1911年刊)、ヴァージニア・ウルフ『自分ひとりの部屋』(1929年刊)、シモーヌ・ド・ボーヴォワール『第二の性』(1949年刊)などである。

　英語圏におけるフェミニズム運動の歴史は三回の大きな流行の波を体験している(本書では1990年代以降の第三波については触れない)。第一波は19世紀なかばから20世紀初頭にかけて展開された運動であり(英語圏において「フェミニズム」という言葉が使用されることになったのは1890年代のこと)、女性参政権に象徴される法的な男女平等の実現を主要な目的とするものだった(男女の不平等は、[結婚後の]財産権、親権、離婚請求権といった問題にもあった)。第一波フェミニズム運動は、第一次大戦(1914-1918年)の勃発、ならびに戦時中の女性の家庭外での活躍による女性参政権の実現(イギリスでは1918年、アメリカでは1919年)以後、下火になる[注1]。

　これにたいして、1960年代以降に活発化した第二波フェミニズムは、アメリカを中心にしてウーマン・リブという新しい運動形態をきっかけに活発に展開され、(生物学的概念としてのセックスにたいする)「文化的に構築された性別」としてのジェンダーの視点をとりこみながら、法的平等の徹底とあわせて目に見えにくい社会的・文化的な性差別の撤廃も求めていく。それは、性的差異のほとんどが、生来的に決定された本

質的なものではなく、たとえば教育などをとおして構築された後天的なものである（したがって変更可能である）という立場に立っている。

　歴史的にいえば、その立場は、ウルフが『自分ひとりの部屋』のなかで、女性が偉大な作家を生み出していくためには「年収500ポンドと自分ひとりの部屋」（ウルフ、2015、p.196）という環境が必要であると述べることによって、また、ボーヴォワールが『第二の性』において、「人は女に生まれるのではない、女になるのだ」（ボーヴォワール、2001、p.12）と述べることによって用意されていったものだった。

　したがって、19世紀から現在までのフェミニズムの歴史は、大きな流れとしては、女性は男性と生来的に異なっていると主張する本質主義を批判的に検証しながら、女性が男性と異なるとしてもその差異のほとんどは環境によって構築される社会的文化的な差異にすぎないと主張する構築主義的な傾向を拡大していくプロセスとして要約することができるだろう。

2. フェミニズム批評——文学のなかの女性表象を批判

　フェミニズム批評は1960年代の第二波フェミニズムの直接の産物として出現する。その結果、それはまず、構築主義的な立場から、「家父長制」的なイデオロギー、すなわち男性と女性の両者に根づく性的不平等を永続させる文化的な力を暴露することをその仕事の内容とすることになる。たとえばミレットがD. H. ロレンスやヘンリー・ミラーやノーマン・メイラーの性差別主義を批判したときのように、男性作家の著作（アンドロテクスト）のなかにある性差別的な女性表象の構築性、あるいは類型性（ステレオタイプ）を批判的に暴き出すことに向けられることになる。

　たとえば『テス』の女性表象のなかに、どのような「家父長制」的なイデオロギーの痕跡を認めることができるだろうか。典型的な場面を紹

介しよう。ひとつは、出会ってから間もないころの早朝、テスとエンジェルがふたりだけで戸外にいる場面。二つめは、テスとエンジェルが結婚式をあげた日の夜、過去の異性関係を告白したエンジェルに、テスがアレクとの性的関係を告白した直後の場面である。

It was then（...）that she impressed him most deeply. She was no longer the milkmaid, but a visionary essence of woman——a whole sex condensed into one typical form. He called her Artemis, Demeter, and other fanciful names, half-teasingly—— which she did not like because she did not understand them.（Hardy, 2008, p.146）

彼女が彼に最も深い感銘をあたえたのは、この時だった。彼女は、もはや乳しぼりの娘ではなくて、幻の女の精——全女性が結集された一つの典型的な姿——であった。彼は、からかい半分に、アルテミスとか、デメターとか、その他気まぐれな名で彼女を呼んだが、彼女は意味がわからないので、それを好まなかった。（ハーディ、1960、20章）

"Having begun to love you, I love you for ever——in all changes, in all disgraces, because you are yourself. I ask no more. Then how can you, O my own husband, stop loving me?"
"I repeat, the woman I have been loving is not you."
"But who?"
"Another woman in your shape."
She perceived in his words the realization of her own apprehensive foreboding in former times. He looked upon her as a

species of impostor; a guilty woman in the guise of an innocent one. Terror was upon her white face as she saw it;（...）

His air remained calm and cold, his small compressed mouth indexing his powers of self-control（...）. Nothing so pure, so sweet, so virginal as Tess had seemed possible（...） up to an hour ago; but

The little less, and what worlds away!（Hardy, 2008, pp.248-249 & 254）

「あなたを愛しはじめた以上、あたしはあなたを永久に愛します——どんな変化が起こっても、どんな屈辱を受けても。だって、あなたに変わりはないんですもの。それ以上のものを、あたし、求めはしません。では、どうしてあなたは、ああ、あたし自身の夫であるあなたは、あたしを愛さなくなるなんてことがおできになりますの？」
「もう一度言うが、ぼくの愛していた女は、きみではないんだ」
「でも、それじゃ、だれなんです？」
「きみの姿をした別の女だ」
　彼のことばのうちに、彼女は、かねてから案じていた予感が実現したのを認めた。彼は、彼女を一種の詐欺師、無邪気な女の仮面をかぶった罪深い女と見なしているのだ。そう悟ったとき、彼女の白い顔に恐怖の色が現われた。［中略］
　彼の態度は静かで冷やかであり、小さな、きっと結んだ口もとは自制力を示していた。［中略］一時間前までは、テスほど清らかでやさしく、清純なものは、あり得ないように思われていたのだ。だのに、

わずかに欠けただけで、なんという変わりかただろう！[注2]（ハー

ディ、1960、35章)。

　第一の引用において、エンジェルは、テスをギリシア神話の貞潔の女神や豊穣の女神の名で呼びながら、「幻の女の精──全女性が結集された一つの典型的な姿」として理念化しているが、このような理念化は、彼がはじめてテスの存在に気づいて、「なんというすがすがしい清純な『自然』の娘なんだろう！」(同18章)とつぶやいたとき以来のものである。語り手が説明しているように、「近代的な都会生活に対するうち勝ちがたい、不条理といってもいいほどの嫌悪の情を抱いていた」(同18章)彼は、田園地帯で出会ったテスのまわりに「清らかでやさしく、清純な」女性像を結晶化させたのである。

　しかし、その理念化はテスの告白によって完全に瓦解し、それどころか、以後、エンジェルにとってテスは「無邪気な女の仮面をかぶった罪深い女」となる。自分自身が婚姻外の性的体験を告白し（テスに許され）ていながら、まったく同じ告白を聞かされた途端、「男というものについて、なんにも知らない」「子供だった」(同35章)という言い訳に耳を傾けることもなく、エンジェルはテスをひとり残してブラジルに旅立つのである。

　しかもエンジェルは残酷な人間として性格造形されているわけではない。むしろ「贖罪主義（redemption theolatry)」(人類の原罪はキリストの十字架上の死によって贖われたとする教義)や、英国国教会の信仰箇条「第四条」(キリストが復活したとする教義)(同18章)といった、キリスト教の「神秘主義の信条」(同49章)にかんする懐疑から、牧師になることを拒絶するほどに進歩的で、良心的な若者として造形されている。アーノルド・ケトルは、このようなエンジェルが「自分の告白と彼女の告白との類似性に少しも思い及ばぬほど、それほどひどく道徳的

に鈍感な男であったとは、どうも納得がゆかない」（ケトル、1974、p.248）と記し、それをハーディの性格造形の破綻の一例として解釈している。

しかし、ほんとうにこれは性格造形の破綻なのだろうか。たとえばハーディは、「この進歩した、良心的な若者は［中略］いまだに習慣と因襲の奴隷だった」（ハーディ、1960、39章）と書いているが、その言葉は、「習慣と因襲」というイデオロギー的力が、一見残酷と見えるエンジェルの言動の背後に働いていることを示唆するためのものではなかったのだろうか。階級社会のなかにある経済的差別（貧富の差）を正当化するイデオロギーと対応する、家父長制的な社会のなかにある性差別を正当化するイデオロギー——これこそがフェミニズム批評が発見した独創的な観点にほかならない。

3. ヴィクトリア朝の女性表象

たとえば『テス』が書かれたヴィクトリア朝（1837-1901）において、女性が本質的にどのような存在として表象されていただろうか。その女性表象をひと言であらわすとすれば、みずからの妻——「その人のお蔭で、その人のためにわたしが詩人になった女性」——を理想的女性として謳ったコヴェントリー・パトモア（Coventry Patmore, 1823-1896）の一連の詩（1854-1862年刊）のタイトル「家庭の天使（The Angel in the House）」という語句に凝縮されるだろう。男性が肉欲に苛まれる存在だとすれば、女性はそのような劣情を超越した「天使」のような存在として表象されていたのである。そのような表象の典型は、1850年前後のラファエル前派の絵画のなかにも発見することができる——たとえばダンテ・ゲイブリエル・ロセッティ『受胎告知』、チャールズ・コリンズ『尼僧院の想い』など。

女性は性欲をもたない「天使」であるといういわゆる「無性欲の神話（the myth of passionlessness）」は、1850年代の著名な医師であるウィリアム・アクトン『生殖器官の機能と疾患』（1857年刊）のなかでは科学的表現さえあたえられている——「大多数の女性は（彼女たちにとって幸福なことに）いかなる種類の性的感情によってもあまり煩わされることはない」「概して慎み深い女性はみずからのために性的満足を求めることはほとんどない」[注3]。それはもちろん女性の理想化であり、露骨

図11-1　尼僧院の想い（チャールズ・コリンズ）ユニフォトプレス

な性差別のようには見えない。しかしそのような表象の結果、女性はみずからの性欲を激しく抑圧することを迫られ、その結果として、クリトリス切除手術を受ける女性もあらわれたという。空恐ろしいイデオロギーの力と言うべきか。

　作者のみならずジャンル（文学・絵画・科学など）をも異にする、1850年前後のいくつかのテクストに共通の女性表象が刻みこまれているということは、そこに女性にかんする表象を方向づけるイデオロギーが存在していたということを意味するだろう。そしてそのようなイデオロギーのもとで「天使」たることを期待されながら成長していくヴィクトリア朝の女性は、結婚後は「家庭の天使」となり、家庭外で精神的に疲弊し堕落する夫を献身的に導き支える妻であるとともに、従順に両親に仕える娘であり、子どもを育てる慈しみ深い母ともなるよう期待／強

制されるのである。

　しかもそのような男女の役割分担は男性と女性の生来的本質によって決定されたものとして自然化される。ジョン・ラスキンが『ごまとゆり』（1865年刊）において述べているように、「男性の知性は思索と発明にむいていますし、その精力は冒険に戦争にまた征服に［中略］むいています。ところが、女性の力能は戦闘でなく統治にむき、女性の知性は発明や創造にではなく、気持ちのよい秩序、整頓および決定にむいています」。したがって、「男性は世間での荒仕事」を担い、「家のなかは女性に統治される」のがいいというのである（五島茂編、1979、p.242）。

　しかし「天使」という女性像は、その影として——『屋根裏の狂女（The Madwoman in the Attic)』（1979年刊）におけるサンドラ・ギルバートとスーザン・グーバーの言葉を用いれば、その「分身」として——もうひとつの女性像をかかえている。「妖怪（monster）」ないし「魔女」としての女性像である（ギルバート／グーバー、1986、pp.25-63）。ここではその世紀末的表象として2種類の女性表象をあげておく。

　ひとつは、伝統的な女性とは異なる生き方——高等教育、職業、参政権といった権利を求めること、および／または、結婚を拒絶すること——のために自己主張的な〈声〉をあげる「新しい女（New Woman）」という表象であり、その典型は、1889年にロンドンで上演された、ノルウェイの劇作家イプセンの社会劇『人形の家』（1879年刊）のなかで、自立のために夫も子も捨てて家を出ていくノラである。

　もうひとつは、性的なものから超越している清純な「天使」とは対照的に、性的魅力／魔力によって男性を破滅へと誘惑する悪魔的で妖怪的な「宿命の女（Femme Fatale）」という女性表象である。英文学におけるその典型は、オスカー・ワイルドが新約聖書の挿話を一編の劇へと仕上げた『サロメ』（1891年刊）のヒロインである。すなわち、ガリラ

ヤの領主である義父ヘロデ・アンティパス（母ヘロディアの再婚相手）に、官能的な舞踊の褒美として「銀の盆にのったヨカナーン（洗礼者ヨハネ）の首」を所望し、その首に口づけするサロメである[注4]。

世紀末においては、自己主張的な声も性的感情ももたない清純な「家庭の天使」と「妖怪」——声をもつ「新しい女」と官能的な「宿命の女」——が並存していたということである。いや、社会のなかに2種類の女性が並存していたというだけではない。ひとりの「天使」的な女性

図11-2 The Dancer's Reward（オーブリー・ビアズリー）ユニフォトプレス

のなかに「妖怪」が同居しているのかもしれないのである——「妖怪は実際には天使の内部に（あるいは下半身に）巣く」っているのかもしれない（ギルバート／グーバー、1986、p.42）。

そのことを示す典型的作品はブラム・ストーカー『ドラキュラ』（1897年刊）である。そのなかでルーシー・ウェステンラは、ドラキュラに血を吸われ、「家庭の天使」から官能的な「宿命の女」におぞましく変貌する。職業的知性をもつ「新しい女」として登場するミーナ・マレーのほうは、ジョナサン・ハーカーと結婚することによって夫を献身的に支える「家庭の天使」となったのちドラキュラに血を吸われ、「宿命の女」へと変貌しかけるものの、落命するまえにドラキュラが退治されることによって「家庭の天使」へと救済され母になる。いずれにしろ、ふたりとも「天使」の表面の下にある「妖怪」性をドラキュラによってめざめ

図11-3 宿命の女（ジョン・ウィリアム・ウォーターハウス）ユニフォトプレス

させられる官能的瞬間を体験する女性たちである。

　要するに、女性にかんする「無性欲の神話」という家父長制的なイデオロギーのもとでは、女性は「天使」か「妖怪」か、そのいずれかになるということなのである。性的感情も個性的な声ももたない「天使」を女性の本質として受け入れることを強制されたヴィクトリア朝の女性は、女性の自然のなかに存在している性的感情と個性的な声を抑圧することに失敗する瞬間、そして少しでもその存在を露わにする瞬間、女性の本質から逸脱した「妖怪」という烙印を押される運命をあたえられていたのである。

　テスの告白の場面が表現していたのは、家父長制的な社会のなかに生きるそのような女性の運命にほかならない。「天使」と「妖怪」のあいだにあるべき「人間」としての女性は家父長制の鏡には映らない。家父長制のなかで「人間」であることは「男性」だけに認められる特権にほかならない。

4. 家父長制的イデオロギーのあぶり出し

　こうして、男性作家の作品を対象とするフェミニズム批評は、「男性作家が女性のために生み出した『天使』と『妖怪』という極端に分化したイメージ」（ギルバート／グーバー、1986, p.25）を批判的にあぶり

出す。フェミニズム批評の立場からすれば、エンジェルが示す以下の態度のすべてが典型的な家父長制的反応ということになるだろう。

(1) テスを「天使」のような「清純な『自然』の娘」として理想化すること
(2) 彼女の過去の性的体験を聞いた途端、彼女を「妖怪」的な「罪深い女」と見なすこと
(3) 男性に甘く、女性に厳しい二重基準(ダブル・スタンダード)に従って、自分自身の婚姻外の性的体験については棚あげしてしまうこと
(4) 懸命に愛をつなぎとめようと〈声〉をあげるテスを、「やめなさい、テス。議論はやめなさい」(ハーディ、1960、35章)と冷淡に拒絶すること

このようなかたちで文学テクストに刻まれている家父長制的イデオロギーをあぶり出すことがフェミニズム批評の作業のひとつとなる。

しかし、ここでひとつの問題が生じる。ミレットはたとえばヘンリー・ミラーの作品のなかにあらわれる女性表象のなかに、ミラーの意識(と無意識)が家父長制的イデオロギーに浸潤されている痕跡を認め、そのことを批判しているが、ハーディの場合、ことはそれほど単純ではない。というのは、ハーディはたしかにエンジェルの無意識的な家父長制的反応を描いているが、そのようなエンジェルの無意識がハーディの意識(と無意識)のあらわれとは言えないからである。むしろ、ハーディは家父長制的イデオロギーにとらわれているエンジェルの無意識を批判するために、それを意識的に描出しているからである。

そのことは、たとえば以下の語り手のコメントから窺えるだろう。処

女性を奪われてアレクの屋敷からマーロットの家へともどってきたテスが罪悪感にかられている様子が描写されている場面である。

But this encompassment of her own characterization, based on shreds of convention, peopled by phantoms and voices antipathetic to her, was a sorry and mistaken creation of Tess's fancy——a cloud of moral hobgoblins by which she was terrified without reason. It was they that were out of harmony with the actual world, not she. Walking among the sleeping birds in the hedges, (...) she looked upon herself as a figure of Guilt intruding into the haunts of Innocence. (...) [But she] had been made to break an accepted social law, but no law known to the environment in which she fancied herself such an anomaly. (Hardy, 2008, pp.97-98)

くだらぬ因襲にもとづいて彼女が自分で作ったこの環境——彼女の大嫌いな幻影や声に満ちている——は、テスの空想が生んだ、悲しい間違った創造物——彼女が理由なくして脅えていた道徳のお化けの群であった。現実の世界と調和しないのはそれらであって、彼女ではなかった。生垣に眠っている小鳥たちのあいだを歩きながら［中略］彼女は自分を、『罪なき者』の住所へ侵入する『罪ある者』と見なした。だが、［中略］彼女は一般に認められている社会の掟(おきて)を余儀なく破る羽目に陥りはしたが、その中で自らを勝手に異分子だと考えている、この自然の環境に通用する掟を、けっして破りはしなかったのだ。（ハーディ、1960、13 章）

ここで語り手は、テス自身が家父長制的イデオロギー（「道徳のお化

けの群」とそれにもとづく「社会の掟」)によってみずからを「罪ある者」と見なし苦しんでいるものの、その「社会の掟」が「自然の環境に通用する掟」とは異なる「くだらぬ因襲」であると断じることによって、たとえ処女性を失ったとしても、それはテスが「清純な女性」(この作品の副題)でなくなったということではないと強調しているのである。このような語り手の存在は、テクストからあぶり出される家父長制的イデオロギーを、ハーディが批判的な目でながめていることを明確に示すものだろう。

　とはいえ、より鋭敏なフェミニズム批評は、そのようなハーディの無意識のなかにさえ浸潤している家父長制的イデオロギーをあぶり出そうとするだろう。そのような批評の一例として、坂田薫子の「『ダーバヴィル家のテス』と「レイプ神話」」(日本ハーディ協会編、2007)を紹介しよう。「レイプ神話」というのは、『レイプ・踏みにじられた意思』(1975年刊)の著者スーザン・ブラウンミラーによれば、レイプにかんして「男たちが作った」神話で、4つの「格言」ないし決まり文句からなる——①「すべての女はレイプされたがっている」、②「女にその気がないのにレイプされることは有り得ない」、③「女の方から誘いをかけたのだ」、④「どうせレイプされるのなら、抵抗せずに楽しめばいい」。

　坂田によれば、リウィウスの『ローマ史』(紀元前17年刊)において、セクストゥスによるルクレティアのレイプは、加害者対被害者という「善悪の区別が歴然としており」、「『レイプ神話』はまだ存在していない」。しかしシェイクスピアの『ルクリースの陵辱』(1594年刊)は、被害者であるルクリース[ルクレティア]を、そのセクシュアリティによって男性を誘惑した「無意識な誘惑者に位置付け」ることによって、そしてサミュエル・リチャードソンの『クラリッサ』(1747-1748年刊)は、クラリッサを「半意識の誘惑者に位置付け」ることによって、「レ

イプ神話」を後押しすることになる。しかし、『クラリッサ』においても、ラヴレイスは、クラリッサを「薬で意識を失わ」せたうえで犯しているのであり、両者の「関係が合意だったのではないかという示唆はまだテクスト内には存在していない」。

　それにたいして『テス』においては、テスとアレクとの性的関係は「合意だった可能性がほのめかされ、犯罪としてのレイプの存在が否定されるところまで」進んでいる。というのは、第一に、そこではレイプを誘発したテスの「肉体・セクシュアリティ」が強調されている——たとえば、「最も情熱に欠けている若者［エンジェル］にとってさえ、彼女の赤い上唇の真ん中が少し持ち上がっているあの様子は、心を掻き乱し、理性を失わせ、気を狂わせた」（ハーディ、1960、24 章）。そしてアレクにいたっては、数年後に再会したテスに、「お前の魅力と態度で俺を二度と誘惑しないと誓え」と迫る（同 45 章）——「男性の意思（理性）に反して彼らを不浄な性行為へと導くのは、女性の呪われた肉体なのだという西洋キリスト教文明観」を体現するかのような女性蔑視的な態度である。

　テスとアレクの合意が示唆される第二の理由は、そのとき実際に何が起こったのか、語り手には語る機会が何度もあったにもかかわらず（事件が起こった瞬間にしろ、テスが結婚前に告白の手紙を書いたときにしろ、初夜に告白したときにしろ）、テクストは「空白」のままでありつづけていることである。もちろん、性的な描写をタブーとするヴィクトリア朝の「文学的因習」がそれを許さなかったということはあるだろう。しかし『クラリッサ』においては、「レイプ事件そのものの詳細な描写は一切行われていない一方で」、「暴行」（258 番）、「略奪」（259 番）、「レイプ」（261 番）という表現が使用されている[注5]。それにたいして『テス』においては、そのような表現がないどころか、その出来事のあと、

テスは「数週間アレクのもとに留まって関係を重ねていたという事実」が伝えられ、「テスの側に同意が存在していた可能性」が強烈に示唆されてさえいるのである。

　さらにいえば、ハーディは「1891 年版ではテスにお酒（薬）を飲ませて彼女の意識を失わせていたが、1892 年版以降は」「疲れから眠っているだけで意識を失ってはいない」という設定に変更していた[注6]。ヴィクトリア朝の「レイプ裁判において、女性がお酒などを飲んでいて意識がないと、被告側が原告の女性の同意があったことを証明できないため、性行為はレイプとみなされた」[注7]という状況のなかで、ハーディはあえて合意性を強めるテクスト変更を行っていたのである[注8]。

　以上を踏まえて坂田は、男たちによって構築された「レイプ神話」をなぞるかたちで、物語のヒロインとしてのテス（誘惑する官能的な女性）、および物語の中核的出来事としてのレイプ（合意のうえの性行為）を表象しているとして、家父長制的イデオロギーに浸潤されている男性作家としてのハーディを批判する。

　　当時のレイプ裁判報道［中略］の意図と効果について詳しい分析を行っているジョーンズによると[注9]、レイプ裁判を報道する新聞が書き立てるのは、「女が男を誘う」というセクシュアリティ観の方であり、女性の側がレイプを招いたのだと犠牲者の態度を責め、女性のセクシュアリティがいかに男性たちにとって危険なのかという忠告［をあたえるためだった］。ハーディの行き過ぎたテスのセクシュアリティ描写は、アレックのレイプ行為を致し方ないものと放免する根拠を与えかねず、当時のレイプ裁判報道に結び付くもの［だった］。このように、性に関する当時の考え方に照らし合わせてみると、ハーディは［中略］「レイプ神話」の発展に大きく貢献してしまっている

のである。(日本ハーディ協会編、2007、p.301)

　なぜハーディは、「清純な女性」としてテスを表象しようと意図しながら、彼女にとってはじめての性行為を暴力的なレイプ事件としてではなく、女性側にある程度の合意があったという前提での誘惑事件と解釈できるかたちで描写したのか。家父長制的イデオロギーが彼の意図を裏切っているということなのか。それとも、ハーディは、女性にとって抑圧的な「家庭の天使」像とは異なる、セクシュアルな身体性と「性的感情」をあわせもった生身の人間としての新しい「清純な女性」を造形しようとしたということなのか。
　『テス』をめぐるフェミニズム批評は、家父長制的イデオロギーの内部にとらわれている男性作家と、そのイデオロギーを批判の対象として客体化する男性作家という、二様のハーディの姿を浮かびあがらせている。論証できるかぎり、どちらのハーディも『テス』読解の正当な結果である。

》注
注1）　フェミニズムの運動も文学批評も、イギリス、アメリカ、フランスの三国にかぎってさえそれぞれ異なった展開を示しているし、批評の傾向もそれぞれの国で特徴を異にしている。しかしここでは相互の相違を詳述するよりも、相互の共通性に注目しながら、フェミニズム批評の全体的理念・主題・方法論を提示していく。

注2）　ロバート・ブラウニング（Robert Browning）「炉辺にて（By the Fireside）」からの引用。

注3）　William Acton (1865), *The Functions and Disorders of the Reproductive Organs in Childhood, Youth, Adult Age, and Advanced Life Considered in their Physiological Social, and Moral Relations*（Lindsay & Blakiston), pp.133 & 134.

注4）　ワイルド（2012）『サロメ』平野啓一郎訳、光文社、p.66. サロメは歴史上

さまざまな画家によって描かれたが、とくにワイルドの『サロメ』のための挿絵として描かれたオーブリー・ビアズリーの絵が有名であろう。サロメのほかにも「宿命の女」は世紀末の美術のお気に入りの主題となった。
注5）『クラリッサ』はジャンル的には書簡体小説であり、数字は何番目の書簡であるかを示している。
注6）1891年の版では、アレクは、「少しだけ［寒い］」と言うテスに「薬瓶」に入っている蒸留酒を無理矢理飲ませるが、1892年の版では、「自分の着ていた軽い外套」をかけるだけである（ともに11章）。
注7）ここで坂田は、Martin J. Wiener（2004）, *Men of Blood: Violence, Manliness, and Criminal Justice in Victorian England*（Cambridge UP）, pp.111-113 を参照している。ただし、ペンギン版の注によれば、（酒を飲んでいたかどうかにかかわらず）「眠っている女性は性行為の合意をあたえることはできないという法的前提」があったという（See William A. Davis, Jr（1997）, "The Rape of Tess: Hardy, English Law, and the Case for Sexual Assault" *Nineteenth-Century Literature* 52', 229 and ff）。坂田の議論は、この点では若干の補足的説明が必要かもしれないが、合意性が強化されているという全体的論旨は揺るがない。
注8）テスが当時の合意年齢（法的に性行為の同意能力があるとされる年齢の下限）である16歳をわずかにでも超えていたという設定もそのためだろう。
注9）Joanne Jones（2000）, "She resisted with all her might': legal and public perceptions of sexual violence in Victorian England, 1850-1890", *Everyday Violence in Britain, 1850-1950: Gender and Class*, ed. Shani D'Cruze（Pearson Education）, pp.89-103.

引用参考文献

・Hardy, Thomas（2008）, *Tess of the d'Urbervilles*, eds. Juliet Grindle and Simon Gatrell（Oxford UP）
・ウルフ，ヴァージニア（2015）『自分ひとりの部屋』片山亜紀訳、平凡社
・ギルバート，サンドラ／グーバー，スーザン（1986）『屋根裏の狂女－ブロンテと共に』山田晴子・薗田美和子訳、朝日出版社

- ケトル，アーノルド（1974）『イギリス小説序説』小池滋訳、研究社出版
- 五島茂編（1979）『世界の名著52　ラスキン／モリス』木村正身ほか訳、中央公論社
- ストーカー，ブラム（2000）『ドラキュラ』新妻昭夫・丹治愛訳、水声社
- ダイクストラ，ブラム（1994）『倒錯の偶像　世紀末幻想としての女性悪』富士川義之ほか訳、パピルス
- 日本ハーディ協会編（2007）『トマス・ハーディ全貌』音羽書房鶴見書店、［坂田薫子「『ダーバヴィル家のテス』と「レイプ神話」」（pp.288-305）を収める］
- ハーディ，トマス（1960）『テス』上・下、井上宗次・石田英二訳、岩波文庫
- ボーヴォワール，シモーヌ・ド（2001）『決定版　第二の性Ⅱ体験　上巻』『第二の性』を原文で読み直す会訳、新潮文庫
- ミレット，ケイト（1985）『性の政治学』藤枝澪子訳、ドメス出版

学習課題

1　ケイト・ミレット『性の政治学』を図書館などで借りて、著者が男性作家の性差別主義的な描写をどのように批判しているか、確認しよう。

2　インターネットでDante Gabriel Rossetti, *Ecce Ancilla Domini!* (*The Anunciation*)（1850）; Charles Collins, *Convent Thoughts*（1851）を検索して、色彩（たとえば白）やイメージ（たとえば百合の花）のシンボリズムが何を表象しているか確認しよう。

3　インターネットでJohn William Waterhouse, *La Belle Dame Sans Merci*（1893）; John William Waterhouse, *Hylas and Nymphs*（1896）; Frank Cadogan Cowper, *La Belle Dame Sans Merci*（1905）を検索して、この三幅の絵画が女性をどのように表象しているか確認しよう。

4　坂田薫子の論文「『ダーバヴィル家のテス』と「レイプ神話」」を図

書館などで借りて、全体を通読し、自分なりにその論旨を確認しよう。
5　ヴィクトリア朝の女性観が現代にはどのように変容しているか、あるいは変容していないかを考えてみよう。

12 フェミニズム批評(2)
―― ガイノクリティシズム

丹治　愛

《目標&ポイント》 男性作家の作品（アンドロテクスト）における女性表象の類型性を批判するかわりに、女性作家の作品（ガイノテクスト）に特有の主題・イメージ・文体に注目する1980年代のガイノクリティシズムをあつかう。それがフェミニズム批評にどのような新しい観点を加えたかを概観するために、時代を異にする三人の女性作家に共通するひとつのイメージを追跡するとともに、女性の文学史の可能性を提示する。
《キーワード》 ガイノクリティシズム、屋根裏の狂女、正典（canon）の見直し、女性自身の文学（女性の文学史）

1. ガイノクリティシズム

　第11章であつかったように、1970年に本格的に登場してきたフェミニズム批評は、男性作家によって構築された類型(ステレオタイプ)的な女性表象と、それを構築している家父長制的イデオロギーを暴露し批判することに批評的関心を向けていた。しかし1980年前後から、フェミニズム批評の関心の中心は、男性作家の作品（アンドロテクスト）から女性作家の作品（ガイノテクスト）へ移行していく。このようなフェミニズム批評は、その中心的推進者エレイン・ショウォルターによって「ガイノクリティシズム」と呼ばれており、具体的には、以下がその二つの柱となる。

　(1) 男性作家の作品のなかの女性表象を批判するよりも、女性作家の

作品に特有の特質——主題、文体、ジャンル、構造など——を探求し、抑圧された女性の経験をあぶり出す
(2) 家父長制的イデオロギーのもとで看過されてきた女性作家たちを発見し、その女性作家たちの著作をフェミニズム的な観点から発掘し正典（canon）化して、新しい文学的伝統（＝文学史）を構築する

この二つは相互に連動しあって進んでいる。女性作家の文学が男性作家のそれと別種の特質をもっていることが発見されることによって、それまで男性が人間の観念をより普遍的に表象するという家父長制的な前提で女性の著作が排除されてきた文学史的記述（文学批評の二重基準！）に、フェミニズム的な観点から重要と評価されうる女性作家の作品が追加される。あるいは、男性作家中心の文学史とは離れて女性作家の文学的伝統が発見され、女性作家の文学史が構築されていく。そのような作業の代表的著作がショウォルターの『女性自身の文学』である[注1]。

ショウォルターは、『女性自身の文学』（ショウォールター、1993、p.9）や「フェミニズム詩学に向けて」（ショーウォーター、1990a、pp.144-147）のなかで、女性作家の文学史を三段階に区分している。

(1)「女性的（Feminine）」段階（1840-1880）。女性作家が「支配的な［＝男性的］な伝統のもっとも一般的な様式」を「模倣」しその達成と対等であろうと努力し、その芸術基準と社会的役割に関する男性的文化の前提を「内面化」しようとする「模倣（imitation）」と「内面化（internalization）」の段階
(2)「フェミニスト的（Feminist）」段階（1880-1920）。女性作家が、「女性的な」従順な姿勢を拒否し、男性の基準と価値観に「抗議

(protest)」し、自立への要求をはじめとする女性の権利と価値観を擁護する段階
(3)「女の (Female)」段階 (1920-)。女性作家が模倣と抗議——という依存の二形態——を拒絶し、自立した女性文学のよりどころとして「女の体験 (female experience)」に依拠しつつ、自己のアイデンティティを探求する「自己発見 (self-discovery)」の段階

　フェミニズム批評的な正典の見直し以前にも、男性的（=「人間的」）基準に照らして「偉大」と評価される女性作家がいた。英文学を例にとれば、ジェイン・オースティン、シャーロット・ブロンテ、エミリー・ブロンテ、ジョージ・エリオットといった作家たちである。ショウォルターは、「職業としての創作意欲と女性としての立場とがもろにぶつかり合うことを認識していた」1840 年以降の「偉大」な女性作家が[注2)]、男性の文学的伝統となんらかのかたち——「模倣」「抗議」「自己発見」——で対峙していたという、女性作家に特有の事実に注目するとともに、そのようなフェミニズム的な観点から新たな女性作家の作品を発掘しそれを「正典」化し、そのうえで、三段階——「女性的」→「フェミニスト的」→「女の」——からなる、女性作家の英文学史を構築していくのである。

2. C. P. ギルマン「黄色い壁紙」における「屋根裏部屋」

　フェミニズム的な観点から発掘された女性作家の作品として、アメリカ人作家シャーロット・パーキンズ・ギルマン (Charlotte Perkins Gilman) の「黄色い壁紙 (The Yellow Wallpaper)」(1892 年刊／ギルマン、2006) という自伝的短編小説をとりあげてみよう。家父長制的社会のなかで女性が作家になるという選択をしたときに経験せざるをえな

い、女性作家に特有の体験──女性が職業につく体験として一般化できる場合もあるだろう──を主題にしている作品である。

　作家である「わたし」は、病気療養のために、「著名な医師」の夫（ジョン）と赤ん坊の息子とともに、3か月の予定で「幽霊屋敷」のようにも見える「由緒ある屋敷」を借りて、海岸保養地に滞在している。病名は、夫（や同じく「著名な医者」である「わたし」の兄）の見立てでは「一時的な神経性の憂鬱──軽いヒステリーの徴候（temporary nervous depression—a slight hysterical tendency）」である。

　それは、当時、「教育のある都会育ちのミドルクラスの女性たち」（Showalter, 1987, p.136）に多く見られるとされていた「神経衰弱」とも呼ばれていた心因性の病気であり、その治療のために夫からは「完全な安静（perfect rest）」に努め、「『仕事』を完全に忘れなければならない」と言われている。しかし「わたし」は「興奮や気晴らしをあたえてくれる、自分の性（しょう）にあった仕事こそが、健康のためにいい」と確信している。夫の一見優しい言葉は、一方では、女性が〈声〉をもつことへの男性の不安と反感の表現でもある。そして「ほんの一語も書くこと」を許されないなかで[注3]、夫に隠れて日記を書いている。その日記こそが「黄色い壁紙」の原テクストにほかならない。

　「わたし」がベッドで横になっている「最上階の」部屋は、壁紙が剝がれていたり、窓には「子どもが落ちないよう格子がはまっていたり、壁には輪とかそうしたものが据えられている」。その様子から「わたし」はそこがもともと「子ども部屋」で、のちに「遊戯室や体育室」としても用いられた部屋だったのだろうと推測している。しかし、『ジェイン・エア』のなかで、ジェインと結婚することになっていたミスタ・ロチェスターが屋根裏部屋に狂った妻バーサを密かに監禁していたことを思い出す読者は、そこが「狂女」となった妻を監禁するための屋根裏部屋

だったのではないか（壁に据えられた「輪」は拘束用の道具だった！）、そして「わたし」がもうひとりの「屋根裏の狂女」ではないかと感じはじめるだろう。

　読み進めるとそのような解釈はなかば確信へと変わる。というのは、夫が「回復がもっとはかばかしく進まないなら、秋にはウィア・ミッチェルのところへ行ってもらう」と述べるからである。夫は「安静療法（rest cure）」を提唱し実践していたミッチェルの信奉者だったのであり、妻を最上階の部屋に閉じこめ、赤ちゃんからも隔離して、その療法を実施しているところだったのである。

　その結果は症状の悪化としてあらわれる。「わたし」は「放射や交差や反復や対称、その他これまで聞いたことのあるどんな法則にも従っていない」壁紙の模様に取り憑かれ、やがて「その模様の奥に、女が上体を倒して這い回っている」のを発見するようになる。さらに夜になると、その女が「［壁紙の］外に出たがっているかのように」「模様をぐらぐら揺らしている」とも感じる。

　こうして、「わたし」は「昼間はずっと眠っている」一方で、「夜はあまり寝ない」ようにして、あるときは「たくさんの女」が、別のときには「ひとりの女」が「素早く這い回って」「模様を登って通り抜け」ようとして通り抜けられないでいるのを見る。その女が「鉄格子」を揺さぶるように模様を揺さぶるのにあわせて、「わたし」は壁紙を剝がしはじめ、数日のうちに「床に立って手の届くかぎりの壁紙をすべて剝がして」しまう。「あの女たちは全部出てきたのだろうか」と考えているうちに、「わたし」は最終的にはその女たちのひとりとして床のうえを這い回っている。

　そこに夫が入ってくる。床を這っている「わたし」に悲鳴をあげる夫に、「とうとうわたし、抜け出てきた。［中略］壁紙はほとんど剝ぎ取っ

たわ。だからわたしを中に戻すことなんかできないのよ！」と言うと、夫は失神する。「わたし」は床に倒れた夫を乗り越えながら、部屋のなかを何度もぐるぐると這い回っている[注4]。

3. 安静療法[注5]

　安静療法とはどのような療法なのだろうか。『脂肪と血液（Fat and Blood)』(1877年刊) におけるミッチェルによれば、患者は家族や友人から引き離され、極端な場合「6週間から2か月にわたってベッドに伏したまま」、しかも「はじめは、ときに4、5週間にわたって、体を起こすことも、縫い物をすることも、書くことも、読むことも、また、歯を磨くことをのぞいて活動的に手を動かすことも」許されず、食事も看護婦によってあたえられ、排便さえも横になったままでしなければならない[注6]。

　そして患者は、このような徹底した安静のなかで、「ミルクに始まり、しだいに1日数回のたっぷりとした食事へと高まっていく食事計画で50ポンドもの体重の増加が期待され」る（Showalter, 1987, pp.138-139)。そのようにして「脂肪と血液」をとりもどすことで、患者は欠如していた神経エネルギーを補給されることになるのである。

　このような療法は、人体を閉鎖系と見なしたうえで、閉鎖系としての人体にエネルギー保存則（熱力学第一法則）——エネルギーは形（位置、運動、電気、光熱など）をさまざまに変化させるが、その総量はつねに一定に保たれる——を適用するところに成り立っていた。その結果、たとえば当時の医師ヒズロップを引用すれば、「女性は神経的精神的機能を行使したいと望めば望むほど、たんに強健さを失うだけでなく、健康な血統を生み出す能力をも失っていく」[注7]ということになる。

　要するに、ひとりの人間が保持し消費しうるエネルギーは一定である

ので、女性がたとえば高等教育をうけたり職業に従事することにエネルギーを消費してしまえば、たんに彼女自身の神経的精神的健康に問題が起こるだけでなく、立派な血統を産み出すという女性本来の仕事にも支障が出ることになる、だから過度に消費されたエネルギーは安静と栄養によってとりもどさなければならないというのである。このような医学的生理学的理論が、高等教育と職業を求める「新しい女」の運動を抑止しようとする家父長制的イデオロギーとして機能していたことは言うまでもないだろう。安静療法とは「新しい女」に、不活動と男性への従順な依存をたたきこもうとする家父長制的な懲罰的療法にほかならない。

　作家となったギルマン自身、初めての出産のあと精神的な病気になり、1887年に夫の指示でミッチェルの診断を受け、「生きているかぎり、ペンも絵筆も鉛筆ももたない」よう指示される。そして「約3か月間、医者の指示にしたがった結果、完全な精神的荒廃の境界線ぎりぎりまで達する」経験をしていた。しかし彼女の場合は、「かろうじて残っていた知性を用いて……あの著名な専門医の忠告をあっさり捨てて、仕事にもどった――あらゆる人間の普通の生活である仕事に……そして最終的にある程度の力をとりもどした」(Showalter, 1987, p.141) のである。

　その実体験の一部分を小説化することによってギルマンは、女の病いにかんする医学生理学的理論の誤謬を暴露するだけではなく、そこに内在している家父長制的イデオロギーの機能を批判することを意図している。その意味において、ギルマンは女性（「新しい女」）の立場から家父長制的社会に「抗議」する「フェミニスト」的段階の作家として定義されるだろう。

4. シャーロット・ブロンテ『ジェイン・エア』における「屋根裏部屋」

　家父長制的社会を生きる何人かの女性作家の作品に共通する特性として「屋根裏部屋」というイメージをとりあげる場合、その原型のひとつとなるのは言うまでもなくシャーロット・ブロンテの『ジェイン・エア』(1847年刊)である。しかし、ロチェスターのソーンフィールド館の屋根裏部屋に監禁されているのは主人公であるジェインではなく、ロチェスターの妻バーサである。ジャマイカ出身のクレオール(西インド諸島などに移住した白人の子孫)である彼女は、遺伝的な狂気を発症した狂暴な獣ないし「妖怪(monster)」(ブロンテ、2013、27章)——彼女を目撃したジェインは「吸血鬼」(同25章)と形容する——と化して、彼女を監禁する家父長であるロチェスターを襲おうとする。

　しかし、ジェインもじつは監禁された経験をもっている。幼いうちに両親を喪った彼女は叔父のリード家に引き取られるが、その叔父が亡くなると叔母(ミセス・リード)とその子どもたちによってことあるごとにいじめられる。10歳のとき、4歳年長のジョンから理不尽な暴力を受けたジェインは、「狂った猫のように」反撃し、ミセス・リードによって「赤い部屋」に監禁されるのである。そのなかで彼女は狂ったように叫び〈声〉をあげつづける。

　したがって、10歳のときのジェインは「家庭」に監禁されることを家父長(ジョン・リード)に「抗議」するフェミニストであり、そういうものとして「妖怪」的なバーサの分身(double)にほかならない。しかし、「不器量な(plain)」ジェインはローウッド校での8年間(生徒として6年、教師として2年)をへて穏やかな性格を身につけ、外見は「不器量」のままであったとしても、ソーンフィールドではロチェスター

に「天使」(同24 & 27章) と呼びかけられ (身分差をこえて) 求婚される魅力的な存在になっている[注8]。

ロチェスターの重婚の企みが露見すると、ジェインは苦しみながらも、愛人として暮らすことを拒否しソーンフィールドを立ち去る。その後、彼女は、大西洋上のマデイラ島に移住していたもうひとりの叔父 (ジョン・エア) から2万ポンド (現在の円に換算すれば数億円にも相当する金額) の遺産を贈られる一方で、ロチェスターはソーンフィールド館の火事 (バーサの放火による) で、バーサを亡くすとともに、みずからの片腕と視力を失うことになる。結果として階級社会のなかでの釣り合いを得ることになったふたりは、相互に必要とし依存しあう、愛によって結ばれた幸福な夫婦になり、息子にも恵まれる。

その結末は、「屋根裏の狂女」だったジェインが、最後には、夫を支え子どもを育む愛情深い「家庭の天使」となったことを意味するだろう。すなわち、彼女は家父長制のイデオロギーに「抗議」する反逆的な「フェミニスト」から、その価値観を「内面化」し「模倣」し、社会のなかに自分の居場所を見つけた「女性的な」女性に変貌していくのであり、この作品はそのようなプロセスを描いた女性版ビルドゥングスロマン (教養小説＝自己形成小説) なのである[注9]。その意味で『ジェイン・エア』は「女性的な」段階の作品と解釈されるだろう。

5. ヴァージニア・ウルフ『ダロウェイ夫人』における「屋根裏部屋」

第一段階の「屋根裏部屋」も第二段階の「屋根裏部屋」もともに、男性が女性を監禁する家父長制的空間である。第一段階では女性はその空間の価値観を内面化して、そのなかでの居場所を見いだすし、他方、第二段階ではそこに閉ざされることに抵抗するが、そこが家父長的な空間

であるという点においては、大差がないと言えるだろう。しかし、『ジェイン・エア』からほぼ80年後、そして「黄色い壁紙」から30年あまりをへた1925年に出版されたヴァージニア・ウルフ『ダロウェイ夫人』においては、「屋根裏部屋」の性格が大いに変化していることに気づかされる。

　　Like a nun withdrawing, or a child exploring a tower, she went, upstairs, paused at the window, came to the bathroom. (...) There was an emptiness about the heart of life; an attic room. (...) The sheets were clean, tight stretched in a broad white band from side to side. Narrower and narrower would her bed be. The candle was half burnt down and she had read deep in Baron Marbot's Memoirs. She had read late at night of the retreat from Moscow. For the House sat so long that Richard insisted, after her illness, that she must sleep undisturbed. And really she preferred to read of the retreat from Moscow. (...) So the room was an attic; the bed narrow; (...) she could not dispel a virginity preserved through childbirth which clung to her like a sheet. (...) yet she could not resist sometimes yielding to the charm of a woman, not a girl, (...) she did undoubtedly then feel what men felt. Only for a moment; but it was enough. It was a sudden revelation, (...) and [she] felt the world come closer, swollen with some astonishing significance, some pressure of rapture, which split its thin skin and gushed and poured with an extraordinary alleviation over the cracks and sores! Then, for that moment, she had seen an illumination; a match burning in a crocus; an inner meaning almost expressed. But the close withdrew; the hard softened. It was over――the moment. Against such moments (...) there contrasted (...) the bed and Baron Marbot and the candle half-burnt.（Woolf, 2009, pp.26-27）

　退きさがる尼僧のように、あるいは塔を探検する子どものように、彼女は階段をのぼり、［中略］バスルームにやって来た。［中略］わたしの生活のまんなかには空虚がある。それはこの屋根裏部屋。［中略］シーツは清潔で、幅広い真っ白な帯のように端から端まで皺ひとつなく敷きのばされている。わたしのベッドはどんどん狭くなっていくだろう。ろうそくはすでに半分ほど燃え尽きている。マルボー男爵の『回想録』を読みふけっていたからだ。深夜にナポレオン軍のモスクワ退却のくだりを読んでいたのだ。議会の審議のために帰宅が遅くなって病後のわたしの睡眠をさまたげてはいけない、とリチャードがしきりに言うので、いまは寝室を別々にしている。実際、わたしもモスクワ退却について読んでいるほうがいい。［中略］だから屋根裏部屋、そしてベッドは狭い。［中略］子どもを産んだのにいまだに保たれている処女性は、まるで経帷子（きょうかたびら）のようにまとわりついてくる。［中略］でもそんなわたしもときどき、少女でない大人の女性の魅力には抵抗できないものを感じる。［中略］わたしはそんなとき、男が女にたいして感じる感情をたしかにおぼえる。ほんの一瞬のことだけど、それでじゅうぶんだ。それは突然の啓示だ――［中略］世界がなにか驚くべき意味、なにか歓喜の圧力でふくれあがって、ぐっと近づいてくるのを感じる。するとその意味や歓喜は世界の薄い皮膜を裂いて噴出しあふれ、ひび割れや傷のうえに素晴らしい癒しをもたらしてくれるのだ！　その瞬間、わたしは見る、光を、クロッカスの花のなかで

燃える一本のマッチの炎を、ほとんどおもてにあらわれかけている内部の意味を。ところがあっという間もなく、近づいていたものが退いてゆき、堅いものは柔らかくなる。終わったのだ——そのような瞬間が。そしてそのような瞬間［中略］と対照的なのがベッドであり［中略］、マルボー男爵であり、燃えて半分になったろうそくなのだ。（ウルフ、2007、pp.60-62）

『ダロウェイ夫人』（1925年刊）は、周期的な「神経性の憂鬱——軽いヒステリーの徴候」に苦しんでいた作者ウルフの否定的な「安静療法」観を反映した作品という点で、ギルマン「黄色い壁紙」と類似している。その作品は1923年6月のロンドンを舞台にしているが、それはまさに、安静療法を理由に1914年以来、郊外のリッチモンドに住むことを求められていたウルフが、日記に「わたしたちはリッチモンドを離れて、ロンドンに住まなければならない」と記し、書くためには刺激のあるロンドンにもどる必要があると夫のレナードを説得しはじめた時期にあたっている。実際、彼女は翌年の3月、ロンドンにもどり、『ダロウェイ夫人』にはじまる精力的な作家活動を開始するのである。

『ダロウェイ夫人』において、安静療法批判の主題を担うのは、ダロウェイ夫人の「分身（double）」（モダン・ライブラリー版への作者「序」。ウルフ、2007、p.367）として導入されているセプティマス・ウォレン・スミスという男性である。彼は、第一次大戦に従軍し「男性のヒステリー」とも呼ばれた砲弾神経症——砲弾の衝撃に絶えず曝されることによって引き起こされる神経症——の治療のために、妻と離れて療養所に入院し安静療法を受けるよう医師のサー・ウィリアム・ブラドショーから勧められるが、それを拒否して自殺してしまう人物である。そしてダロウェイ夫人もかつてサー・ウィリアムの診察を受けたことがあり、

「どこが嫌いなのか、はっきりとはわからない」（ウルフ、2007、p.326）が彼を嫌っている。

　ダロウェイ夫人は、その日の夜に彼女が開催したパーティにあらわれたブラドショー夫妻から「青年［の］自殺」のニュースを聞き、その直後、「誰もいない」「小部屋」に退きさがる——「パーティの華やかさもここまでは届かない」ところへ（同 p.328）。そして自分がサー・ウィリアムを嫌う理由を「［他人の］魂を無理矢理支配する」（同 p.329）という「自我の暴力」（ショウォールター、1993、p.217）にあることに思い至るとともに、その見知らぬ青年の自殺の目的がみずからの「魂」を守ることにあったことを理解し、彼に深い共感の念をおぼえる（「どういうわけか自分が彼に似ている気がする——自殺をしたその青年に。彼がそうしたことをうれしく思う」（ウルフ、2007、p.332））。

　　they would grow old. A thing there was that mattered; a thing, wreathed about with chatter, defaced, obscured in her own life, let drop every day in corruption, lies, chatter. This he had preserved. Death was defiance. Death was an attempt to communicate; (. . .) There was an embrace in death.（Woolf, 2009, p.156）

　　わたしたちは年をとってゆく。だけど大切なものがある——おしゃべりで飾られ、それぞれの人生のなかで汚され曇らされてゆくもの、一日一日の生活のなかで堕落や嘘やおしゃべりとなって失われてゆくもの。これをその青年はまもったのだ。死は挑戦だ。［中略］死はコミュニケーションのこころみなのだ。死には抱擁があるのだ。（ウルフ、2007、p.329）

彼女は国会議員であるミスタ・ダロウェイの妻——「ミセス・ダロウェイというこの存在。すでにクラリッサですらない。ミセス・リチャード・ダロウェイというだけの存在」(同 pp.24-25)——としてホステス役を務めていたパーティを退出し、このような啓示を得る。彼女がその啓示を得た「小部屋」は、家父長制的な「自我の暴力」が支配する公的な世界とは対照的な、私的な「女のスペース」(ショウォールター、1993、p.241)である。そういうものとしてそれは、本節の冒頭に引用してあったミセス・ダロウェイの「屋根裏部屋」と比喩的に同等の空間である。

　すでに更年期を過ぎているらしいミセス・ダロウェイは、夫と「寝室を別々」にしてひとり屋根裏部屋で寝ている。そこにあるのは「どんどん狭くなっていく」ベッドと、「処女性」を連想させる「皺ひとつなく敷きのばされている」「真っ白な」シーツと、「半分ほど燃え尽きている」ろうそく、そして『回想録』というタイトルの一冊の本である。その「空虚」な屋根裏部屋で、彼女はかつてサリー・シートンに感じたレズビアン的な「瞬間」を「回想」する。それは、「世界がなにか驚くべき意味、なにか歓喜の圧力でふくれあが」り、「その意味や歓喜［が］世界の薄い皮膜を裂いて噴出し、あふれ、ひび割れや傷のうえに素晴らしい癒しをもたらしてくれる」「突然の啓示」の瞬間である。

　そのようにして屋根裏部屋の「空虚」は一瞬のあいだ、ほとんど性的な「歓喜」の感情で満たされる。それは家父長制的なイデオロギーが及ばない、彼女がクラリッサになれる私的な「女のスペース」である（回想される性的「歓喜」の対象も女性である）。その意味でそれは、夫も子どもも侵入してくることのない「自分ひとりの部屋」でもある。第11章でわたしは、女性が偉大な作家を生み出していくためには「年収500ポンドと自分ひとりの部屋」という環境が必要であるという文脈で

このイメージを紹介したが、じつは「自分ひとりの部屋」とはたんに女性が仕事をするためのオフィスを表しているだけではない。

それは、「自我の暴力」が支配する男性的な世界とは対極的な、「自我のない世界（the world without a self）」である。そのタイトルを付されたジェイムズ・ネアモアのウルフ論の一節を、『女性自身の文学』から引用しておこう。

一方には自我の世界、すなわち、時の束縛を受け、陸地で囲まれ、知性と慣例を伴った、男性的自我の日常的世界がある——そこでは、人々が死を恐れながら生き、時や空間によって引き離されることが苦悩を生み出しているのだ。他方には、水のようで、情緒的で、エロティックな、女らしい感受性と広く結びついた、自我のない世界がある。そこでは、すべての生命が混じり合って一種の「暈輪」を形作っているように思われ、個人の人格が永遠の暗示によって絶えず溶かされ、死が性的結合を思い出させるのだ。（ショウォールター、1993、p.265）

この文章ほど、屋根裏にある「自分ひとりの部屋」がウルフにとって意味していたものを伝えるものはないだろう。それはもはや、女性が狂人あるいは病人として監禁される一種の「牢獄」ではなく、自我が「絶えず溶かされ」、「一種の『暈輪』を形作って」いるという意味で、「死が性的結合を思い出させ」——「死［が］コミュニケーションのこころみ」とな——るような「聖域」／「墓場」としての「女のスペース」[注10]である。女は家父長制的な「自我の暴力」から逃避して、たえずその場所に撤退するのである。

そのような「女のスペース」としての「屋根裏部屋」を発見したこと

によって、男性のアイデンティティとは対照的な女性に特有の「自我のない」アイデンティティを表象しているウルフは、「自己発見」によって特徴づけられる、ショウォルターのいわゆる「女」の段階の女性作家の典型であると評価することができるだろう。

6. その後のフェミニズム批評の展開

　ウルフが「女のスペース」として発見した「女の」アイデンティティは、生来的に女性に備わっている本質的なものなのか。それとも、家父長制社会という環境のなかで多くの女性によって共有されるようになっていった後天的なものなのか。『自分ひとりの部屋』などの著作において、性にかんする本質主義を否定しているかに見えるウルフにも、本質主義の影はつきまとう。

　その後のフェミニズム批評は、ウルフにも残っているかに見える本質主義を排除する構築主義的な傾向を徹底していくことになる（ジェンダー研究[注11]）。しかし、女性というアイデンティティ自体が構築されたフィクションにすぎないとする立場、また、性とは男性と女性というような本質主義的な差異によって隔てられた対極ではなく、そのあいだには多様なグラデーションが存在するとする立場は、「女性」の地位を向上させようとしてきたフェミニズムにとっても、それにもとづくフェミニズム批評にとっても大きな問題提起となる。それとともに、性自体が、階級、民族、（同性愛、異性愛などの）性的志向（セクシュアリティ）といったさまざまなアイデンティティ要素のひとつにすぎず、女性というだけで多様な個人をひとつのグループにまとめることは可能なのかという問題提起もなされる。

　1980年代後半以降、フェミニズム批評は、女性のアイデンティティという存在自体を批判的に再検討しようとするそのような理論的な問題

提起を受けて、存立の基盤を問われているということなのか。それとも、それはすべての政治的批評が問うべきアイデンティティ（階級であれ民族であれ）の構築性という基盤を、フェミニズムがいち早く問うているということなのか。しかし、それについては本講義が設定している範囲をこえる。

〉〉 注

注1）『女性自身の文学（A Literature of Their Own)』のタイトルはヴァージニア・ウルフの『自分ひとりの部屋（A Room of One's Own)』を踏まえている。

注2）1810年代のオースティンはそのような認識をもっていなかったという理由で除外されている。

注3）主人公でもある語り手は、ギルマンの思いを代弁するかのように、「時々、わたしは、短時間でも書き物ができるくらいになれれば、色々な想いから逃れられて、気も安まるかも知れないと考える」と述べている。

注4）この状態でも彼女は日記を書けたのだろうか。おそらく彼女はギルマン同様、回復したのち日記を参照しつつ回想録を書いたのではないだろうか。日記を「テクスト」と呼ばず、「原テクスト」と呼んだゆえんである。

注5）このセクションは、窪田（2006）所収の拙論を大幅に参照している。

注6）Thomas L. Erskine and Connie L. Richards (eds.) (1993), *Charlotte Perkins Gilman "The Yellow Wallpaper"* (New Brunswick: Rutgers UP), p.106.

注7）William Greenslade (1994), *Degeneration, Culture and the Novel: 1880-1940* (Cambridge UP), p.229.

注8）ジェインが「不器量な」ヒロインであるところ、また、「天使」と呼びかけるロチェスターに、「わたしは天使であるより『怪物（thing)』であるほうがいい」（24章）と答えているところに、女性を「天使」と見なす同時代の女性観にたいするブロンテのフェミニズム的な批判が認められる。

注9）ビルドゥングスロマンは、ゲーテの『ヴィルヘルム・マイスターの修業時代』（1795-96年刊）を起源とする小説ジャンル。主人公がさまざまな経験をとおして内面的に成長していき、最終的に社会の価値観を内面化し、社会のなかに相応しい地位（たとえば紳士、女性の場合は紳士の妻）を見いだすまでを描いてい

く。
注10)　「牢獄」「聖域」「墓場」はすべてショウォルターの用いている比喩である（ショウォールター、1993, pp.241 & 271）
注11)　遠藤不比人「「女」はもはや存在しない？——フェミニズム批評」、丹治愛編著（2003）第6章

引用参考文献

- Showalter, Elaine (1987), *The Female Malady: Women, Madness, and English Culture, 1830-1980*, Virago Pr. [ショーウォーター，エレイン（1990b）『心を病む女たち　狂気と英国文化』山田晴子・薗田美和子訳、朝日出版社]
- Woolf, Virginia (2009), *Mrs Dalloway*, ed. David Bradshaw (Oxford UP)
- ウルフ，ヴァージニア（2007）『ダロウェイ夫人』丹治愛訳、集英社文庫
- ウルフ，ヴァージニア（2009）『灯台へ』／ジーン・リース（2009）『サルガッソーの広い海』鴻巣友季子・小沢瑞穂訳、河出書房新社
- ギルマン，シャーロット・パーキンズ（2006）「黄色い壁紙」西崎憲訳（『淑やかな悪夢　英米女流怪談集』創元推理文庫、pp.79-114
- 窪田憲子編（2006）『ヴァージニア・ウルフ「ダロウェイ夫人」』ミネルヴァ書房 [丹治愛「都市を歩くこと　『ダロウェイ夫人』における文化と意志」（pp.29-47）を収める]
- ショーウォーター，エレイン（1990a）『新フェミニズム批評　女性・文学・理論』青山誠子訳、岩波書店 [[フェミニズム詩学に向けて」を収める]
- ショーウォーター，E.（1993）『女性自身の文学　ブロンテからレッシングまで』川本静子ほか訳、みすず書房
- 丹治愛編著（2003）『知の教科書　批評理論』講談社選書メチエ
- 富島美子（1993）『女がうつる　ヒステリー仕掛けの文学論』勁草書房 [富島美子訳「黄色い壁紙」（pp.176-203）を収める]
- ブロンテ，シャーロット（2013）『ジェイン・エア』上・下、河島弘美訳、岩波文庫

学習課題

1 ギルマン「黄色い壁紙」を読んで、主人公の狂気がどのように深化していくのかを確認してみよう。できれば、そのプロセスを文章であらわしてみよう。
2 クレオール作家のジーン・リース『サルガッソーの広い海』(1966) は『ジェイン・エア』のバーサの視点から、彼女の前半生を語り直している作品である。それを読んで、この作品における性差と人種の問題を考えてみよう。
3 映画『めぐりあう時間たち』(2002) は、『ダロウェイ夫人』をモチーフとしたマイケル・カニンガム『めぐりあう時間たち』(1998) の映画化である。そこでヴァージニア・ウルフ（とくにその精神的病気）がどのように描かれているかを確認しよう。

13 | ポストコロニアル批評(1)
―「ペンによる帝国の逆襲」―

木村茂雄

《**目標＆ポイント**》 近現代の文化・文学の形成は、ある面において植民地主義の歴史と切り離して考えることができない。西欧の植民地言説における「東洋」（オリエント）の表象を分析したエドワード・W.サイードの『オリエンタリズム』（1978年刊）などのポストコロニアル批評について解説するとともに、ジーン・リースの『サルガッソーの広い海』（1966年刊）を中心に、（旧）植民地の作家が自らの「声」を獲得していくさまを紹介する。
《**キーワード**》 ポストコロニアル批評、植民地言説、オリエンタリズム、ポストコロニアル文学、ジーン・リース

1．ポストコロニアル批評の「起源」

(1)「ポストコロニアル」とはいつのことか？

　近現代の世界に多大な影響を与えてきた近代植民地主義の活動は、15世紀末から16世紀の「大航海時代」におけるヨーロッパの海外進出に始まり、18世紀以降、大英帝国を中心とする西洋諸国の本格的な植民地支配により、20世紀に入るまでその規模を拡大していった。その結果、第二次世界大戦前の1930年の時点で、地表の84.6％までが西洋諸国の支配下に置かれていた。私たちはまず、この圧倒的な史実を心に留めておかなければならない。

　一方、これらの植民地は第二次世界大戦終了後、次々に独立を果たしていく。1947年、イギリスの「王冠のもっとも輝ける宝石」と称され

たインドが分離独立し、「アフリカの年」と呼ばれる1960年には、アフリカ大陸の17か国が独立国家となった。「脱植民地化」(decolonization) の時代の訪れである。これも植民地支配と同様に大規模な出来事だった。

「ポストコロニアル」という言葉は「後の」を意味する接頭語「ポスト」と「植民地の」を意味する「コロニアル」の合成語である。したがって、それは基本的に「植民地の後の」という意味になる。しかし、「脱植民地化」した国々が間もなく思い知るように、旧宗主国は直接の植民地支配からは撤退したものの、経済面・政治面の間接的な支配により、旧植民地をリモート・コントロールし続けた。「新植民地主義」（ネオコロニアリズム）と呼ばれる支配である。思想や言語文化における支配も、その重要な側面として見逃すことができない。これらの新しい独立国の多くは、米ソを中心とする冷戦にも巻き込まれたが、冷戦構造の崩壊後に加速化したグローバリゼーションの力にもさらされることになる。

このように大きく捉えるなら、ポストコロニアルの「ポスト」を、植民地主義の「終了」を宣言する言葉と解釈することはできない。それはむしろ、植民地主義に対する批判的視点から、過去の植民地支配の性質や、現在におけるその影響のあり方を見極めようとする姿勢を指し示しているといえる。さらに、ポストコロニアル理論家のホミ・K. バーバは、それを「現在を〈ポスト〉に変えようとする衝動」、「未来のこちら側に触れようとする衝動」とも表現している（バーバ、2005、p.32）。このような意味での「ポスト」とは、植民地主義の「後の」というよりも、その「乗り越え」を目指す合言葉となる。

（2）ポストコロニアル批評の先駆者たち

ポストコロニアルの精神の胎動は、したがって、植民地の独立以前か

ら始まっていた。そもそも、植民地支配に対する抵抗は、その支配の始まりの瞬間からうごめいていたに違いない。

　カリブのフランス領マルティニク出身で、フランス留学を経てアルジェリア独立運動に身を投じたフランツ・ファノン（1925-1961）は、その独立（1962年）を目にすることなく36歳の若さで白血病に倒れたが、彼は死後出版の『地に呪われたる者』（1961年刊）の中で、こう述べている。

　　ヨーロッパは今日これら［植民地化された］大陸の面前に豪奢な塔を築いているが、数世紀来、これらの大陸からその同じヨーロッパの方角へ、ダイヤモンドや石油が、絹や木綿が、材木や異国的な産物が、流れつづけているのだ。ヨーロッパとは文字どおり〈第三世界〉の作り出したものである（ファノン、1996、p.100）。

「ヨーロッパとは文字どおり〈第三世界〉の作り出したものである」──ここでファノンが強調しているのは、植民地支配の経済的搾取の側面だが、彼はその心理的・文化的・思想的な支配も鋭敏に捉え、そのような支配からの脱却を説いた、すぐれて「ポストコロニアル」な思想家・活動家だった。

　マルティニク時代のファノンには一人の恩師がいた。「ネグリチュード」の詩人であり、マルティニク随一の政治家でもあったエメ・セゼール（1913-2008）である。彼の『植民地主義論』（1955年刊）は、以下のような宣言で始まる。

　　自らの活動が生み出した諸問題を解決しえないことが明らかになった文明は衰退しつつある文明である。

自らの抱えるもっとも根本的な諸問題に目を塞ぐことを選ぶ文明は病に蝕まれた文明である（セゼール、2004、p.131）。

　ここでのセゼールの標的は、いうまでもなく「西欧」文明である。そして、西欧が生み出した「もっとも根本的な諸問題」の中心に植民地主義を据え、その「病」の実相を暴き出していく。この西欧文明批判の書は、ヨーロッパの政治家・軍人・思想家・作家などの「植民地言説」の分析も含んでいて、その面ではサイードの『オリエンタリズム』（1978年刊）さえ彷彿させる。
　もう一つ、さらに古い例を挙げるなら、イギリス領トリニダード出身のC. L. R. ジェイムズが第二次世界大戦の直前に出版した『ブラック・ジャコバン』（1938年刊）がある。フランス革命の時代に、近代史上はじめての黒人の独立国家を成立させたハイチ革命を、奴隷出身の指導者トゥサン・ルヴェルチュールを軸に掘り起こした歴史書である。

（3）エドワード・W. サイードの『オリエンタリズム』

　ファノンやセゼールなどの功績は、エドワード・W. サイード（1935-2003）の『文化と帝国主義』（1993年刊）でも論じられているが、その15年前に出版され、ポストコロニアル批評の起爆剤となった彼の『オリエンタリズム』も、これらの先駆者たちが据えた土台の上に築かれた記念碑といえる。またサイードは、イギリスの委任統治下のパレスチナとエジプトで少年時代をすごした経験から、自らが植民地出身の「東洋人（オリエンタル）」であることも深く自覚していた。「多くの点で私のオリエンタリズム研究は、すべてのオリエントの人々の生活をきわめて強力に律していた［西洋の］文化が、私というオリエントの臣民の上に刻みつけたその痕跡を記録する試みであった」（サイード、1993、

pp.67-68）。

　ただしサイードは、このときすでにコロンビア大学の教授として英文学・比較文学の分野で優れた業績を残していた。彼のオリエンタリズム批判が大きな「事件」になったのは、それがアカデミズムの心臓部で起こったということにもよるだろう。また、古代ギリシア悲劇から現代アメリカの中東研究までを展望した視野の広さや素材の多様性も、それまでの研究を大きく凌ぐものがあった。「したがって、私の考察対象には、学術書に限らず、文学作品、政治関係のパンフレット、新聞雑誌の記述、旅行記、さらに宗教学や文献学の研究論文も含まれる」（p.62）。その中でも彼がとくに精査したのは、18世紀後半以降のイギリスとフランス、さらにアメリカにおけるアラブとイスラムの「表象」である。

　この「表象」という観点は『オリエンタリズム』を貫く理論的なバックボーンとなる。もとの英語は"representation"だが、この言葉は相互に関係する二つの意味を含んでいる。サイードは本書のエピグラフの一つに、カール・マルクスの『ルイ・ボナパルトのブリュメール18日』からの一文を選んでいる。「彼らは、自分で自分を代表することができず、だれかに代表してもらわなければならない」。(They cannot represent themselves; they must be represented.) この一文には特定の歴史的文脈があり、「彼ら」とはフランスの分割地農民（独立自営農民）のことである。そしてこの"represent"には、選挙区を代議士（representative）が「代表」する場合のように、政治的な意味合いが強い。「代弁する」という意味の"represent"も、この政治的な意味に近いだろう。すなわち、「自分では語れない」ものに代わって発言するという政治的な振る舞いである。

　一方、"represent"には「表現する／表す」という意味もある。さらに、"re-"という接頭辞には「再び」の意味があるので、"represent"

には、現実の土地や事物や人物を言葉やイメージにより「表現し直す」ないし「再提示する」という意味が含まれる。

サイードは、この政治的な「代表／代弁」と異文化の表現や描写における「現実の再提示」、その両方の意味における「東洋の表象」を粘り強く分析していく。彼によれば、西洋が描く「東洋」とはけっして「存在」そのものではなく、西洋の眼から見て「東洋化」（Orientalize）された虚構の産物なのだ。そこでは多くの場合、「西洋」の優位性を証明する手段として「東洋」のネガティブなイメージが強調されることになる。このような表象のプロセスは、見て語るもの（「西洋」）と、見られて語られるもの（「東洋」）との権力関係を前提としているが、さらに重要なのは、このような虚構としての「東洋の表象」が、西洋による現実の「東洋」支配を強化してきたという点である。「簡単に言えば、オリエンタリズムとは、オリエントを支配し再構成し威圧するための西洋の様式(スタイル)なのである」(p.21)。

つまり、植民地支配がヨーロッパの圧倒的な軍事力や経済力を前提としていたことはいうまでもないが、その支配を持続するためには、言葉や文化や思想における支配が不可欠だったのだ。サイードのこのような分析には、フランスのミシェル・フーコーの「言説(ディスクール)」の理論や「知と権力」の結びつきという観点が援用されている。ここでの言説とは、一口にいえば、ある特定の思想や分野などで用いられる言葉の総体のことだが、それはしばしば、その対象に対する支配的な姿勢や思考を含むものと分析される。そしてフーコーは、そのような言説編成としての「知」と「権力」との密接な関係に光を当てる。サイードも「オリエンタリズム」の一つの重要な伝統として、欧米の「東洋研究」を取り上げ、その言説編成がもつ「権力」や「権威」の分析に多くの紙面を割いている。

2.「ペンによる帝国の逆襲」——批評と文学

(1) 植民地言説分析

『オリエンタリズム』が引き金となり、1980年代以降、ポストコロニアル批評が隆盛を迎える。サイードに倣い、英文学の古典に内在する植民地主義を暴き出そうとする「植民地言説分析」の批評がその主流といえる。典型的には、作品自体が植民地状況を含んでいるシェイクスピアの『テンペスト』やデフォーの『ロビンソン・クルーソー』、キプリングやコンラッドなどの「植民地文学」をターゲットにする批評である。また、植民地の存在がそれほど強調されていないシャーロット・ブロンテの『ジェイン・エア』における「帝国の公理」を暴き出したガヤトリ・スピヴァクの批評などもある。サイードも後に、ジェイン・オースティンの『マンスフィールド・パーク』を対象とした「オースティンと帝国」などを著している（『文化と帝国主義』に所収）。

(2) ポストコロニアル文学と「書き換えの文学」

ポストコロニアル批評には、植民地言説の分析と並行して、(旧)植民地出身の作家たちが書き著した「ポストコロニアル文学」を取り上げたものも数多い。実際、これらの文学は『オリエンタリズム』以前に一つの「伝統」を築いていたといえる。たとえばインドでは、ラージャ・ラオ、ムルク・ラージ・アーナンド、R. K. ナラヤンなどが、インドの独立以前から執筆活動を展開していた。ナイジェリアのチヌア・アチェベがアフリカ初の近代小説といわれる『崩れゆく絆』（1958年刊）を発表したのも、この国が独立する2年前のことだ。アチェベは後に、コンラッドの『闇の奥』のアフリカ表象を厳しく批判して大きな反響を呼んだ論文「アフリカのイメージ——『闇の奥』における人種主義」（1977年）

を発表するが、実際、ポストコロニアル批評とポストコロニアル文学の実践は、どちらが先かというより、同時並行的に進められてきたと見た方が正しいだろう。

　本章の副題「ペンによる帝国の逆襲」は、1982年に、インド出身の作家サルマン・ラシュディが映画「スター・ウォーズ」シリーズの「帝国の逆襲」(*The Empire Strikes Back*)をもじって述べた言葉、"The Empire writes back to the centre"から引いている。ここでの「帝国」(Empire)とはヨーロッパの旧植民地を指し、「中心」(centre)とはその本国のことだ。『真夜中の子供たち』(1981年刊)や『悪魔の詩』(1988年刊)などで知られるラシュディだが、この言葉に込められたある意味で攻撃的な自己主張(また、「ペンによる」平和な逆襲)は、当時のポストコロニアル文学全体の自信を代弁する言葉でもあっただろう。実際、1980年代以降、これらのポストコロニアル作家は、ノーベル文学賞やブッカー賞などの国際的な賞を次々と受賞するにいたる。

　これらの文学の一つの重要な戦略とされたのが、ヨーロッパの古典的な文学作品を植民地の視点から「書き換える」という戦略である。ここでもシェイクスピアの『テンペスト』やデフォーの『ロビンソン・クルーソー』などが格好の標的とされた。『テンペスト』についていうなら、先に紹介したマルティニクのエメ・セゼールの『嵐』(*Une tempête*, 1969年刊)、セントルシア出身で、1992年にノーベル文学賞を受賞したデレク・ウォルコットの『パントマイム』(*Pantomime*, 1980年刊)、『ロビンソン・クルーソー』では、南アフリカ出身で2003年にノーベル文学賞を受賞したJ. M. クッツェーの『敵あるいはフォー』(*Foe*, 1986年刊)などである。これらの文学は、ある面で、書き換えの対象とされた作品ひいてはヨーロッパ文化の再解釈という意味ももっている。また、世界の「中心」に対する「周辺」からの批判的応答という姿勢が、「パ

ロディ」や「パスティシュ」とは異なる意味をこれらの作品に与えているといえる。

3. ジーン・リースの『サルガッソーの広い海』

(1)「哀れな幽霊の人生を書く」

　前にも触れたポストコロニアル批評家のスピヴァクは、『ジェイン・エア』に登場する「屋根裏部屋の狂女」、つまりロチェスターの前妻バーサの存在に着目し、この女性を「帝国主義の公理によって生み出された人物像」と規定した（Spivak, 1985, p.247）。『ジェイン・エア』後半の物語を簡単に振り返るなら、ジェインとロチェスターとの婚姻が結ばれる寸前、ロチェスターがジャマイカから連れ帰って屋根裏部屋に監禁していた前妻の存在が発覚し、ジェインは屋敷から失踪するが、このバーサが屋敷の火災で焼死したことにより、最後はジェインとロチェスターが結ばれるという展開になる。以下は、屋敷をさ迷っていると噂されていた「幽霊」バーサを、ジェインが初めて目の当たりにしたときの語りである。

　　グレース・プールが炉に前かがみになって、平鍋で何か煮ているらしかった。部屋のずっと奥の、隅っこの暗がりの中を、一つの物影が、行ったり来たりして走っていた。見た瞬間、それがなんであるか、人間か獣か誰にも解らなかった。ちょっと見たところ、四つん這いになって這ってるようで、奇怪な野獣のように、引っつかんだり、唸ったりしていた……すさまじい叫びが、グレース・プールの良い報告を裏切るように思われた。衣服をまとった鬣狗(ハイエナ)は起きあがって、後足でぬっと突っ立った（ブロンティ、1957、pp.104-105）。

「狂的/非理性的」、「野蛮/動物的」といった植民地人の表象は植民地言説に広くみられるが、ここでも植民地出身の「狂気」の女性がグロテスクなまでに動物化されているといえる。

カリブのイギリス領ドミニカ島出身で、バーサと同じ白人クレオールのジーン・リース（1890-1979）の『サルガッソーの広い海』（1966年刊）は、この「バーサ」を主人公に据えて『ジェイン・エア』を書き換えた作品である。リースは後に、あるインタビューでこう述べている。

> 子供の頃に『ジェイン・エア』を読んだとき私は思いました、なぜブロンテはクレオールの女性を狂気じみた存在に考えるのかと……私は本当にあったかもしれない物語を書きたいと、すぐに思いました。バーサはとても哀れな幽霊のようでした。私は彼女に人生を書いてあげたいと思ったのです。

しかし、この着想が『サルガッソーの広い海』に結実するまでには長い年月を要した。この作品の最初のバージョンは1940年以前に書かれていたとのことだが、第二次世界大戦前後のこの時期、すでに4編の小説と1冊の短編小説集を刊行し、一定の評価を得ていたリースの作家歴も曲がり角を迎えていたようだ。伝説化しているエピソードだが、この時期リースは公の場から姿を消し、1950年代には死亡説もささやかれていた。実際はこの時期にも数編の短編小説を発表していたのだが、それにしても、1966年、70歳代半ばのリースが本作品により華々しく「再デビュー」したのは、劇的としかいいようのない出来事だった。

（2）バーサ/アントワネットの「リベンジ」

『ジェイン・エア』のロチェスターは、「狂気」の妻の母について、

"Her mother, the Creole, was both a mad woman and a drunkard" と述べている。ここでの「クレオール」は、植民地生まれの白人を指すが、それがバーサの母の「客観的」な紹介なのか、植民地生まれなので狂気に侵され酒飲みなのだと言おうとしているか、曖昧である。それはともかく、『サルガッソーの広い海』も、主人公アントワネット（のちにロチェスターにより「バーサ」と改名される）の母アネッタの没落と再婚のエピソードから始まる。彼女のこの没落は、プランテーションを経営していた先夫の死だけでなく、1833年の奴隷解放令により、現地の経済システムが、土地所有と奴隷制から市場経済へ移行したこととも関係している。アネッタの再婚相手のメイソンも、黒人奴隷の代わりに「東インド」から労働移民を輸入することを計画していた。作品テクストには、この計画が黒人たちの「暴動」の一つの誘因になったことも暗示されている。この計画を耳にした黒人メイドが席をはずして間もなく、屋敷に火が放たれるのだ。

　この「暴動」は、母アネッタと娘アントワネットの両者にとってトラウマ的な事件となる。アネッタは、娘のアントワネットよりも、難病を抱えた息子のピエールを溺愛していたが、暴動のさなかにこの息子が亡くなったことで「狂気」への道を辿る。一方、アントワネットには、幼少時の唯一の友人といえる黒人の少女ティアがいたが、逃走中、彼女の姿を目にする。そして、

　　私は彼女のところに走っていった。それまでの人生で残っているのは彼女だけだったからだ。私たちは同じ食べ物を食べ、横に並んで眠り、同じ川で水浴びした。走りながら私は思った——ティアと一緒に暮らしてティアのようになろう……近づくと彼女がぎざぎざの石を手に持っているのが見えたが、それを投げるのは見えなかった。痛みも感

じなかったが、なにか濡れたものが顔を流れるのがわかった。彼女を見つめると、彼女は顔をくしゃくしゃにして泣き出した。顔から血を流した私と、涙を流した彼女は、互いに見つめ合った。私はまるで自分を見ているような気がした。鏡に映った自分の顔を（リース、2009、p.299）。

多くの批評家は、アントワネットひいてはリース自身が、黒人の文化や社会に強く惹かれながら、人種的にも階級的にも黒人たちとの一体化は阻まれていたことを指摘し、その「アイデンティティの分裂」を論じている。上の一節は、二人の少女の、いわば「分裂的な同一化」を表す鏡像のイメージをとおし、そのような緊張した自己と他者との関係を劇的に表現した一節といえる。

　アントワネットはその後、修道院で比較的平穏な一時期をすごすが、そんな彼女にある日、一人のイギリス人男性が訪れる。作品では最後まで名前が与えられていないが、『ジェイン・エア』のロチェスターである。そして、この二人の短いハネムーンを描く作品の第2部は、この「ロチェスター」の視点から語られる。紙幅の関係で詳細は省かなければならないが、彼はアントワネットに対し、植民者また男性としての支配力を振るうだけではなく、彼女が代表する「異郷」への渇望と嫌悪とに引き裂かれ、激しく動揺する人物としても描かれていることは指摘しておこう。しかしその彼も、最後はアントワネットをイギリスの屋敷の屋根裏部屋に監禁する計画を抱くにいたる。

　作品の第3部は『ジェイン・エア』の屋敷炎上の場面に合流し、ここでアントワネットの語りが復活する。その最後、アントワネットはけっして「狂女」としてではなく、自らの意思・選択により、屋敷に火を放つ。

私は今ついに知ったのだ、ここに連れてこられたわけと私がしなければならないことを。すきま風があったらしく炎がゆらめき、消えたと思った。でも手で囲むとまた燃え上がり、暗い廊下にそって歩いてゆく私を照らし出した。(p.441)

　この屋敷は「厚紙」のような壁でできているという以前のアントワネットの観察からすると、それは『ジェイン・エア』という本自体のようでもある。その屋敷／本を燃やし尽くそうとする行為には、非常に激しい敵対意識が感じられることはたしかだ。ただし、この行為の直前、アントワネットはその「予告」となる夢を見る。そこでのアントワネットには、不思議なことに、屋敷の幽霊を恐れる原作のジェイン・エアのような位置が与えられている。「ときどき左右に目をくばったけれど後ろは振り向かなかった。この屋敷にとりついているという女の幽霊を見たくなかったから」(p.438)。さらに彼女は、子供のジェインが閉じ込められた「赤い部屋」を連想させる部屋に入っていく。「そこは赤い絨毯に赤いカーテンの広い部屋だった……とつぜんその部屋で私はとてもみじめな気持になった」(p.439)。彼女はここで蠟燭を倒し、「赤い部屋」を炎上させるが、その直後、彼女は「幽霊」を目撃する。

　彼女を――幽霊を見たのはそのときだ。その女は髪をほうほうになびかせていた。金の額縁に囲まれていたけれど私は彼女を知っていた。持っていた蠟燭を取り落し、テーブルクロスの端に火がついて炎が燃え上がるのが見えた。(p.439)

　この「幽霊」はたぶん、鏡に映った彼女自身の姿だろう。しかし、上の一連の描写からは、幼少時のアントワネットとティアの鏡像関係と同

様に、この夢が表しているのは、アントワネットとジェインとの「分裂した同一化」ではないかとも思われる。アントワネットの経験には実際、ジェインの経験と共通する要素も数多い。父を亡くし、母は不在も同然の孤児的な状況、修道学校の経験、その修道学校を出た後のロチェスターとの運命的な出会い、等々である。つまり、この作品には『ジェイン・エア』への対抗意識だけでなく、アントワネットとジェインとのある意味での同一化の可能性も暗示されているといえる。

(3) 複数の物語としてのアントワネットの物語

『サルガッソーの広い海』というタイトルは、作品中には一度も言及されていないが、サルガッソー（海藻）により多くの船を難破させたという伝説をもつ、カリブとヨーロッパのはざまに横たわる海域のことである。アントワネットも、端的にいえば、ティアにもジェインにもなり得たかもしれないが、そのどちらにもなり切ることのできなかった「はざま」の人間像なのだ。アントワネットにとって、この「アイデンティティの分裂」は悲劇的な状況をもたらすかもしれないが、『サルガッソーの広い海』のテクストは、それ自体このような「はざま」の位置から、植民地主義の複雑な状況やその痛みを、原作の『ジェイン・エア』よりもはるかに的確に、ダイナミックに描き出しているといえる。

ジーン・リースは、この作品の執筆中に書かれたいくつかの手紙の中で、女性に財産権のなかった19世紀前半、アントワネットと同じ運命を辿った植民地女性が少なくなかったという史実を強調している。アントワネットも作品中、次のような不思議な言葉を残している。「私が住むはずの家は寒くてよそよそしく、私が横たわるベッドには赤いカーテンがあり、ずっと昔そこに何度も寝たことがあるとわかっている。あれはどのくらい前だったのだろう？　私はそのベッドで私の夢の最後の夢

をみるのだ」(リース、2009、p.364)。「赤いカーテンのベッド」には、やはりジェイン・エアの「赤い部屋」が意識されているのだろう。また「そこに何度も寝たことがある」という言葉には、彼女と同じような状況に置かれてきた植民地女性たちの経験の集合体が亡霊のように呼び起こされている。あるいは、今も世界のどこかで、このような「アントワネット」が生み出されているかもしれないということを、誰が否定できるだろうか。

　サイードは『オリエンタリズム』が残したもっとも重要な課題は、「今日オリエンタリズムに代わりうるものが何であるかという研究に取り組み、どのようにしたら他者を抑圧したり操作したりするのではない自由擁護の立場に立って、異種の文化や異種の民族を研究することが可能であるかを問いかけることであろう」と述べている（サイード、1993、p.65）。そして、このような課題が乗り越えられるとき、西洋によって固定化された「東洋」や「西洋」という対立的な観念自体が解消されるだろうと彼はいう（p.72）。『サルガッソーの広い海』の「分裂した同一化」の鏡像にも、私たちは、白人／黒人、植民者／被植民者などの分断を乗り越えようとする衝動を感じ取ることができるように思われる。そして、このような衝動こそが「ポストコロニアル」の「ポスト」のもつ一つの力に他ならないなのだ。

引用参考文献

- Spivak, Gayatri Chakravorty (1985), "Three Women's Texts and a Critique of Imperialism", *Critical Inquiry* (vol.12, no.1), pp.243-261.
- Rhys, Jean (1966), *Wide Sargasso Sea*, Introduction by Francis Wyndham, Penguin Books.
- サイード，エドワード・W. (1993)『オリエンタリズム』上、板垣雄三・杉田英

明監修、今沢紀子訳、平凡社
・セゼール，エメ（2004）『帰郷ノート／植民地主義論』砂野幸稔訳、平凡社
・バーバ，ホミ・K.（2005）『文化の場所――ポストコロニアリズムの位相』本橋哲也・正木恒夫・外岡尚美・阪元留美訳、法政大学出版局（一部分、改訳させていただいた。）
・ファノン，フランツ（1996）『地に呪われたる者』鈴木道彦・浦野衣子訳、みすず書房
・ブロンティ，シャーロット（1957）『ジェイン・エア』下、遠藤寿子訳、岩波文庫
・リース，ジーン（2009）『サルガッソーの広い海』小沢瑞穂訳、池澤夏樹＝個人編集 世界文学全集Ⅱ-01、『灯台へ』／『サルガッソーの広い海』、河出書房新社（一部分、改訳させていただいた。）

学習課題

1　『オリエンタリズム』の「序説」を読み、サイードの論点を自分で確認してみよう。
2　デフォーの『ロビンソン・クルーソー』を書き換えたJ. M. クッツェーの『敵あるいはフォー』（本橋哲也訳、白水社、1992）では、原作のロビンソン・クルーソーやフライディがどのように描かれているか、作品を読んで調べてみよう。
3　『サルガッソーの広い海』は『ジェイン・エア』をどのように書き換えているか、両作品を読み比べ、本章で触れられていない点を発見してみよう。

14 | ポストコロニアル批評（2）
――グローバリゼーション時代における批評と文学

木村茂雄

《目標＆ポイント》 植民地主義とグローバリゼーションとは、どのような関係にあるのだろうか？ ポストコロニアルの批評と文学は、この新しい世界の状況をどのように捉えているのか？ グローバリゼーションに関するいくつかの研究を紹介するとともに、ガヤトリ・スピヴァクの近年の批評と、キラン・デサイの小説『喪失の遺産』をおもな材料に、グローバリゼーション時代におけるポストコロニアルの批評と文学の可能性について考える。
《キーワード》 グローバル性、ポストコロニアル性、ガヤトリ・スピヴァク、惑星性、テレイオポイエーシス、サバルタン、美的教育、キラン・デサイ

1．ポストコロニアル性とグローバル性

（1）「ポストコロニアリズム」の限界？

　植民地の独立前後から脱植民地化にかけてのポストコロニアルの批評や文学は、欧米中心の「普遍性」に対して、（旧）植民地の社会や文化の「差異性」を主張することを一つの原動力としていたといえる。それが非常にダイナミックな文化運動であったこともたしかだ。しかし、脱植民地化の運動も一段落した1980年代以降、アメリカを中心に「アイデンティティ・ポリティクス」や「マルチカルチュラリズム」が制度化・固定化される中で、文化の差異性や個別性の捉え方もしばしば平板化していく。そして、固定的なアイデンティティをもつ各種の文化が平和に（つまり、お互い無関係に）並存することをよしとするような文化

観が社会に浸透し、「民族性」を商品化する「差異のビジネス」さえ隆盛するにいたる (Gilroy, 2000, pp.241-242)。

「ポストコロニアリズム」は、このような状況を生き延びることができるのか？　この問いに「ノー」と答えた有名な議論に、マイケル・ハートとアントニオ・ネグリの『帝国』がある。彼らによれば、現代の「帝国」による支配は過去の「帝国主義」とは異なり、民族や文化の差異性を容認したうえで管理するという戦略によるものなので、ポストコロニアリズムの「差異の政治」は、現代の本当の敵に対抗するには的外れなばかりか、その支配を図らずも後押ししてしまうのだ (Hardt and Negri, 2000, pp.138-143)。

この批判は、狭い民族主義や差異主義に固着したポストコロニアル批評には当てはまるかもしれない。また、彼らの「帝国」論の中心軸となる現代のグローバリゼーションが、後述するように、さまざまな新しい要素を含んでいることもたしかだ。しかし、現代のこの世界状況にも帝国主義の歴史が色濃く影を落としていることは明らかであり、そのことを無視してグローバリゼーションの新しさだけを主張するのは、スチュアート・ホールのいう「歴史健忘症」のそしりを免れないだろう（ホール、1999、p.41）。また近年、新しい世界状況に正面から取り組んだポストコロニアルの理論と文学も着実に生み出されてきている。本章では、前章でも触れたポストコロニアル批評家ガヤトリ・スピヴァクの『ある学問の死』(2003年刊)と『グローバリゼーション時代における美的教育』(2013年刊)、そしてキラン・デサイの『喪失の遺産』(2006年刊)をおもな素材に、その展開に迫っていきたい。

(2) グローバリゼーション研究

その前に、グローバリゼーションの現象がこれまでどのように論じら

れてきたのかを、簡単にまとめておこう。社会学の分野では、アンソニー・ギデンズの『近代とはいかなる時代か？』（1991年刊）などを出発点として、「近代の拡散」という側面が強調されてきた。すなわち、「近代」が世界中に飛び火する中で、その多様な文化や社会が均質化し、世界規模の「時-空間の圧縮」が起こる。時間的にも空間的にも世界が収斂し、その同質化が進行するという捉え方である。

　ただし、文化の普遍性と差異性、同質性と個別性というテーマも、同じ社会学の分野で盛んに論じられてきた。そして近年では、その両者の相互関係や相互作用が強調される傾向にある。たとえば、「グローバリゼーションを同質化という観点から考えるべきではない……またそれを、多様性や差異化という観点のみから捉えるべきではない……グローバリゼーションが実際に生み出しているのは、文化的な収斂と文化的な差異化との関係を考えるための新しい基盤なのだ」（Robins, 2000, p.201）。ローランド・ロバートソンが1990年代に唱えて有名になった「グローカリゼーション」（「グローバル化」と「ローカル化」を重ね合わせた概念）も、同じ傾向の議論に含めることができるだろう。

　これらの観点はマクロな捉え方として有益だが、それにしても、グローバリゼーションとは非常に多面的で複雑な現象である。また、植民地支配とくらべ、その主体や客体もどこか曖昧である。9・11事件から現在にいたるまでの21世紀、それが必ずしも、アメリカという「帝国」の一極的な世界支配を意味しないことも次第に明らかになりつつあるように思われる。

　この点と関連して、もう一つ、インド出身の文化人類学者アルジュン・アパデュライのモデルを紹介しておこう。彼はグローバリゼーションを、5つの「次元」の流動的で分裂的な絡み合いという点から捉えている。すなわち、「民族の光景」（ethnoscapes）、「メディアの光景」

(mediascapes)、「テクノロジーの光景」(technoscapes)、「金融資本の光景」(finanscapes)、「思想（イデオロギー）の光景」(ideoscapes)、その5つである。「光景」と訳した接尾語の"scapes"には、"landscapes"や"seascapes"という言葉が意識されている。つまり、それぞれの「次元」の形状は風景のように不規則であること、また、それを見るものの位置によって、さまざまに形を変えることを言い表した用語である。アパデュライは、これらの次元のグローバルな展開、また各次元の相互関係も流動的・分裂的であり、その複雑な動きの全体がグローバリゼーションの状況を生み出していると論じる（Appadurai, 1996, p.33）。

2. グローバリゼーションと向き合う

(1) グローバリゼーションと私たち

　アパデュライはその後、「暴力」や「テロ」とグローバリゼーションとの関係について論考を深める一方、インド・ムンバイの「草の根のグローバリゼーション」の運動を調査・分析してきた。実際、彼のこの研究を含め、近年のグローバリゼーション研究では、「対抗グローバリゼーション」(counter-globalization)や「もう一つのグローバリゼーション」(alter-globalization)の動向にも光が当てられている。たとえば、1994年、北米自由貿易協定（NAFTA）に反発して起こったメキシコのマヤ系民族の「サパティスタ運動」、1999年の世界貿易機関（WTO）の会議をめぐって繰り広げられた「シアトルの戦い」、「世界経済フォーラム」に対抗して、2001年、ブラジルのポルトアレグレで開始された「世界社会フォーラム」の運動などだ。

　重要なのは、これらは偶発的・単発的な出来事というよりも、それ自体グローバルな連鎖反応のなかで起こってきた一連の運動なのだという

点である（Steger［ed.］, 2015, pp.56-69）。現代の情報通信テクノロジーが生み出した各種のソーシャル・ネットワーク・サービスが、これらの運動において重要な役割を果たしてきたことも調査されている（Steger［ed.］, 2015, pp.70-89）。つまり、グローバリゼーションとは、もはや単に「上から」降りかかってくるだけのものではないのだ。

　あるいは私たちは、それをもっと身近に引き寄せてみる必要もあるかもしれない。たとえば、ある調査によれば、グローバルに展開するフランチャイズ店の2011年の売上高世界ランキングは、1位がマクドナルド、2位がセブン‐イレブン、3位がケンタッキーフライドチキン、4位がサブウェイ、5位がバーガーキングである。7位にサークルK、8位にピザハットがランクインしている（Steger［ed.］, 2015, p.200）。これらのチェーン店との関わりなど一切ないと言い切れるものが、私たちの中にどれくらいいるだろうか？

　グローバリゼーションはこのように私たちの日常生活に浸透しているが、アパデュライは、このような日常のグローバリゼーションに、私たちの知識や理解が追いついていっていないという問題を指摘している（Appadurai, 2013, pp.277, 281）。同じことはある程度ポストコロニアル批評についてもいえるかもしれない。つまり、ポストコロニアル性とグローバル性との関係についても、研究不足の部分がまだ大きいように思われるのだ。ガヤトリ・スピヴァクは、この課題に取り組んできたもっとも重要なポストコロニアル批評家・思想家の一人である。彼女の理論はその難解さをもっても知られるが、以下、その中心概念を私なりに嚙み砕いて紹介していきたい。

（２）グローバル性と「惑星性」

　「対抗グローバリゼーション」や「もう一つのグローバリゼーション」

は、グローバリゼーションの状況（アパデュライのいう5つの次元）を否認しているわけではない。むしろそれは、同じ状況の中で（あるいは、同じ状況を利用しつつ）現在のグローバリゼーションをより公正なものに変えていこうとする姿勢といえる。

スピヴァクも基本的に同じ姿勢から、グローバル性を「上書き」ないし「代補」する「惑星性」というビジョンを提起する。「代補」とはジャック・デリダからの援用だが、スピヴァクによれば、それは「足らないものを埋めると同時に、過剰なものを付け加える」ことであり、「計算できない要素に私たちを開いていくゆえに、危険」なものなのだ。

この「惑星性」について、彼女はこう述べている。

　地球（globe）はコンピュータに収められている。それが「世界銀行」の理法である。誰もそこには住んでいないが、しかし私たちはグローバル性をコントロールすることを目指すことができると考えている。惑星（planet）は他者性の種に属し、もう一つの別のシステムに従っている。しかし、私たちはみなそこに住んでいる。実際、私たちは惑星そのものなのだ。ただし、それと地球とを明確に対比することもできない。(Spivak, 1999)

「地球」がコンピュータに収められた無人の空間であるとするなら、「惑星」は「他者性」に属するものの、私たち人間そのものなのだと彼女はいう。逆説的な議論だが、少し嚙み砕いてみよう。彼女は上の引用の後で、「他者」について考えることが人間であることの一つの意味であり、「人間らしくあるということは、他者に差し向けられているということなのだ」("To be human is to be intended toward the other.")と述べている。彼女によれば、人間はグローバルな行為主体（global agents) というよりも、たまたま「惑星」に産み落とされ、そこで生きることを許されている生き物 (planetary creatures) なのだ。したがって、人間はこの「惑星」を「コントロール」するどころか、それを完全に理解することもできない。むしろ、そのような「他者」としての「惑星」につねに関心を差し向けていることが人間であることの証なのだ (Spivak, 1999)。

ただし彼女は、引用文の最後で、「惑星」と「地球」とが明確な対照をなすわけではないことも認めている。つまり、「惑星性」とは「グローバル性」の否定概念というよりも、それをより公正な、あるいは人間的なものへと是正していく想像力や精神の構えを言い表す言葉と捉えることができる。そして、そのような想像力のかなめとして彼女が提唱するのが「テレイオポイエーシス」である。

(3) テレイオポイエーシス、サバルタン、美的教育

これは最初『ある学問の死』で展開された概念である（そこでは「テレオポイエーシス」とされていたが、本論では彼女の後の表記「テレイオポイエーシス」に統一する)。それが、前章でも触れた南アフリカ出身の小説家 J. M. クッツェーの『夷狄を待ちながら』の一節を一つのヒントとしていることは興味深い。「私は意味の網を一枚また一枚と投げかけて、包みこむようにしながら、この少女という、他のなにものにも還元しえない形象 (the irreducible figure of the girl) に襲いかかり、その周囲を旋回している」。この「少女」は、語り手の白人執政官が匿っている「原住民」（夷狄）の少女である。彼はその「意味」を解読しようと必死になるが、彼女の「形象」は「他のなにものにも還元しえない」ものにとどまり続ける（スピヴァク、2004、p.38)。

「テレイオポイエーシス」の「テレイオ」は多義的だが、スピヴァク

はその「遠い」という意味を強調している。「ポイエーシス」は「形成／創造」であり「ポエジー」でもある。したがって、それは「遠い他者の形象を創造的に読むプロセス」と嚙み砕くこともできる。しかし、その「読み」は他者を解読することの困難さや、他者の「意味」の決定不可能性を前提としたものとなる。また、他者を読む自己がその他者に読まれているという双方向的なプロセスを可能な限り自覚したものでなければならない。『グローバリゼーション時代における美的教育』では、彼女はこう述べている。

　テレイオポイエーシス、想像力の辛抱強い努力により遠くの他者に接近すること、想像力あるいは故郷喪失の結果として、アイデンティティを越境する不思議な種類のアイデンティティ・ポリティクス。(Spivak, 2004)

スピヴァクはまた、「サバルタンは語ることができるか？」という、彼女の終生の問いをここに結びつけ、想像力により遠い他者に接近する努力をとおして「聞く主体」や「耳を傾ける集団」を成立させない限り、サバルタンはいつまでも語れないのだと断じている。

「サバルタン」は広くは「従属者」の意味だが、スピヴァクの場合、自身が生まれ育ったインドの西ベンガルの先住民（aboriginals）、とくにその女性たちが重要な参照点とされている。ただし、彼女のいう「惑星性」とは「ローカル性」というより、世界規模の「土着性」に近いものといえる。彼女にとって、そのような惑星性／土着性を代表する存在がサバルタンなのだ。そして、現在のサバルタンたちは、グローバリゼーションの圏外に置かれているのではなく、その状況に深く巻き込まれていることを指摘する。

サバルタンの定義はいまや書き直される。通常の移動のラインから切り離されているにもかかわらず、あるいはおそらく、まさしくそのために、この集団はグローバルな遠隔通信に直接さらされているのだ。(Spivak, 2000)

ポストコロニアル批評やグローバリゼーション研究、あるいは最近のメディア報道においても、欧米への移民や難民がクローズアップされることが多いが、それだけがグローバリゼーションの内実ではない。現地のサバルタンたちは、通常の移動性・流動性のラインから切り離されているからこそ、グローバルな遠隔通信や遠隔操作に直接さらされているのだとスピヴァクはいう。さらに彼女は、世界の「田舎」に定住している人々にグローバリゼーションがふるっている、さまざまな破壊行為を並べ立てる――見境のないダム建設、土着の知識の特許化、通商・貿易と結びつけられた知的財産権の施策、発展途上国の動植物を搾取的に探査する「バイオパイラシー」等々である。そして、「グローバルの最前線は、いまや都会ではなく田舎にあり、このことを学ぶことが、上からではなく下からの回路で、ポストコロニアル性からグローバリズムに向かう道なのだ」と論じる（Spivak, 2000）。

世界の「田舎」から大都市へ向かう移民の存在をスピヴァクが無視しているわけではない。ただし、彼女が注目するのは（彼女自身も含む）エリート移民ではなく、「底辺の移民たち」である。そして「より公正な近代のために、私たちは底辺の移民たちから学ばなければならないことがあるのだ」と主張する（Spivak, 1999）。

それにしても、グローバル性に「惑星性」を「上書き」し、「より公正な近代」を招き入れるために、私たちはどうしたらよいのか？　スピヴァクは、いわゆる「国際市民社会」や「人権思想」などによる「上か

ら」の支援の効果にはかなり懐疑的で、それよりも間接的で時間もかかり、実現の保証もないが、グローバリゼーションが駆使する「計算」に対抗し得る唯一の方法を、本のタイトルにある「美的教育」(aesthetic education) に求める。これは何度か述べられている定義から、単に「想像力の訓練」と言い換えても大過ないだろう。

　私はあらゆる人々に美的教育が行われるべきだと信じている。私がこの本の序章で述べたことは、要約すれば次のことにつきる。認識の遂行のために想像力を訓練すること、それが美的教育である＊。

「認識の遂行」も難しいが、私たち誰もがもっている認識の力を、状況を理解し受け入れるためだけでなく、能動的あるいは行為遂行的に働かせること、そしてそのような認識を、日常の生活や行為に結びつけていくことと噛み砕いても、スピヴァクの意図から大きく外れることはないだろう。また彼女は何度か「欲望の再配置をとおして」というフレーズをそこに付け加えている。つまり、この「想像力の訓練」には、私たちが何を欲するかを根本的にアレンジし直すことも含まれるのだ。
　以上のような観点を踏まえつつ、キラン・デサイの『喪失の遺産』の検討に移りたい。

3. キラン・デサイの『喪失の遺産』

(1)「喪失」の歴史
　キラン・デサイ (1971-) は、インドのポストコロニアル文学を代表する作家の一人であるアニター・デサイを母としてインドに生まれ、14歳のときにイギリスへ、ついでアメリカに移住した女性作家である。その第2作目となる『喪失の遺産』(2006年刊) は、ブッカー賞を女性作

＊出所：Spivak, Gayatri Chakravorty "Why Does Zamyn Place 'Culture' at the Centre of Its Analysis?" for Zamyn, an independent analytical agency.

家として最年少で受賞したことでも話題になった。

『喪失の遺産』は、1986 年に設定された一つの事件から始まる。場所はインド北東部、ヒマラヤ山脈を望むダージリン地方、ヒロインで 17 歳の少女サイは、元判事で作品中も単に「判事」と呼ばれることの多い祖父と、植民地時代にスコットランド人が建設した屋敷に住んでいる。この屋敷に、ゴルカ人の一団が押し入るのだ。英語ではグルカ兵で有名なグルカ人だが、広くいえばネパール人である。彼らは人口的にはこの地方のマジョリティだが、社会的にはマイノリティの扱いを受けてきたことから、ゴルカ人の自治を求める「ゴルカランド運動」を起こす。彼らが屋敷に侵入したのは、判事が所有する猟銃が目当てだったとされているが、この事件はやがて、意外なかたちで、この地方のサバルタンたちの命運を左右することにもなる。しかしその前に、少女サイを取り巻く歴史や社会を簡単に整理しておこう。

判事は、遠い昔ケンブリッジ大学に留学し、植民地時代の「インド高等文官」に選ばれたエリートだが、イギリスとインドの両方に対して非常に鬱屈した感情を抱いている。

　彼はイギリス人を羨んだ。そしてインド人を嫌った。憎しみの情熱によって、イギリス人になろうとした。その結果すべての人間に、すなわちイギリス人からもインド人からも軽蔑される存在になっていった。（デサイ、2008、p.184）

前章でも触れたホミ・バーバは、西洋文化との接触が引き起こす植民地人の「物まね（ミミクリー）」や「ハイブリッド性」を肯定的に再評価する理論を展開したが、判事の場合は、そのような「ハイブリッド性」の完全な否定版といえるだろう。

判事の娘、サイの母は、さまざまな事情から孤児同様に修道院で育てられるが、大学生時代に同じような境遇の男子学生と出会い、両家の反対を押し切って結婚する。そこでサイが生まれるが、両親はサイを母がかつて過ごした修道院に預け、ソ連時代のロシアへと向かう。宇宙飛行士の訓練を受けるためだ。これは1970年代の冷戦構造において、中国とソ連との関係が悪化したため、インドは逆にソ連と友好条約を結ぶという複雑な国際状況を背景としている。しかしこの両親は、サイが8歳のとき交通事故で亡くなり、文字どおり孤児となったサイを、祖父の判事が引き取ることになる。
　サイはやがて、自分自身を生み出した「歴史」を、以下のように意識する。

　　この繰り返しが彼女を呼んでいた。サイを予想し、呪いをかけていた。遠い昔に行われたことが、自分たちみんなを作り出していた──サイも、判事も、マットも料理人も……（pp.302-303）

　歴史の「繰り返し」や「遠い昔に行われたこと」は、植民地時代の祖父の旅や、冷戦時代の両親の旅などのことだが、これらはみな、どちらかといえば喪失や離別の旅である。小説タイトルの『喪失の遺産』には、サイがこのような喪失の歴史をいかに「遺産」として受け止め、自分の旅を作り出していくかという意味が込められているといえる。
　引用の最後に並べられているのは屋敷の住人たちである。「マット」は判事の飼い犬だが、しかし彼はこの犬を、どんな人間よりも溺愛している。「料理人」は判事の召使で、サイの一番の話し相手だ。ただし、サイは基本的に英語話者でヒンディー語は不十分にしか話せず、料理人はその逆なので、二人の「コミュニケーション」は中途半端なものとな

る。これは明らかに、民族の違いではなく、階級差によるものといえる。サイとゴルカ人家庭教師との「ロマンス」も小説の主筋の一つだが、ここでも、民族の違いよりも階級差が二人を隔てている様子がうかがえる。

　また、この小説はしばしば、この家庭教師や料理人よりもさらに下層の人々に言及している。そもそも、サイの住む高台の屋敷はどのようにして建設されたのか？

　　このようなロマンの対価は高く、しかも他の人々によって支払われるのが世の常である。荷役夫たちが河原から玉石を運んだのだ——彼らの脚はがに股になり、あばらは洞窟とくぼみ、背はUの字になり、顔はうなだれて地面だけを凝視しながら……（p.24）

サバルタンたちの苦役がいかにも丁寧に描写されている。この土地の他のサバルタンたちについてはまた後で触れるが、料理人の一人息子のビジュの物語も、まったく別の状況を生きるサバルタンの物語として重要である。そしてその舞台は、ニューヨークへと一転する。

（2）ニューヨークとダージリン地方のサバルタン

　彼はスピヴァクのいう「底辺の移民たち」の一人として、ニューヨークのレストランの職を転々と渡り歩く。料理人の父はこの息子に大きな期待を寄せているが、現実のビジュはアメリカの社会にまったく馴染めず、苦しみ続ける。

　そんな彼にも、アメリカで唯一友情と尊敬を感じ、自身のロールモデルともなる人物が現れる。サイード・サイードという名のザンジバルからの不法労働者だが、彼は判事とは対照的に、脳天気なまでに明るく、

フットワークの軽い「ハイブリッド性」を体現している。彼はビジュに初めて会ったとき、「おいらの靴は日本製」云々という有名なインド映画の主題歌をヒンディー語で歌い、ビジュを感激させるが、これも彼のインド贔屓というより、さまざまな境界を乗り越えていく彼の身軽さの表現といえるだろう（pp.85-86）。

　ハイブリッドなアフリカ人／アメリカ人としてアメリカ社会を泳いでいく彼に、ビジュは憧れるが、しかし彼と同じように生きることはできない。それも一つの現実だろう。ビジュは結局インドに帰ることを決意するが、それは彼が故郷の状況を察知し始めたこととも関連している。そこでは「ゴルカランド運動」のデモが暴動化し、多数の死者を出すという事件が起こっていたのだ。ビジュの父も、自分の日常の場である市場が流血の場となったことに大きな衝撃を受け、「ここは自分の場所ではない」（he didn't belong.）と感じる（p.425）。移動を伴わない場所の喪失感である。

　しかし、この騒乱でもっとも苦しめられるのは、さらに下層のサバルタンたちである。動乱を取り締まる警察は、無差別逮捕や拷問もいとわなくなるが、その発端は、作品冒頭で判事の猟銃を奪った犯人の「でっち上げ捜査」だった。この「犯人」の一家は、川から石を運んで道路を補修するのを生業としていて、判事の屋敷建設のために働いたサバルタンたちを連想させる。この「犯人」は拷問により失明するが、その妻と父親が彼の無実を訴えるため、判事の屋敷を訪れる。判事は二人の訴えを突っぱねるが、再度やってきて同じ扱いを受けた二人は、判事の飼い犬のマットに目をつける。高く売れそうだ、というわけだ。犯行が露見することを恐れる義父に、妻はこう答える。

「……あの人たちは私たちの名前も村の名前も知らないもの。あの

人たち、何ひとつ質問しなかった」
　彼女の言うとおりだった。
　警察でさえ、自分たちが打ち据えて盲目にした男の名前さえ知ろうともしなかったのだ。(p.432)

　これらのサバルタンたちは、名前も顔もない存在だからこそ、権力の監視をすり抜けることができるといえるだろうか。しかし判事は、彼女たちの存在と愛犬の失踪を直感的に結びつける。そして一瞬「私に責任があるのだろうか？」という思いが彼の頭をかすめる。
　ビジュは、ニューヨーク発、ロンドン、フランクフルト、アブダビ、ドバイ、バーレーン、カラチ、デリー経由、カルカッタ着という、鈍行のような飛行機で故郷に向かう。しばしばグローバリゼーションの一つの象徴とされる国際線の飛行機の旅にも、植民地主義の遺産としてのグローバルな階級差が厳然として存在することが、ややコミカルに表現されている。このような旅を経て、ビジュはカルカッタの街に足を踏み入れる。

　ビジュはその埃っぽく生ぬるい、柔らかいサリーのような夜のなかに立ち尽くしていた……自分がゆっくりと、もとの大きさに戻っていくのを感じ、異邦人であることの莫大な不安が退いていくのを感じた——移民であることの、耐えがたい横柄さと恥辱が……ビジュは周囲を見まわした。視界はかすんでいなかった。ほんとうに、いつ以来のことだろう、彼はようやく世界をはっきりと見ることができたのだ。(p.458)

移民であることの重圧から解放され、故郷と再会した喜びを、さまざ

まな身体感覚により表現ゆたかに表した一節といえる。この後ビジュは「ゴルカランド運動」の一派に身ぐるみをはがされ、やっとの思いで屋敷に辿り着くが、そんな彼を料理人の父が抱き止める場面で作品は終わっている。

(3) 旅立ち

しかし、これと完全に並行して、サイは旅立つ決心を固める。

　彼女は父親とその宇宙計画のことを思い出していた。『ナショナル・ジオグラフィック』や、読んできたその他の本のことを。そして判事の旅のこと、料理人の、ビジュの旅のこと。それから地軸を回転する地球儀のことも。
　そしてサイは、かすかに光る強さを感じることができた。決心の光を。ここを出て行かなければならない。(p.494)

彼女がどこへ旅立つのか、それは明らかではない。確実にいえるのは、サイが自分を作り出した歴史の「繰り返し」に抵抗しようとしていることだ。その決意は、たとえ「かすかな光」であっても、喪失の遺産を踏まえつつ、新しい旅を作り出そうとする決意であることは間違いない。
『ナショナル・ジオグラフィック』は、彼女が愛読していた雑誌である。「地軸を回転する地球儀」は、そこから送られた景品で、料理人と一緒に組み立てた地球儀のことだ。このイメージは、サイが体験しようとしている旅の射程を思わせる。使われている言葉は「地球」だが、その旅がスピヴァクのいう「惑星性」を求める旅になるであろうことは、この小説全体が予言しているように思われる。これはあくまでも予言にすぎないかもしれない。しかしその未来の可能性は、スピヴァクの「惑

星性」と同様に、私たち読者一人ひとりの想像力の課題として差し出されているように思われるのだ。

[注記]
　本章の一部は以下の論考を下敷きにしている：木村茂雄（2010）「ポストコロニアル理論とコスモポリタニズム」木村茂雄・山田雄三編『英語文学の越境——ポストコロニアル／カルチュラル・スタディーズの視点から』英宝社、pp.179-196；木村茂雄（2015）「土着と近代、ローカルとグローバル」栩正行・木村茂雄・武井暁子編『土着と近代——グローカルの大洋を行く英語圏文学』音羽書房鶴見書店、pp.55-82。

引用参考文献

- Appadurai, Arjun (1996), *Modernity at Large: Cultural Dimensions of Globalization*, University of Minnesota Press.
- ―. (2013), *The Future as Cultural Fact: Essays on the Global Condition*, Verso.
- Desai, Kiran (2006), *The Inheritance of Loss*, Pengin Books.
- Gilroy, Paul (2000), *Against Race: Imagining Political Culture Beyond the Color Line*, Harvard University Press.
- Hardt, Michael and Negri, Antonio (2000), *Empire*, Harvard University Press.
- Robins, Kevin (2000), "Encountering Globalization", David Held and Anthony McGrew (eds.), *The Global Transformations Reader*, Polity Press, pp.195-201.
- Spivak, Gayatri Chakravorty (1999), "Imperative to Re-imagine the Planet", Willi Goetschel (ed.), *Imperatives to Re-imagine the Planet/Imperative zur Neuerfindung des Planeten*, Vienna: Passagen.
- ―. (2000), "From Haverstock Hill Flat to U. S. Classroom, What's Left of Theory", Judith Butler, John Guillory, and Kendall Thomas (eds.), *What's Left of Theory New Work on the Politics of Literary Theory*, Taylor and Francis Group, LLC, pp.1-39.

- ―. (2004), "Harlem", Eduardo Cavada and Aaron Levy (eds.), *Cities without Citizens*, Philadelphia: Slought Books, pp.58-85.
- ―. (2013), *An Aesthetic Education in the Era of Globalization*, Harvard University Press.
- Steger, Manfred B. (ed.), (2015), *The Global Studies Reader* (Second Edition), Oxford University Press.
- ギデンズ、アンソニー (1993)『近代とはいかなる時代か？』松尾精文・小幡正敏訳、而立出版
- スピヴァク、G. C. (2004)『ある学問の死』上村忠男・鈴木聡訳、みすず書房
- デサイ、キラン (2008)『喪失の響き』谷崎由依訳、早川書房（本章では原著のタイトルに近い『喪失の遺産』とし、一部、改訳させていただいた。）
- ホール、スチュアート (1999)「ローカルなものとグローバルなもの」A・D・キング編『文化とグローバル化』山中弘・安藤充・保呂篤彦訳、玉川大学出版部、pp.41-66

学習課題

1　身近なグローバリゼーションの状況を例に、そのプラス面とマイナス面について考えてみよう。

2　比較的読みやすいグローバリゼーション論に、ジョン・トムリンソンの『グローバリゼーション』（片岡信訳、青土社、2000）やマンフレッド・B．スティーガーの『新版 グローバリゼーション』（櫻井公人訳、岩波書店、2010）などがある。これらの文献を参考に、グローバリゼーションに対する理解を広げよう。

3　『喪失の遺産』を読み、コロニアル／ポストコロニアル／グローバルの関係について、自分の考えを深めよう。

15 | まとめ——読むことをめぐって

丹治　愛

《目標＆ポイント》 文学作品を読む文学研究と歴史資料を読む歴史研究を比較し、その類似性をあきらかにしたうえで、新歴史主義と文化研究という歴史主義的な文学批評について紹介する。その後、コナン・ドイルの推理小説を材料にして、犯罪現場を読むシャーロック・ホームズの読解法をまとめる。そのことをとおして、文学的読解がけっして特殊なものではなく、さまざまな種類のテクストの読解とひとつの方法を共有していることを確認する。
《キーワード》 新歴史主義、文化研究、シャーロック・ホームズ、記号と記号論、読解力と論理的能力

1. 歴史を読む——新歴史主義と文化研究

　文学研究は学問になりうるのか、あるいは文学は楽しむものであってそれで十分ではないか、と感じる人は多いだろう。わたし自身、授業のあとの教室で、面とむかってそのように言われたこともある。そのような人も、たとえば歴史を研究することの学問的価値については了解していることが多い。そのような人は、研究に値するかどうかの基準をどこに置いているのだろうか。いったい文学研究と歴史研究の差異はどこにあるのか。

　歴史研究は、さまざまな（言語的ならびに物的な）歴史資料を読んで歴史的事実——そのとき何が起こったのか、どのようにしてそれが起こったのか（坂本龍馬はどのような歴史的脈絡（コンテクスト）のなかで誰にどのような理由で暗殺されたのか）など——を突き止めるものであり、その答え

を最終的には一義的に定められる客観的事実として追究する。それにたいして、文学研究は登場人物たちに感情移入しながら虚構の物語に没頭し、最終的に自分が感じたこと（感情や感動）を主観的に述べるが、なんらかの客観的事実を突き止めようとする意図はもっていない。

　以上の意見は一面的には正しいが、しかし文学研究と歴史研究の対照性——主観的／客観的、虚構／事実——を強調するあまり、両者の類似性を無視している。たとえば歴史研究も、文学研究と同様に、歴史資料というテクストを批判的に読んで（歴史家といえども歴史的事件そのものに立ち会えるわけではなく、その事件を記録したテクストを読むだけである）、自分なりの解釈をつくりあげる学問ではないのか。歴史が客観的事実だけからなり、主観的解釈をふくんでいないという歴史観は素朴にすぎる。フランス語で物語と歴史は同じ単語（histoire）であらわされるが、歴史研究も一連の歴史資料が自分にとってどのような歴史／物語(ストーリー)をふくんでいるのかを、テクスト解釈の結果としてあきらかにしているのである。

　実際、1980年代初頭にあらわれた新歴史主義（New Historicism）は「歴史のテクスト性」を強調し、歴史を、「『主観的』な文学作品の外部に、確固として存在する『客観的』な事実ではな」（大久保、2003、p.197）く、それ自体ある観点からなされた主観的解釈が記されているテクストとして定義している。そのうえで、ひとつの時代のひとつの社会のなかで産出されたテクスト（＝織物）が、文学作品も歴史資料も、その社会のなかで流通しているイデオロギーによって、一定の模様を刻印されていることに注目する。

　そのようなものとして、歴史的コンテクストのなかで織りあげられるテクストは、多数のイデオロギーが交錯する文化的な磁場のなかで歴史性を刻印される——それが「テクストの歴史性」という新歴史主義のも

うひとつのキーワードとなる。だとしたら、同じ歴史的コンテクストで産み出されたさまざまなテクストに刻印されている共通の模様を見つけだすことによって、そのコンテクストのなかに流通していた過去の不可視のイデオロギーを想像的に推理していくことができるのではないか——それが文化研究的な文学研究の方向性である。

　文化研究にとって「文化」とは、比喩的にいえば、イデオロギー的力が多様に交錯する磁場のようなものである。わたしたちは、たとえ自分では自由な主体として自由にものを感じたり認識したり表象したり行動したりしていると感じていたとしても、じつはその感情や認識や表象や行動をかなりの程度その文化的磁場によってコントロールされているのではないか。その意味で「主体（サブジェクト）」は文化的磁場に「従属している（サブジェクト）」のではないか。だとすれば、ちょうど砂鉄が磁場のなかである可視的な模様をえがくように、わたしたちの感情や認識や表象や行動は、往々にして自分たちの文化に特徴的な模様を織りこまれているのではないか。

　文化研究はそのようなイデオロギー的力の磁場としての文化を研究するものである。その具体的作業は、ある社会のなかで生産されたさまざまなジャンルのテクスト（文学的あるいは言語的テクストばかりではなく）を読解することによって、そこに発見されるいくつかの模様から、その社会に作動していたイデオロギーを想像的に推理することにある。ちょうど考古学者が古墳の副葬品という可視的な事物から古代人の不可視の信仰の世界を推理するように、ある社会のなかで織りあげられた多様なテクストのなかに発見されるいくつかの模様から、失われたイデオロギー的磁場としての文化のありようを推理することにある[注1]。

　そのようなこころみの小さな実例はすでに第11章で提示されている。文学作品（『家庭の天使』や『テス』）、絵画（『受胎告知』や『尼僧院の想い』）、医学書（『生殖器官の機能と疾患』）、行動（クリトリス切除手術）

といった、1850年代の英国で産み出されたさまざまなかたちのテクストのなかの女性表象をとおして、「無性欲の神話」と名づけられるような女性をめぐる家父長制的なイデオロギーの構造を推理しているところである。

しかし「無性欲の神話」とは、精神史 (history of ideas) や心性史 (mental history) と呼ばれる分野の歴史研究によって創出された定説的な観念にほかならない。歴史的学説／客観的事実として認定されているその観念にはめこむかたちで『テス』というテクストを解釈することは、それもまた還元主義的な解釈ということになるだろう。新歴史主義が求めるプロセスは、少なくとも定説的な観念以前に遡って過去のテクストそのものを批判的に読解し「無性欲の神話」という観念の妥当性を検討することであり、さらに可能ならばそのようなディテールの批判的読解をとおしてその観念に修正を加えること、あるいは、その観念を新しいコンテクストとすることによって『テス』の新しい解釈を創出することだろう。

いずれにしろ、新歴史主義的な文学研究にとって歴史を読むということは、歴史研究の成果をそのまま受けとるということではなく、ある主題（たとえば女性）にかんして、対象とする時代（たとえばヴィクトリア朝）のさまざまなジャンルのテクスト──文学作品であれ、歴史資料であれ、絵画のような非言語的なテクストであれ──を、一次資料にまで遡って批判的に読むことによって、その時代のその主題についての自分の（主観的）解釈を確認していくということでなければならない。そのことにおいて、文学研究と歴史研究は相互に対等に交差しあうことになるだろう。

2. 犯罪を読む──コナン・ドイル「ボスコム谷の惨劇」[注2]

　テクストを読むという行為は、文学研究や歴史研究（や哲学研究）を中核とする人文諸科学の基本的プロセスである。しかし批判的読解という行為は、それだけにとどまらず、人間のあらゆる知的行為の基本的プロセスともなっている。たとえば医学的診断というのは、身体というテクストのディテール（症状やバイタル・データなど）を批判的に読むことによって、身体の内部でどのような異常が生起しつつあるかを解釈する行為である。身体という非言語的テクストも、それを記号として読もうとするとしばしば多義的になるが（発熱はさまざまな理由で起こりうる）、医学的解釈においては正しい読解はひとつしかありえず、それ以外の読解は誤読であり、患者の死を意味しかねない。

　医学的解釈と似ているのは犯罪捜査である。犯罪捜査とは、犯行現場に残された物的証拠のディテールや、犯行の目撃者をふくむさまざまな証言者たちの証言のディテールを批判的に読むことによって、誰がどういう理由でどのように犯行を実行したのかを解釈していく行為である。この場合もテクストはしばしば多義的であるが、正しい読解はひとつしかありえず、それ以外の読みは誤読であり、冤罪を意味しかねない。医学的診断と犯罪捜査における読解は、複数の解釈が並び立ちうる文学批評とはその点において決定的に異なる。どうしてそのような差異が生じるのか。

　その問いについて、医者でもあり推理作家でもあったドイルによる短編小説を読みながら考えてみたい──「ホームズ物語によって十分な余裕ができるまでは開業医として働いていた」、そして「指導教授であったエディンバラ王立病院のジョーゼフ・ベル博士を下敷きにしてシャーロック・ホームズという人物を造形した」（シービオク、1981、p.49）

コナン・ドイルである。

『緋色の研究』（1887年刊）で推理小説の歴史を画していたコナン・ドイルは、1892年、12編の短編からなる『シャーロック・ホームズの冒険』を出版する。そのうちの一編が「ボスコム谷の惨劇」である。1889年6月のある月曜日、ロンドンから遠いイングランド西部にあるというボスコム谷にあるボスコム池のほとりで、チャールズ・マッカーシーが殺害された事件をめぐる物語である。

ロンドン警視庁のレストレード警部から捜査協力の依頼を受けたホームズは、この物語の語り手である医師ジョン・ワトスンとともに西部への汽車に乗る。その車中でホームズは持参した「大量の新聞」から、この事件にかんする記事を「読みあさり、あいまにはメモをとったり、なにやら思案にふけったりしてい」る。数日前のことであっても過去であることに変わりなく、ホームズは新聞記事というテクストをとおして事件を読むのである（歴史のテクスト性）。

容疑者とされているのは被害者の18歳の息子ジェームズであり、不利な証拠もそろっている――（1）直前に父親と争っているのが目撃されていた、（2）その争いの原因を黙秘している、（3）遺体のそばに彼の銃が発見された。しかし、ワトスンが「状況証拠が犯人を指し示す」「典型」的な例と述べているのに反して、ホームズはレストレードによるこの凡庸な推理に批判的なまなざしを向けつつ、レストレード警部が発見できなかった「べつの明白な新事実にぶつかる」ことを確信しているのである。

ふたりが到着した目的駅にはレストレードが待っている。彼は「これは、最初からわかりきった事件だし、しかも、仔細に調べてみればみるほど、いっそうわかりきった結論に結びつく」と自信たっぷりに述べ

る──「明白な事実［中略］ほどあてにならないものはない」と述べていたホームズにむかって、である。レストレードがホームズを呼んだのは、被害者の昔からの友人として近隣に住む地主ジョン・ターナーの娘アリスが、「蠅一匹殺せない」ほど「心のやさしい」ジェームズが犯人であるはずがないと、強くホームズの意見を求めたからだったのであるが、レストレード自身は、「ホームズさん、わたしは事実と取りくむだけでせいいっぱいなんです。空理空論を追っかけてるひまはない」と述べているように、ホームズの推理を聞くつもりはない。

「気圧計の指数」や風と空の状況から雨が降る可能性がほとんどないことを確認したホームズ──彼は気象を〈読む〉ことにも長けている──は、一晩おいてから、被害者の家を訪れて彼や彼の息子の靴を確認したあと、犯行現場に向かう。そして多数の足跡などを子細に調査し、一個の石を見つけ拾いあげる。

　さいぜん森で拾った石を、ホームズはまだ持っていた。
「レストレード。おもしろいものを見せよう」そう言って、それをさしだしてみせる。「これが殺人の凶器だよ」
「なんの跡もないじゃないですか」
「そうさ、跡なんかない」
「だったら、どうしてそれが凶器だとわかるんです？」
「この石の下には草が生えていた。だから、これがそこにあったのは、ほんの数日のあいだだということになる。どこから持ってこられたものか、それを知る手がかりはない。それでも、傷の形状とはぴったり一致する。［中略］
「では、殺害犯人はだれだと？」
「まず、背が高くて、左利き、右脚をいくらかひきずっていて、履き

物は底の厚い狩猟用ブーツ、着衣は灰色の外套、インド産の葉巻を、シガーホルダーを使って吸い、ポケットにはなまくらなペンナイフを持っている。ほかにもまだいくつか特徴はあるが、当面の捜査には、こんなところでじゅうぶんだろう」

　レストレードは声をあげて笑った。「あいにくですがね、まだ納得したとは申せませんな」（「ボスコム谷の惨劇」、ドイル、2014、pp.164-165）

レストレードの言葉にかかわらず、このあとたしかにホームズの推理どおりの真犯人が特定される。それが誰であるかはネタバレになるので触れない。それよりも注目したいのは、後刻、ホームズがワトスンに聞かせた、以上の推理の根拠であり、以上の結論にいたる読解のプロセスである。

「地面のようすをじっくり調べて、犯人の特徴について二、三の些細なディテール（the trifling details）をつきとめ、それをあの石頭のレストレードに教えてやったんだが」
「それにしても、どうやってそれらの点をつきとめたんだね？」
「ぼくのやりかたはわかっているだろう。すべては些細な点を観察すること（the observation of trifles）から始まっているのさ」
「背丈のことは、歩幅からおよその目星をつけたんだろう。これはわかる。ブーツのことも、おそらく靴跡からおのずと推測がつくんだろうね？」
「そうだよ。珍しい型だったしね」
「しかし、足が不自由だということは？」
「右足の跡が、つねに左足のそれよりも浅く、明瞭でない。体重の右

足へのかかりかたが、それだけすくないんだ。なぜか。なぜなら右足が悪いから——足が不自由だからなんだよ」
「ならば、左利きというのは？」
「きみ自身、検死審問での監察医の証言から、頭部の傷の状態に注目しているじゃないか。打撃は被害者のすぐ背後から加えられ、しかも左側に集中している。こういう傷を与えられるとしたら、それは左利きの人物以外に考えられないだろう？　その人物は、親子が言い争っているあいだ、あの大木のかげに身を隠していた。そこで煙草まで吸っている。その場所でぼくは葉巻の灰を見つけたが、煙草の灰に関するぼく独自の知識をもってすると、それはインド産の葉巻と断定できる。きみも知ってのとおり、この問題には、ぼくもいささかの関心があってね。百四十種類のそれぞれ異なるパイプ煙草、葉巻、紙巻き煙草の灰についてささやかな論文もものしているんだ。その場所で灰を見つけたので、つづいて周辺の苔のあたりを探してみると、その人物が投げ捨てた吸いさしも見つかった。まさしくインド葉巻で、製造はロッテルダムの工場、というものだ」
「じゃあ、シガーホルダーを使ったというのは？」
「吸いさしに嚙みつぶした跡がなかった。だから、ホルダーを使ったにちがいない。先端はカットされていて、歯で嚙み切ったものではないが、切り口はあまりすぱっと切れていないから、使ったのは鋭利ではないペンナイフと見た」（「ボスコム谷の惨劇」、同 pp.168-170）

　ここでホームズは、犯行現場を、言語的テクストに準(なぞら)えて、すなわち、あたかもそれがひとつの言語的なテクストであるかのように読んでいる。たとえば犯行現場に残された足跡は、彼にとって、そこから「犯人の特徴」を読みとることのできる記号であり、そこから不可視の過去

の出来事を想像的に推理できるテクストにほかならない。

3. 推理の科学——記号論と仮説形成

ところで、ホームズが「きみのその左足、ちょっと内側に曲がったその足跡が、いたるところに残ってるじゃないか」と批判しているように、レストレードもホームズと同じ犯行現場を歩きまわり、それを記号として読もうとしていた。しかし彼はホームズの読解力にはまったく及ばない。だとすると、何がホームズの読解力を非凡なものにしているのだろうか。

その読解力の秘密については、ともに「推理の科学（The Science of Deduction）」と名づけられている『緋色の研究』第2章と『四人の署名』（1890年刊）第1章において、ホームズ自身が理論的に説明している。その秘密は、なにかの事物が——映像や絵画のみならず足跡や服装のような事物も——そのものであるとともに、別のなにかを意味する（言語のような）記号でもあるととらえていること、そしてその記号をみごとに読解する卓越した能力をもっていること、さらにそれに加えてその能力を理論化していることにある。要するに、ホームズは、同時代のC. S. パースとともに、記号論という言葉がない時代の「記号論者」たりえているのである[注3]。

『四人の署名』のなかで、ホームズは「理想的な探偵に必須な三つの資格」として「観察力と推理力」、そして「知識」をあげている。観察力とは、「ごく些細なこと［を］観察」する能力である。「ボスコム谷の惨劇」を例にとると、「地面のようすをじっくり調べて、犯人の特徴について［の］二、三の些細なディテール」の発見を可能にした能力である。「ディテール」は「事実（fact）」と呼ばれることもある。

ホームズはワトスンに、「ボヘミアの醜聞」において「きみはたしか

に見てはいる。だが観察はしない」と述べる一方で、「花婿の正体」においては「全体の印象（general impressions）にとらわれずに、ディテールにこそ注意を集中」するよう忠告している。「観察する」ことは「見る」こととはまったく違うのであり、「全体の印象」をとらえることをこえて、そのなかに「ディテール」を発見することである。

　「ディテール」のなかでもとくに重要なのは、犯行現場に残された「事件全体の核心的本質（the vital essence of the whole matter）」（「花婿の正体」）を示唆するディテールである。「推理力」とはそのようにして発見された「ディテール」/「事実」から、ホームズが「理論（theory）」と呼ぶもの——あるいは、「理論」ほどに「事実」の裏付けがないときに「仮説（hypothesis）」ないし「作業仮説（working hypothesis）」と呼ぶもの——を導きだす能力である。「現場へ行って観察し、その観察から推理をみちびきだ」す（「ボール箱」）この能力は「想像力」と関連する能力である。したがって、レストレードはホームズの推理を「空理空論（theories and fancies）」と呼び、批判していたのである。

　逆に、ホームズはレストレードの「想像力」の欠如を、「君は立派な才能を持ちながら、想像力だけは働かそうとしないのは惜しいですよ」（「ノーウッドの建築士」）と残念がるとともに、「この国の陪審員たちは、僕の理論を、レストレードの事実の羅列以上に買うだけの叡智の高み」に達していないことを嘆いているのである。「想像力」が不足すると「事実」は「理論」へと昇華されることなく、「事実の羅列」に終わってしまう。

　ただし、ホームズは、みずからの推理が「空理空論」に陥らないために、「想像力を科学的に用いること（the scientific use of the imagination）」が重要だとも述べている。「理論」は「推測」であるとしても、「物質的根拠［＝事実］に基づいて開始される推測」（『バスカヴィル家の犬』第

4章）でなければならないということである。だからこそ、「判断の根拠となるデータもなしに、やみくもに理論を立てるのは、愚の骨頂だよ。それをやると、事実にそって理論を立てるのではなく、つい事実のほうを理論に合わせてねじまげるようになる」（「ボヘミアの醜聞」）と述べているのである。

「想像力の科学的利用」としての「推理」は「理論／仮説」をつくったところで終わるわけではない。それをあらゆる「事実」に照らして「検証」し――「ぼくのちょっとした理論を検証（test a little theory of mine）してみたい」（「くちびるのねじれた男」）――、そのことによって「すべての事実を説明する理論（a theory which explained all the facts）」（『緋色の研究』第5章）へと鍛えあげなければならない。ひとつでも反証があればその理論は失敗である。観察か推理か、少なくともどちらかに間違いがあったのである。

「理想的な探偵に必須な三つの資格」の最後のものは「知識」――「［探偵としての］手腕をさらに高くのばすために肝要な、広範囲にわたる正確な知識」（『四人の署名』第1章）――である。

「理想的な推理家というものは、いったんひとつの事実をあらゆる角度から示されれば、そこにいたるまでの一連の出来事（the chain of events）をことごとく推論できるのみならず、さらにその先、それが発展して行きつく結果のすべてまでも見通せるものなんだ。かつてキュヴィエがたった一本の骨を観察するだけで、その動物の全体像を正しく言いあらわすことができたように、一連の出来事を結ぶつながりを的確に把握している観察者なら、その前後に連なる他の事実をも、おなじように正確に語れるというわけさ。今回の事件では、これまでの出来事の結果がどうなるか、それはまだつかめていない。それ

は推論によってのみ到達できるものだからね。［中略］とはいえ、この技術を最高度に発揮するためには、推理家が自分の知りえた事実を余すところなく活用できなくちゃならないが、じつはこのこと自体［中略］、本人がありとあらゆる知識をあらかじめそなえていることを必要とする」(「五つのオレンジの種」、ドイル、2014、pp.200-201)

　キューヴィエの「動物」を恐竜と仮定してみよう。その「一本の骨（の化石）を観察するだけで、その動物の全体像」を推理するためには、もっと完全なかたちで発掘されているさまざまな種類の恐竜についての知識、恐竜の子孫である現代の爬虫類をはじめとするさまざまな動物にかんする知識を必要とすることは当然だろう。同じように、犯罪を構成する「一連の出来事」を推理するためには、膨大な「犯罪史の知識」を記憶しておかなければならない。というのは、「だいたい犯罪事件には強い類似性があるから、千の犯罪に精通していれば、千一番目の犯罪が洗い立てられ」(『緋色の研究』第2章)るようになるからである。
　「観察」で発見した多数の「事実（ディテール）」から「推理」をとおしていくつかの「理論（かせつ）」を創造し、その「理論」を新たに収集した「事実」で検証することによって絞りこんでいき、最終的に「すべての事実を説明する理論」を確定する。その最終的「理論」のなかでは、あらゆる「一連の出来事」が「どこにも断層や欠陥のない、論理的連続性の連鎖（a chain of logical sequences without a break or flaw）」(『緋色の研究』最終章)、あるいは「連環のひとつひとつが正しい響きを立てている長い鎖（It is so long a chain, and yet every link rings true）」(「赤毛組合」)となって並ぶことになる。

4. 読解の科学

　長々とホームズの推理の方法を説明してきたが、それは文学的読解の方法もそれと同じだからである。文学的読解の方法を、ホームズの真似をして「観察」「推理」「知識」という観点からまとめてみよう。

(1)　作品の「全体の印象」をこえて、とくに作品の「中核的本質」を示唆しているかもしれない「事実(ディテール)」を発見しつつ読む（観察によるディテールの収集）。
(2)　そのような「事実」を批判的に読むことによって、「事実の羅列」のあいだに「論理」を見いだし、すべての「事実」がその「論理的連続性」を構成する要素となるような「仮説」を「想像力の科学的利用」をつうじて形成する（推理による仮説形成）[注4]。
(3)　作品は単独で存在しているわけではなく、他の作品(テクスト)との相互的関連性（インターテクスチュアリティ）のなかで存在している。したがって、ひとつの作品を解釈するためには、他の作品、とくに「強い類似性」をもっている他の作品、あるいはそれらの作品についての批評的「知識」を参照することが重要である（仮説形成における知識の利用）。
(4)　さまざまな「事実(ディテール)」と「仮説」のあいだを往還しながら、「仮説」を検証し、それを最終的な「理論（＝解釈）」へと鍛えあげる。作品の部分(ディテール)の意味は（そのコンテクストとしての）作品全体に依存する一方で、作品全体の意味は部分の解釈に依存するという、「解釈学的循環」と呼ばれるパラドックスを解決するのは、現実的には部分と全体のあいだの往還しかありえない（事実による仮説の検証と修正）。
(5)　最終的な「理論（＝解釈）」は「すべての事実を説明する」ととも

に、それらの事実を論理的に並べることによって、「どこにも断層や欠陥のない、論理的連続性の連鎖」を構成していなければならない。

（5）の結果として、もしも「どこにも断層や欠陥のない、論理的連続性の連鎖」としての「理論（＝解釈）」がひとつに収斂しないで複数残ったとしたら、どうなるのだろうか。それがテクストの多義性ということである。ホームズは「橅の木屋敷の怪」においてこう述べている。

「仮説（explanations）なら七通りある。七通りいずれもが、これまでにわかっているかぎりの事実と矛盾しないものだ。しかし、そのうちのどれが正しいかとなると、向こうに着いて、手に入るはずの新たな情報を見てからでないと、判断はくだしかねる」（「橅の木屋敷の怪」、ドイル、2014、p.486）

「仮説」が複数になったとき、ホームズは新しい「ディテール／事実」を発見することによって、それをひとつに絞りこまなければならない——「事実」に照らして「ありうべからざることをすべて除去してしまえば、あとに残ったものが、いかにありそうもないと思えても、すなわち真実である」（「緑柱石の宝冠」）ということである。そして彼はつねにそのことに成功するだろう。それが推理小説のジャンル論的約束事だからである。

しかし、現実はそうはいかない。どこを捜しても「新たな情報」が得られないのはままあることであり、そうなれば、多義性のなかで事件は迷宮に入ってしまう。同じような状況は診察の場合にも起こりうる。医者が確定した診断を下せない事態である。歴史研究であれば、（邪馬台国論争のように）複数の解釈が並立するなかで、ひとつの客観的な歴史

的事実が確定されない状態である。いずれにしろ、それぞれの分野においてそれらは好ましくない事態である。

　しかし文学研究においてはそれは好ましくない事態ではない。むしろそれこそが、テクストが多義的であることを積極的に肯定する文学的コミュニケーションの原則的状況である。それこそが、文学が（歴史と違って）フィクションであることから生じる、文学の本質的特徴なのである。文学批評も、自分の解釈の妥当性を否定するディテールが作品のなかにないか検証する必要はある。反証となるディテールが発見されればその解釈が成立しなくなるのは当然である。しかしそうでないかぎり、そしてそれぞれがディテールによって支えられそれぞれに「論理的連続性」を示しているかぎりにおいて、複数の解釈が存在しうるというのが文学批評の立場なのである。

　古典と言われる文学作品が時代をとおして読み継がれ、その間にさまざまな新しい意味をもつものとして解釈されつづけるのは、ディテールの余剰——ある解釈の「論理的連続性」に入ることのできない、そしてその解釈を肯定する証拠にも否定する反証にもならないディテール——を抱えているからである。そのような余剰のディテールが作品の「中核的本質」をふくんでいることに気づき、そして批判的読解（クリティカル・リーディング）をとおしてすべてのディテールをその「中核的本質」の観点からあらためて読み直すとき、それまでの解釈とは異なる新しい独創的な解釈が生み出されることになる。

　しかし、「どこにも断層や欠陥のない、論理的連続性の連鎖」が複数並び立つことが可能となるためには、その複数の解釈をひとつに絞りこむためのディテール——「新たな情報」——が欠如していなければならない。読者反応批評はその欠如を「空隙（gap）」と名づけることだろう。そのようなテクストの「空隙」がテクストの余剰とともに、テクストの

多義性を可能とするのである。文学的コミュニケーションとは、テクストの「空隙」と余剰が生み出すテクストの多義性を積極的に肯定するコミュニケーションである。

　推理にかんするホームズの言葉には文学批評にも当てはまるものがほかにも多い。たとえば「感情にうったえてくる（emotional）特質というのは、明晰な推理の敵だ」（『四人の署名』第2章）と、「犯罪はありふれたもの。だが的確な論理(ロジック)はまれなもの。だからきみも、犯罪そのものより、それを解明する論理(ロジック)のほうにこそ重きをおいて書くべきだ」（「橅(ぶな)の木屋敷の怪」）という言葉もそうだろう。

　「犯罪」のなかには「感情にうったえてくる特質」があるが、ホームズの「推理」はその特質の背後に横たわる「論理」を見つけるものである。「犯罪」という言葉を物語に置き換えれば、そのまま文学批評になるのではなかろうか。感想文が「感情にうったえる特質」（自分はどう感じたか）にかかわるものだとすれば、文学批評はその特質の背後に「論理」（自分はどう解釈したか）を見つけるものなのではないだろうか。文学作品は「感情にうったえてくる」ばかりではなく、知性にもうったえてくるものである。心にうったえるばかりではなく、頭脳にもうったえるものなのである。

　ちょうどこの原稿を書いているころ、読売新聞に「読解力が危ない」というシリーズ記事が連載された（読売新聞2017年1月30日〜2月4日）。そこでは、(1) SNSの発達や読書量の減少とともに、小学生から若い社会人にいたるまでの日本人の読解力がいかに低下しているか、(2) それがどのような問題を引き起こしつつあるか、そして (3) それにたいする取り組みとしてどこで、どのようなことがこころみられているか、が記されている。

2004年公表のOECD調査でも読解力は8位から14位に急落し、危機が叫ばれた。これを受け、文部科学省は05年に読む力と書く力の向上を掲げた「読解力向上プログラム」を策定。学校現場では授業開始前の時間を読書に充てる「朝の読書」などが活発化した。

　その後、学習内容を増やした「脱ゆとり教育」の効果もあり、日本の読解力は回復傾向が続いた。しかし、最近はSNSの普及に伴う短文のコミュニケーションが若者の間で急速に広がり、長文を読んだり、書いたりする機会は減っている。

　文科省は今回の結果を受け、語彙力の強化や文章を読む学習の充実を掲げた。20年度から実施する新学習指導要領にも反映させる。

　05年当時、文科省のプログラムに沿った指導法を研究した高木展郎・横浜国立大名誉教授は「現代に求められる読解力は、思考力や判断力、表現力に通じる力だ」と指摘。「向上には新聞の社説のような論理構成の文章を書き写し、自分の意見を書くことが効果的だ。読書もただ本を楽しむのではなく、『読んでどう考えるか』という学習にしないと読解力は育たない」と指導の転換を求めている。(1 1/30)

　フィンランドは昨年8月、日本の学習指導要領にあたる「コア・カリキュラム」を刷新し、子供たちに身につけさせる七つの能力を掲げた。その一つが「マルチリテラシー（多元的読解力）」だ。本や新聞、映像、音声などの幅広い情報を理解し、論理的に説明したり、批判的に捉えたりする能力で、授業はこの向上を目指して行われた。(6 2/4)

　読む（とくに批判的に読む）ことがいかに「読解力」のみならず、大学や社会で求められる論理的能力――「論理的に説明したり、批判的に捉えたりする能力」――とかかわっているか。しかしその能力は「短文

のコミュニケーション」では養うことができない。なぜだろうか。そこには論理的能力を養うために必要な先述（pp.273-274）の（1）から（5）までのプロセスを働かせる条件が存在しないからである。

　もしもあなたが文学作品——小説／詩／劇／テレビ・ドラマ／映画など——が好きで、日常的にそれを楽しんでいるならば、そのことをとおして社会に必要な読解力や表現力（コミュニケーション能力）、そして論理的能力を養おうとするのがいいだろう。そしてそのためには、できるだけ多くの文学作品を読む／見ること、その一方で、ひとつの作品を選びその「全体の印象」を踏まえて自分なりの主題を見つけること、そしてその主題に関連するディテールを選び、それを批判的に読解しながら自分の解釈の妥当性を論証——論理的で、かつわかりやすい言葉で説明——してみるといいだろう。

　映画を見たあとに、友人とその感想を述べあうのはもちろんいい。楽しいだろう。しかし感想というのは、どうしても感情と感動にもとづく「全体の印象」どまりになりがちだろう。それは出発点としてはいいが、それが文学批評となるためには「論理」を見つけようとする努力が必要である。「感情にうったえる」特質に反応する感動する「心」だけでなく、その特質の背後に「論理的連続性の連鎖」を発見／創出していく論理的に推理できる「頭」を鍛えていく必要がある。

》注

注 1 ）　作家とその時代との関連を研究し作品をそれが書かれた歴史的コンテクストのなかで解釈する歴史主義的批評は、批評理論が登場する以前から存在していたが、新歴史主義が「新」しいゆえんは、「歴史のテクスト性」と「テクストの歴史性」という概念の定立にある。その概念は、同じ文化に属するさまざまなジャンルのテクストからそのイデオロギー的磁場を想像的に推理する文化研究のものでもある。新歴史主義と文化研究の理念とその実践にかんしては、グリーンブ

ラット（1995）や丹治愛（1997）を参照のこと。
注2）　このセクションでは、シャーロック・ホームズが登場する複数の作品から多くの箇所を引用するが、創元推理文庫を用いる（参考文献参照）。ただし、文脈にあうよう、訳文に変更を加えたところがある。その版以外にも複数の翻訳が出ているので、どの版で読んでいただいてもいいように、引用箇所は頁ではなく、長編の場合は章で、短編の場合はタイトルで指示してある。
注3）　シービオク『シャーロック・ホームズの記号論　C. S. パースとホームズの比較研究』の第2章は「記号論者としてのシャーロック・ホームズ」と名づけられている。
注4）　「事実の羅列」の例は、第10章における筆者の『テス』の要約である。アーノルド・ケトルの解釈はその年代順(クロノロジカル)の「事実の羅列」を、マルクス主義的な「論理的連続性(ロジカル)」へと再構成していたのである。

引用参考文献

・内井惣七（1988）『シャーロック・ホームズの推理学』講談社現代新書
・大久保譲（2003）「つねに歴史化せよ——ニュー・ヒストリシズム」丹治愛編著（2003）『知の教科書　批評理論』講談社選書メチエ、pp.193-215
・グリーンブラット，スティーヴン（1995）『シェイクスピアにおける交渉』酒井正志訳、法政大学出版局
・シービオク，T. A. & ユミカー＝シービオク，J.（1981）『シャーロック・ホームズの記号論　C. S. パースとホームズの比較研究』富山太佳夫訳、岩波現代選書
・丹治愛（1997）『ドラキュラの世紀末　ヴィクトリア朝外国恐怖症の文化研究』東京大学出版会
・ドイル，コナン（1960a）『シャーロック・ホームズの生還』、阿部知二訳、創元推理文庫［「ノーウッドの建築士」を収める］
・ドイル，コナン（1960b）『シャーロック・ホームズの最後のあいさつ』阿部知二訳、創元推理文庫［「ボール箱」を収める］
・ドイル，アーサー・コナン（2014）『シャーロック・ホームズの冒険』深町眞理

子訳（創元推理文庫）[「ボヘミアの醜聞」「赤毛組合」「花婿の正体」「ボスコム谷の惨劇」「五つのオレンジの種」「くちびるのねじれた男」「まだらの紐」「緑柱石の宝冠」「橅の木屋敷の怪」を収める]
・ドイル，コナン（1960c）『バスカヴィル家の犬』阿部知二訳、創元推理文庫
・ドイル，コナン（1960d）『緋色の研究』阿部知二訳、創元推理文庫
・ドイル，コナン（1960e）『四人の署名』阿部知二訳、創元推理文庫

学習課題

1　『シャーロック・ホームズの冒険』所収の「まだらの紐」を読んだうえで、大久保譲「つねに歴史化せよ――ニュー・ヒストリシズム」を読み、新歴史主義の理念と方法を学習してみよう。
2　『緋色の研究』を読んで、シャーロック・ホームズの推理の方法を確認してみよう。
3　内井惣七『シャーロック・ホームズの推理学』を読み、ホームズの推理学がいかに同時代の科学的方法論の革命と関連していたかについて、文化研究的な観点から学習してみよう。

索引

● 配列は五十音順. ＊は人名を示す。

●A-Z

'Autumn Song'　62
Beardsley, Monroe C.*　32
'Chanson d'Automne'　62, 67
Hardy, Thomas*→ハーディ
Showalter*→ショウォルター
The Verbal Icon: Studies in the Meaning of Poetry　32
Wimsatt, W. K. Jr.*　32

●あ 行

『亞』　45, 46
アーナンド, ムルク・ラージ*　233
アイスキュロス*　24, 27
アイデンティティ・ポリティクス　243
アウエルバッハ, エーリッヒ*　82, 83
『青猫』　59
「赤毛組合」　273
「秋の歌」　62, 64
「秋の唄」　65
アクトン, ウィリアム*　195
『悪魔の詩』　234
新しい女　196, 197, 214
アチェベ, チヌア*　233
アパデュライ, アルジュン*　245-248
アブラハム, ニコラ*　162-165
「アフリカのイメージ—『闇の奥』における人種主義」　233
『嵐』　234
アリストテレース*　27, 87, 89
『ある学問の死』　244, 249
アルチュセール, ルイ*　182, 185
「泡」　51
『安吾新日本地理』　148

『安吾新日本風土記』　148
安西冬衞*　35, 43, 46
安静療法　212-214, 219
アンダーソン, マーク*　73, 74
イーグルトン, テリー*　15, 147, 180
『イーリアス』　35
異化作用　38
『イギリス小説序説』　174
『意志と表象としての世界』　26
イストワール　105
『イソップ寓話』　76
「五つのオレンジの種」　273
『一般言語学』　90
『一般言語学講義』　141
イデオロギー　30, 171, 179, 181-185, 188, 195, 199-201, 203, 204, 208, 209, 214, 216, 221, 262-264, 279
イデオロギー的国家装置　182, 184
『夷狄を待ちながら』　249
意図にかんする誤謬　17, 32
井伏鱒二*　76, 79, 84
イプセン*　28, 196
「ヰオロン」　67
『ヴィルヘルム・マイスターの修業時代』　224
ウェーバー, カール・J.*　172
上田敏*　64, 66, 67
ヴェルヌ, ジュール*　90, 108
ヴェルレーヌ, ポール*　62, 63, 66, 67
「ウォーソン夫人の黒猫」　59
ウォーターハウス, ジョン・ウィリアム*　198
ウォルコット, デレク*　234
『失われた時を求めて』　111, 112

「馬」 34, 40, 42, 43
ウルストンクラフト, メアリ* 189
ウルフ, ヴァージニア* 189, 190, 217-223
運命悲劇 28
『映画とは何か』 89
エウリピデス* 27
エーコ, ウンベルト* 104
エリオット, ジョージ* 210
エンゲルス, フリードリッヒ* 180, 182, 189
オイディプス 161
オイディプス・コンプレックス 157, 166
『オイディプス王』 28, 156
オウィディウス* 76
「大キナ戦」 54
オースティン, ジェイン* 210, 224
「オースティンと帝国」 233
尾形亀之助* 54
小熊秀雄* 52, 68
『オデュッセイア』 35
『於母影』 66
『オリエンタリズム』 230, 233, 241
オリエンタリズム 232

● か 行
『海潮音』 64-66
ガイノクリティシズム 208
『家族の起源』 189
家庭の天使 194, 195, 197, 204, 216
『家庭の天使』 263
金子光晴* 51, 65, 67, 68
カフカ, フランツ* 72-76, 84, 111
『カフカのように孤独に』 73
『カフカ論』 73
家父長制 190, 194, 197-201, 203, 204, 208-210, 214-216, 220-222, 264

カミュ, アルベール* 73
カルチュラル・スタディーズ→文化研究
川本晧嗣* 68
『感情教育』 107
感情にかんする誤謬 32
「黄色い壁紙」 210, 219
喜劇 27, 84
記号論 270
北川冬彦* 35, 40, 42
ギデンズ, アンソニー* 245
木下千花* 95
キプリング* 233
教養小説（自己形成小説）→ビルドゥングスロマン
『ギルガメシュ叙事詩』 35
ギルバート, サンドラ*→ギルバート／グーバー
ギルバート／グーバー* 196-198
ギルマン, シャーロット・パーキンズ* 210, 214, 219, 224
ギンズブルグ, カルロ* 146, 150
『近代とはいかなる時代か？』 245
クイア理論 30
グーバー, スーザン*→ギルバート／グーバー
『崩れゆく絆』 233
「くちびるのねじれた男」 272
クッツェー, J. M.* 234, 249
窪田般彌* 66, 67
『暗い旅』 131
倉橋由美子* 131
『クラリッサ』 201, 202, 205
クリティカル・リーディング→批判的読解
グレッグ, ウォルター* 158
グローカリゼーション 245
グローバリゼーション 228, 247, 248, 250,

252, 257
グローバリゼーション研究　251
『グローバリゼーション時代における美的教育』　244, 250
「黒猫」　59
『軍艦茉莉』　44
ゲイ／レズビアン研究　29
ゲーテ*　90, 224
『月下の一群』　64
『月世界旅行』　90
ケトル, アーノルド*　174, 175, 177, 178, 181, 182, 193, 194, 280
原型批評　29
「現実の砥石」　52, 68
『源氏物語』　88
言説（ディスクール）　232
構造主義　141
構造主義批評　29
構築主義　190, 223
『心変わり』　129
『ごまとゆり』　196
コリンズ, チャールズ*　194
コンラッド, ジョウゼフ*　32, 233

●さ　行
サイード, エドワード・W.*　230, 231, 233, 241
齋藤孝*　18, 171
坂口安吾*　148, 149
坂田薫子*　201, 203, 205
「作者の死」　17, 42, 80, 141
「作品からテクストへ」　141
『桜の森の満開の下』　148
『サチュルニアン詩集』　62
「サバルタンは語ることができるか？」　250

『鮫』　51
『サルガッソーの広い海』　236, 237, 240, 241
サルトル, ジャン＝ポール*　73
『サロメ』　196, 204
『珊瑚集』　66
『山椒魚』　76, 77, 78, 80
『山椒大夫』　94-96
シービオク*　265, 280
シェイクスピア, ウィリアム*　27, 153-155, 166, 201, 233, 234
ジェイムズ, C. L. R.*　230
ジェイムソン, フレドリック*　148
『ジェイン・エア』　211, 215, 216, 233, 235, 236, 238, 240,
シエゲル, イーライ*　62, 63
ジェンダー／セックス　189
ジェンダー研究　29, 223
『詩学』　27, 87
シクロフスキー, ヴィクトル*　37
自然主義　88
『嫉妬』　121-127, 129
シニフィアン　38, 41, 142, 144
シニフィエ　38, 41, 142
『自分ひとりの部屋』　189, 190, 221-224
「詩法」　63
清水徹*　129-131
シモンズ, アーサー*　64
『シャーロック・ホームズの記号論　C. S. パースとホームズの比較研究』　280
『シャーロック・ホームズの冒険』　266
写生文　115, 116
『ジャン・サントゥイユ』　111
ジャンル／ジャンル論　26-30, 34-36, 71, 88, 142, 195, 209, 224, 263, 264, 275
宿命の女→ファム・ファタール

『受胎告知』 194
ジュネット, ジェラール* 105, 107, 109, 110, 112, 113, 120, 127
シュミット, カール* 165, 167
受容美学 29
シュライナー, オリーヴ* 189
シュレーゲル, A. W.* 155
ショウォルター, エレイン* 208-211, 213, 214, 220, 222, 225
状況悲劇 28
『障子のある家』 54
「小説とは何か」 81
『小説と反復 七つのイギリス小説』 32
『小説の言葉』 77
焦点化 107, 108, 114, 120, 133, 134
ショーペンハウアー* 26, 183
植民地言説 236
植民地主義 233, 230
『植民地主義論』 229
叙事詩 27, 35
抒情詩 27
『女性自身の文学』 209, 222, 224
『女性と労働』 189
『女性の解放』 189
『女性の権利の擁護』 189
『城』 111
新植民地主義 228
新批評 17, 29, 32
新歴史主義 29, 262, 264, 279
神話批評 29
推論的パラダイム 146
ストーカー, ブラム* 197
スピヴァク, ガヤトリ* 233, 235, 244, 247-251, 255
性格劇／性格悲劇 28, 155
『政治的無意識』 148

『生殖器官の機能と疾患』 195
精神分析 137, 138, 140, 141, 145, 147, 150, 156
精神分析学 31
精神分析批評 29, 60, 137-168
『性の政治学』 188
セゼール, エメ* 229, 230, 234
セックス→ジェンダー／セックス
セネカ* 27
セルバンテス* 81, 84, 90
『千載集』 66
『戦争』 40, 43
『喪失の遺産』 244, 252
ソシュール, フェルディナン・ド* 38, 102, 141
ソフォクレス*→ソポクレス
ソポクレス* 27, 28, 156, 157
ゾラ, エミール* 88, 90
『存在と無』 73

●た 行
ダーウィン* 74
『ダーバヴィル家のテス 清純な女性』→『テス』
『第二の性』 189, 190
高浜虚子* 115
武田泰淳* 79
脱構築 16, 29
『堕落論』 148
『誰も教えてくれない 人を動かす文章術』 18
『ダロウェイ夫人』 217-219
多和田葉子* 74, 75, 131
ダンテ* 90
『地に呪われたる者』 229
「徴候──推論的パラダイムの根源」 146

徴候論的読解　151
『爪と目』　131
『帝国』　244
ディコンストラクション　16
ディスクール→言説
『敵あるいはフォー』　234
デサイ, キラン*　244, 252
『テス』　21-28, 30, 171, 172, 174, 178, 182, 184, 190, 194, 202, 204, 263, 264, 280
デフォー, ダニエル*　233, 234,
デリダ, ジャック*　248
デルヴォー, ポール*　60, 61
テレイオポイエーシス　249
『テンペスト』　233, 234
ドイル, コナン*　146, 265, 266
ドゥーシェ, ジャン*　98
ドーヴァーウイルソン, ジョン*　158, 159
読者反応批評　29, 276
トドロフ, ツヴェタン*　104
ドニ, モーリス*　60, 61
「トマス・ハーディの小説における年代」　172
『ドラキュラ』　197
『ドン・キホーテ』　81, 83, 84

●な　行

永井荷風*　66
夏目漱石*　90, 113, 115
ナラシオン　105
ナラトロジー　29, 102-136
ナラヤン, R. K.*　233
『尼僧院の想い』　194, 195
二人称小説　129, 131
『日本詩歌の伝統─七と五の詩学』　68
『日本文化私観』　148
『人形の家』　28, 196

「盗まれた手紙」　142, 144
ネアモア, ジェイムズ*　222
ネグリ, アントニオ*　244
「猫の死骸」　56, 60
「野あそび」　91
「ノーウッドの建築士」　271

●は　行

パース, C. S.*　270
ハーディ, トマス*　21, 26, 171, 194, 201-204
ハート, マイケル*　244
バーバ, ホミ・K.*　228, 253
ハイブリッド性　253
バイヤール, ピエール*　160
『覇王たち』　26
萩原朔太郎*　56, 59
『白痴』　148
バザン, アンドレ*　89, 93, 96
『バスカヴィル家の犬』　271
ハズリット, W.*　28, 155
『八十日間世界一周』　108
パトモア, コヴェントリー*　194
「花婿の正体」　271
バフチン, ミハイル*　77, 78
『ハムレット』　27, 28, 153-157, 159-167
「『ハムレット』で起こること」　158
「ハムレットの幻覚」　158
『ハムレットもしくはヘカベ』　165
「春」　34, 43-45, 46
バルザック, オレノ・ド*　88, 90, 106
バルト, ロラン*　17, 42, 80, 104, 141
バンヴェニスト, エミール*　128, 135
『パントマイム』　234
ビアズリー, オーブリー*　197, 205
『緋色の研究』　266, 270, 272, 273

『ピクニック』 91, 92
悲劇 23-28, 84, 175
『ヒステリー研究』 138, 139
「飛彈・高山の抹殺」 148
批判的読解 19, 20, 24, 264, 265, 276
ビュトール, ミシェル* 129-131
ビルドゥングスロマン 216, 224
ファノン, フランツ* 229, 230
ファム・ファタール 60, 88, 109, 196, 197, 205
フーコー, ミシェル* 232
フェミニズム 30, 171, 189, 204, 209, 224
フェミニズム批評 29, 60, 188-226
復讐劇／復讐悲劇 27, 155
藤野可織* 131
藤原俊成* 66
「楡の木屋敷の怪」 275, 277
ブラウニング, ロバート* 204
ブラウンミラー, スーザン* 201
『ブラック・ジャコバン』 230
ブランショ, モーリス* 73
『フランドル遊記・ヴェルレーヌ詩集』 68
ブルジョア悲劇 28
プルースト, マルセル* 107, 111
プレヴォ, アベ* 88
ブレッソン, ロベール* 91
ブレモン, クロード* 104
『不連続殺人事件』 150
フロイト, ジークムント* 137-140, 145-147, 156, 157
フローベール, ギュスターヴ* →フロベール, ギュスターヴ
プロップ, ウラジーミル* 102-104
フロベール, ギュスターヴ* 107, 132-135
ブロンテ, エミリー* 210
ブロンテ, シャーロット* 210, 215, 224

文学史 209, 210
『文学とは何か』 15, 147
「文学のふるさと」 148
『文学論』 115, 116
文化研究 29, 147, 263, 279
『文化と帝国主義』 230, 233
『変身』 72-74, 76, 80
『変身物語』 76
ベンヤミン, ヴァルター* 66, 71-73, 75, 77, 82
『ボヴァリー夫人』 132, 133
ポー, エドガー, アラン* 59, 140, 142, 144
ボーヴォワール, シモーヌ・ド* 189, 190
ボードレール, シャルル* 59
ホール, スチュアート* 244
「ボール箱」 271
「ボスコム谷の惨劇」 265, 266, 268-270
ポストコロニアリズム 171, 244
ポストコロニアル 227, 228, 243
ポストコロニアル批評 30, 147, 148, 227-260
ポストコロニアル文学 233
ボナパルト, マリー* 140, 144
「ボヘミアの醜聞」 270, 272
ホームズ, シャーロック 146, 265-273, 275-277
ホメーロス* 35
堀口大學* 64, 67
本質主義 190, 223
「翻訳者の使命」 66
「翻訳の言語学的側面について」 90

●ま 行

正岡子規* 115
『マノン・レスコー』 88, 109
『真夜中の子供たち』 234

「マリー・ロジェの謎」 151
マルクス, カール* 180, 181, 188, 231
マルクス主義 31, 171, 181, 182, 184, 188,
　189, 280
マルクス主義批評 29, 31, 71, 171-187
マルチカルチュラリズム 243
「ミケランジェロのモーゼ像」 146
三島由紀夫* 72, 81
溝口健二* 94-99
『溝口健二論』 95
『ミメーシス』 82
ミメーシス 89
ミラー, ヒリス・J.* 32
ミラー, ヘンリー* 190, 199
ミル, ジョン・スチュアート* 189
ミレット, ケイト* 188, 190, 199
無意識 137, 141, 144, 150, 160, 163
『昔話の形態学』 102
無性欲の神話 264
メイラー, ノーマン* 190
メリエス, ジョルジュ* 90
モーパッサン* 91, 92
物語言説 105
「物語作者」 71, 77
物語内容 105
「物語の構造分析序説」 104
『物語のディスクール』 105, 109, 113, 114
物語論→ナラトロジー
物まね（ミミクリー） 253
森鷗外* 66, 90, 94, 95, 97
森松健介* 176
「モルグ街の殺人事件」 144, 151

●や・ら・わ行
ヤコブソン, ローマン* 90

『屋根裏の狂女』 196
屋根裏の狂女 212, 216, 235
『闇の奥』 32, 233
『夢解釈』 137
『容疑者の夜行列車』 131
『四人の署名』 270, 272, 277
ラオ, ラージャ* 233
ラカン, ジャック* 141-144
「落葉」 64
ラシュディ, サルマン* 234
ラスキン, ジョン* 196
リアリズム小説 88
リース, ジーン* 236, 240
リウィウス* 201
リチャードソン, サミュエル* 201
リュミエール兄弟* 88-90
「緑柱石の宝冠」 275
『ルイ・ボナパルトのブリュメール18日』
　231
『ルクリースの陵辱』 201
ルノワール, ジャン* 91-93
レイプ神話 201-203
レヴィ＝ストロース* 102, 104, 144
『歴程』 54
レシ 105
『ローマ史』 201
ロシア・フォルマリズム 29, 30, 37
ロセッティ, ダンテ・ゲイブリエル* 194
ロバートソン, ローランド* 245
『ロビンソン・クルーソー』 233, 234
ロブ＝グリエ, アラン* 121, 122
ロベール, マルト* 73
「炉辺にて」 204
ロレンス, D. H.* 190
ワイルド, オスカー* 196, 204
『吾輩は猫である』 113, 115

惑星性　248, 259
ワーズワース, ウィリアム＊　184
「私の小説の方法」　72

分担執筆者紹介

(執筆の章順)

エリス　俊子（えりす・としこ）
・執筆章→ 2・3

1956 年	兵庫県に生まれる
1979 年	国際基督教大学卒業
1983 年	東京大学大学院人文科学研究科比較文学比較文化修士課程修了
1986 年	同博士課程満期退学
1986 年～92 年	オーストラリア・モナシュ大学日本研究科専任講師
1992 年	東京大学大学院総合文化研究科助教授
2003 年	東京大学大学院総合文化研究科教授、モナシュ大学 Ph.D.

主な著書・論文など

『萩原朔太郎―詩的イメージの構成』（沖積舎、1986 年）

「日本モダニズムの再定義」（『モダニズム研究』濱田明編、思潮社、1994 年）

「詩的近代の創発―萩原朔太郎における詩の現れ」（『創発的言語態』シリーズ言語態 (2)、東京大学出版会、2001 年）

「表象としての『亜細亜』―安西冬衛と北川冬彦の詩と植民地空間のモダニズム」（『モダニズムの越境 1』、人文書院、2002 年）

"Struggling with the Contemporary: Japanese Literature after the Modern", *The Cambridge Companion to Modern Japanese Culture*（ed. Yoshio Sugimoto, Cambridge University Press, 2009）

「畳まれる風景と滞る眼差し―『亞』を支える空白の力学について」（『言語文化研究』4 号、立命館大学、2011 年）

Cambridge History of Japanese Literature, Modern Poetry: 1910s to the Postwar Period（eds. Haruo Shirane and Tomi Suzuki, Cambridge University Press, 2016）

野崎　歓（のざき・かん）

・執筆章→4・5

1959 年	新潟県高田市（現・上越市）に生まれる
1981 年	東京大学文学部仏文学科卒業
1985 年	東京大学大学院人文科学研究科修士課程（仏文学専攻）修了
1989 年	東京大学大学院人文科学研究科博士課程（仏文学専攻）中退
1989 年〜	東京大学助手、一橋大学講師、東京大学助教授・准教授
2012 年〜	東京大学教授
現在	放送大学教授、東京大学名誉教授
主な著訳書	『ジャン・ルノワール　越境する映画』（青土社、2001 年、サントリー学芸賞）
	『谷崎潤一郎と異国の言語』（人文書院、2003 年、のち中公文庫）
	『異邦の香り——ネルヴァル「東方紀行」論』（講談社、2010 年、読売文学賞）
	『フランス文学と愛』（講談社現代新書、2013 年）
	『アンドレ・バザン——映画を信じた男』（春風社、2015 年）
	『夢の共有——文学と翻訳と映画のはざまで』（岩波書店、2016 年）
	『水の匂いがするようだ——井伏鱒二のほうへ』（集英社、2018 年、角川財団学芸賞）

木村　茂雄 (きむら・しげお)

1955 年	栃木県に生まれる
1978 年	東京大学文学部第 3 類（語学文学）卒業
1981 年	東京大学大学院人文科学研究科英語英文学専門課程修士課程修了
1983 年	東京大学大学院人文科学研究科英語英文学専門課程第 1 種博士課程中退
1983 年～	大阪大学言語文化部助手、講師、助教授、教授を経て、大阪大学大学院言語文化研究科教授
2020 年～	名古屋外国語大学教授
現在	名古屋外国語大学教授
主な著訳書	『ポストコロニアル文学の現在』（編著、晃洋書房、2004 年） 『英語文学の越境——ポストコロニアル／カルチュラル・スタディーズの視点から』（編著、英宝社、2010 年） 『土着と近代——グローカルの大洋を行く英語圏文学』（編著、音羽書房鶴見書店、2015 年） ビル・アッシュクロフト他『ポストコロニアルの文学』（青土社、1998 年） フレドリック・ジェイムソン『政治的無意識——社会的象徴行為としての物語』（共訳、平凡社ライブラリー、2010 年） レイモンド・ウィリアムズ『テレビジョン——テクノロジーと文化の形成』（共訳、ミネルヴァ書房、2020 年）

編著者紹介

丹治　愛（たんじ・あい）

・執筆章→ 1・10・11・12・15

1953 年	札幌市に生まれる
1975 年	東京大学文学部英語英米文学科卒業
1978 年	東京大学大学院人文科学研究科修士課程（英文学専攻）修了
1980 年	東京大学大学院人文科学研究科博士課程（英文学専攻）中退
1980 年〜	北海道大学講師・助教授、埼玉大学助教授、東京大学助教授・教授
2012 年〜	法政大学教授
現在	法政大学教授（文学部英文学科）、東京大学名誉教授
主な著訳書	『神を殺した男　ダーウィン革命と世紀末』（講談社選書メチエ、1994 年）
	『モダニズムの詩学　解体と創造』（みすず書房、1994 年）
	『ドラキュラの世紀末　ヴィクトリア朝外国恐怖症の文化研究』（東京大学出版会、1997 年）
	ヴァージニア・ウルフ『ダロウェイ夫人』（集英社、1998 年）
	『知の教科書　批評理論』（共編著、講談社選書メチエ、2003 年）
	『20 世紀「英国」小説の展開』（共編著、松柏社、2020 年）

山田　広昭 (やまだ・ひろあき)

・執筆章→6・7・8・9

1956 年	大阪府吹田市に生まれる
1980 年	京都大学文学部卒業
1988 年	京都大学大学院文学研究科博士後期課程（仏語仏文学専攻）中退
1988 年	パリ第 8 大学フランス文学科第 3 期博士課程修了（学位論文：*Le sens et l'inconscient - Paul Valéry et la psychanalyse*）
1988 年	神戸大学教養学部専任講師
1992 年	神戸大学国際文化学部助教授
1996 年	東京大学大学院総合文化研究科助教授
2004 年	東京大学大学院総合文化研究科教授（現在に至る）
主な著訳書	『現代言語論』（共著、新曜社、1990 年）
	Lire avec Freud. Pour Jean Bellemin-Noël（分担執筆、éd. Pierre Bayard、PUF、1998 年）
	『三点確保　ロマン主義とナショナリズム』（新曜社、2001 年）
	『知の教科書　批評理論』（分担執筆、丹治愛編、講談社選書メチエ、2003 年）
	『ヴァレリー集成』第 IV 巻（編訳、筑摩書房、2011 年）

放送大学教材　1555006-1-1811（ラジオ）

文学批評への招待

発　行	2018 年 3 月 20 日　第 1 刷
	2021 年 2 月 20 日　第 2 刷

編著者　丹治　愛・山田広昭
発行所　一般財団法人　放送大学教育振興会
　　　　〒105-0001　東京都港区虎ノ門 1-14-1　郵政福祉琴平ビル
　　　　電話　03（3502）2750

市販用は放送大学教材と同じ内容です。定価はカバーに表示してあります。
落丁本・乱丁本はお取り替えいたします。

Printed in Japan　ISBN978-4-595-31856-6　C1395